KB184759

개정증보판

소득세개론

박성욱(경희대 교수) · 김서현 · 김성범 공저

TAX AFFAIRS

SAMIL | 삼일인포마인

차례

소득세개론

차례

차례

4

소득세개론

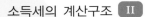

I 총설

01 소득세의 특징

「소득세법」은 개인의 소득에 대하여 소득의 성격과 납세자의 부담 능력 등에 따라 적정하게 과세함으로써 조세 부담의 형평을 도모하고 재정수입의 원활한 조달에 이바지함을 목적으로 한다(소법 제1조).

구 분	소득세
① 납세의무자	자연인
② 과세대상	이자소득, 배당소득, 사업소득, 근로소득, 연금소득, 기타소득, 퇴직소득, 양도소득
③ 과세표준 (종합소득세) (퇴직소득세) (양도소득세)	종합소득금액 – 종합소득공제 환산급여 – 환산급여공제 양도소득금액 – 양도소득 기본공제
④ 세율(종합소득세)	6%~45%(초과누진세율)

(1) 한정적 열거주의 과세방법(일부 소득은 유형별 포괄주의)

현행 「소득세법」은 과세대상 소득을 ① 이자소득 ② 배당소득 ③ 사업소득 ④ 근로소득 ⑤ 연금소득 ⑥ 기타소득 ⑦ 퇴직소득 ⑧ 양도소득의 8가지로 구분하여 **제한적으로 열거하고** 있다. 즉, '**소득원천설**'을 근간으로 하여 법에 열거된 소득만을 과세대상으로 하므로 법에 구체적으로 열거되지 아니한 소득에 대해서는 과세하지 않는다.

다만, 예외적으로 **이자소득·배당소득·사업소득은 열거되지 않은 소득이라도 유사한 소득을 포함하는 유형별 포괄주의**[1]를 채택하고 있다. 이는 사회발전에 따라 발생하는 신종소득을 법 개정 없이도 포착하여 과세함으로써 과세기반을 확대하고 과세의 공평성을 높이기 위하여 도입된 것이다.

---

1) 유형별 포괄주의 개념은 과세대상으로 열거한 것과 유사한 것으로 구체적으로 열거되지 않은 것에 대하여 과세하는 방식을 말하며, 유형별 포괄주의 소득종류가 세법 법령에 규정된 것이 아니고 조문의 일부 내용을 학문적으로 해석하여 적용방식을 구분, 논의되는 용어이다.

유형별 포괄주의 적용

1) 이자소득(소법 제16조 제1항 12호)

제1호, 제2호, 제2호의2 및 제3호부터 제11호까지의 소득과 유사한 소득으로서 금전 사용에 따른 대가로서의 성격이 있는 것
ex. 상업어음의 할인액 등

2) 배당소득(소법 제17조 제1항 9호)

제1호, 제2호, 제2호의2 및 제3호부터 제7호까지의 규정에 따른 소득과 유사한 소득으로서 수익분배의 성격이 있는 것
ex. 열거되지 아니하는 신종 펀드의 배당소득 등

3) 사업소득(소법 제19조 제1항 21호)

제1호부터 제20호까지의 규정에 따른 소득과 유사한 소득으로서 영리를 목적으로 자기의 계산과 책임하에 계속적·반복적으로 행하는 활동을 통하여 얻는 소득

☞ 소득세 유형별 포괄주의에 대한 해석에 논란이 있다. 이는 최근 과세 경향이 이전(열거주의 외 일부 유형별 포괄주의)과는 많이 달라졌기 때문이다. 이자소득·배당소득뿐만 아니라 사업소득 그리고 일부 기출문제에서는 연금소득도 유형별 포괄주의가 맞다고 되어있다. 저자의 견해로는 이자소득·배당소득·사업소득의 경우 세법에 명시가 되어 있기 때문에 유형별 포괄주의라고 보기에는 무리가 없어 보인다. 다만 최근 과세 경향이라 하여 기출문제에서 이를 확대해서 해석하는 것은 리스크가 있다고 판단된다.

과세소득에 관한 학설*

1) 소득원천설(열거주의)

소득원천설은 일정한 원천에서 경상적·계속적으로 발생하는 것만을 과세소득으로 파악하고, 불규칙적·우발적으로 발생하는 것은 과세소득의 범위에서 제외하는 입장이다. 소득원천설에 입각하면 소득은 발생 원천별로 구분되며, 그 소득의 종류와 범위를 법에 열거하지 않을 수 없다. 그리하여 법에 열거되지 않는 것은 과세 되지 않는다.

2) 순자산증가설(포괄주의)

순자산증가설은 원칙적으로 모든 순자산증가액을 그 원인과 형태를 불문하고 과세소득으로 파악하는 입장이다. 따라서 경상적·계속적인 것뿐 아니라 불규칙·우발적으

로 발생하는 것도 과세소득에 포함된다. 순자산증가설에 입각하면 소득은 발생 원천별로 구별됨 없이 무차별적으로 파악되며, 소득의 개념을 규정함으로써 족하고, 그 구체적인 범위를 법에 열거할 필요가 없다. 따라서 열거되지 않은 것이라도 순자산 증가액은 원칙적으로 모두 과세되는 것이다.

☞ 현행 「소득세법」의 경우 소득원천설을 기초로 하나 순자산증가설(기타소득, 퇴직소득, 양도소득과 같은 일시적인 소득)을 일부 인용하고 있으며, 세법에서 열거한 소득만을 과세대상으로 하나 일부 소득(이자·배당·사업소득)의 경우 법령에 열거되지 않은 것이라도 유사한 소득에 대해 과세하는 유형별 포괄주의를 적용하고 있다.

* 이준규·박성욱, 『세법개론』, 영화조세통람, 2016.

(2) 개인 단위 과세제도 및 인적공제

개인별 소득을 기준으로 과세하는 개인 단위 과세제도가 원칙이며, 개인(납세의무자)의 담세능력에 따라 세 부담 능력도 다르다는 것을 고려하여 인적공제를 두고 있다. 그러나 공동사업자 중 동거가족이 있고 손익분배비율을 허위로 정하는 경우에는 예외적으로 세대 단위로 합산하여 주된 소득자의 소득에 합산하여 과세한다(※ 공동사업 합산과세).

(3) 과세방법

현행 「소득세법」에서는 소득세의 과세방법으로 **종합과세·분류과세 및 분리과세 방법** 중 어느 한 방법으로 과세된다.

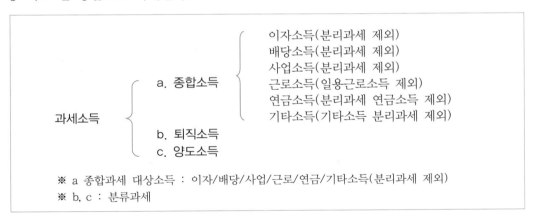

과세소득
- a. 종합소득
  - 이자소득(분리과세 제외)
  - 배당소득(분리과세 제외)
  - 사업소득(분리과세 제외)
  - 근로소득(일용근로소득 제외)
  - 연금소득(분리과세 연금소득 제외)
  - 기타소득(기타소득 분리과세 제외)
- b. 퇴직소득
- c. 양도소득

※ a 종합과세 대상소득 : 이자/배당/사업/근로/연금/기타소득(분리과세 제외)
※ b, c : 분류과세

1) 종합과세(comprehensive taxation)

이자소득, 배당소득, 사업소득, 근로소득, 연금소득, 기타소득을 종류에 관계없이 일정한 기간을 단위로 과세표준에 합산하여 과세한다.

2) 분류과세(schedular taxation)

퇴직소득과 양도소득은 다른 소득과 합산하지 않고 분류별로 과세한다. 이처럼 소득을 그 종류별로 구분하여 각각 별도로 과세하는 방식을 '분류과세'라고 한다. 이러한 퇴직소득, 양도소득은 경상적·반복적으로 발생하는 종합소득과는 달리 장기간에 걸쳐 형성된 소득이 일시에 실현[2]되는 특징이 있기 때문에 종합소득에 합산하여 누진세율을 적용하면 매년 실현된 경우보다 부당하게 높은 세율을 적용받는 결집효과(bunching effect)가 발생하므로 이러한 **결집효과를 완화**하기 위하여 이들 소득을 종합과세하지 않고, 각각의 소득별로 과세하는 것이다.

3) 분리과세(separate taxation)

다음의 소득은 기간 별로 합산하지 않고 그 소득이 지급될 때 소득세를 원천징수함으로써 과세를 종결하는 데, 이것을 '분리과세'라고 한다. 이는 조세·경제 정책 목적으로 유리할 수도 불리할 수도 있다.

구 분	분리과세소득
거주자	① 분리과세 이자소득(합산 금융소득 2,000만원 이하) ② 분리과세 배당소득(합산 금융소득 2,000만원 이하) ③ **분리과세 사업소득(소규모 주택임대 사업소득)** ④ 근로소득 중 일용근로자의 급여 ⑤ 분리과세 연금소득(사적연금 1,500만원 이하) ⑥ 분리과세 기타소득(기타소득금액 300만원 이하)
비거주자	원천징수특례의 대상이 되는 소득

---

2) 장기 근속한 직원의 퇴직으로 인한 퇴직소득(퇴직금은 통상 1년 기준으로 월 급여 금액이 적립-자세한 내용은 퇴직소득세 편 참고)의 경우 퇴직하는 시점에 일시에 실현되는데 이를 종합과세한다면 현행 「소득세법」상 누진세율 구조 때문에 고율의 세율로 세금이 부과되는 문제가 발생

4) 신탁재산의 소득 구분

'집합투자기구 등의 신탁'은 「소득세법」 제4조 제2항에 따라 다음 중 어느 하나에 해당하는 것을 말하며, 이러한 신탁의 이익은 배당소득으로 구분한다. 다만, 이를 제외한 신탁의 이익은 수탁자에게 이전되거나 그 밖에 처분된 재산권에서 발생하는 소득의 내용별로 구분한다.

① 「법인세법」 제5조 제2항에 따라 신탁재산에 귀속되는 소득에 대하여 그 신탁의 수탁자가 법인세를 납부하는 신탁
② 「자본시장과 금융투자업에 관한 법률」 제9조 제1항에 따른 투자신탁(단, 2024년 12월 31일까지는 「소득세법」 제17조 제1항 제5호에 따른 집합투자기구로 한정)
③ 「자본시장과 금융투자업에 관한 법률」 제251조 제1항에 따른 집합투자업겸영보험회사의 특별계정

집합투자기구 등의 신탁의 이익 (배당소득)	a. 투자신탁(수익자, 수익증권) b. 투자회사(주주, 주식), 투자유한회사·투자합자회사 　(사원, 지분증권) c. 투자조합·투자익명조합(조합원, 지분증권)

(4) 누진과세

소득세는 8단계 초과누진세율을 적용하여 소득이 많은 개인에게 상대적으로 많은 세금을 납부하게 하여 소득 재분배를 하고 있다(조세 형평성). 단, 양도소득세의 경우 기본세율 외 중과(ex. 비사업용 토지 중과, 다주택자 양도 등)되는 항목에 따라 별도세율이 존재한다.

과세표준	세 율
1,400만원 이하	6%
1,400만원 초과 5,000만원 이하	84만원 + 1,400만원 초과분의 15%
5,000만원 초과 8,800만원 이하	624만원 + 5,000만원 초과분의 24%
8,800만원 초과 1억 5천만원 이하	1,536만원 + 8,800만원 초과분의 35%
1억 5천만원 초과 3억원 이하	3,706만원 + 1억 5천만원 초과분의 38%
3억원 초과 5억원 이하	9,406만원 + 3억원 초과분의 40%
5억원 초과 10억원 이하	1억 7,406만원 + 5억원 초과분의 42%
10억원 초과	3억 8,406만원 + 10억원 초과분의 45%

(5) 신고납부제도

소득세는 신고납부제도를 채택하고 있다. 따라서 소득세의 납세의무자는 과세기간의 다음 연도 5월 1일부터 5월 31일까지 **과세표준 확정신고**[3]를 함으로써 소득세의 납세의무가 확정되며 정부의 결정은 원칙적으로 필요하지 않다.

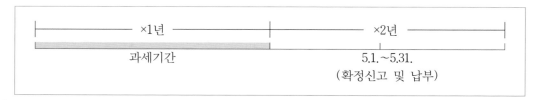

(6) 원천징수제도(withholding)

'원천징수제도'란 **소득을 지급하는 자가 그 소득을 지급받는 자의 조세를 징수하여 정부에 대신 납부하는 제도를 말한다.** 이는 소득세의 납세의무자 중 상당히 많은 비중이 사업자가 아니기 때문에 과세관청은 조세탈루를 방지하고 소득의 지급 시점에서 조세를 징수함으로써 조세수입의 조기 확보와 재정수입의 평준화를 도모할 수 있을 뿐만 아니라 납세행정의 간소화와 능률화를 기대할 수 있다.

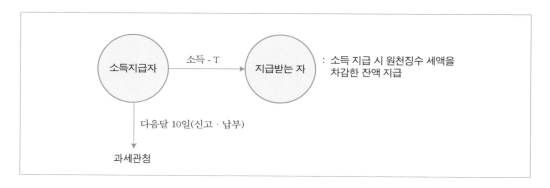

1) 원천징수제도의 유형

① 완납적 원천징수

완납적 원천징수로서 **별도의 확정 신고 절차 없이** 당해 소득에 대한 납세의무가 종결된다. 분리과세대상 소득의 경우 완납적 원천징수로 모든 납세의무가 종결된다. 즉,

---

3) 성실신고확인대상사업자(업종별 일정 규모 이상의 사업자)가 성실신고확인서를 제출하는 경우에는 종합소득과세표준 확정신고를 그 과세기간의 다음 연도 5월 1일부터 6월 30일까지로 한다.

종합소득에 합산하지 않는다.

완납적 원천징수
① 금융소득(이자·배당소득) : 연간 2천만원 이하인 금융소득
② 근로소득 : 일용근로자의 급여
③ 연금소득 : 연 1,500만원 이하의 사적연금소득
④ 기타소득
▶ 선택적 분리과세* : 기타소득금액의 합계액이 300만원 이하이고 원천징수 된 경우
  ㉠ 무조건 분리과세와 무조건 종합과세에서 제외되는 기타소득금액의 합계액이
     300만원 이하인 경우
  ㉡ 소기업·소상공인 공제부금의 해지일시금(법정 외의 사유)
▶ 무조건분리과세
  ㉠ 복권 당첨금
  ㉡ 승마투표권, 승자투표권, 소싸움경기투표권, 체육진흥투표권의 환급금
  ㉢ 슬롯머신 등을 이용하는 행위에 참가하여 받는 당첨금품
  ㉣ 세액공제 받은 연금계좌 납입액과 운용수익을 연금외수령한 기타소득
  ㉤ 서화, 골동품의 양도로 발생하는 기타소득
⑤ 퇴직소득

* 계약의 위약, 해약으로 인한 위약금·배상금 중 계약금이 위약금·배상금으로 대체되는 경우 원천징수
  대상이 아니라 분리과세를 선택하더라도 과세표준확정신고를 하여야 하며, 그 합산하지 아니하는 기타
  소득에 대한 결정세액은 기타소득금액의 20%로 한다.

② 예납적 원천징수

원천징수로써 납세의무가 종결되지 않는 것을 말하는데, 분리과세 대상소득 이외의
소득에 대한 원천징수가 이에 해당한다. 즉, 종합과세로서 **원천징수 대상이 된 소득도
과세표준에 포함**하여 세액을 계산한 후 원천징수 된 세액은 기 납부세액으로 공제받
는다.

2) 소득구분별 원천징수 여부(국외에서 지급하는 소득은 제외)

구 분	원천징수 여부	원천징수 유형
① 이자소득	○	완납적 or 예납적
② 배당소득	○(귀속법인세 ×)	완납적 or 예납적
③ 사업소득	×(특정소득[*1] ○)	예납적

구 분	원천징수 여부	원천징수 유형
④ 근로소득	○	완납적 or 예납적
⑤ 연금소득	○	완납적 or 예납적
⑥ 기타소득	○(특정소득[2] ×)	완납적 or 예납적
⑦ 퇴직소득	○	완납적
⑧ 양도소득	×	-

[1] 의료보건용역 및 부가가치세가 면세되는 일정한 인적용역
[2] 뇌물, 알선수재 및 배임수재에 의하여 받는 금품, 계약의 위약 또는 해약으로 인하여 받는 위약금과 배상금이 위약금·배상금으로 대체되는 경우
※ 국외에서 지급하는 소득(국외 근로소득 및 퇴직소득 포함)에 대해서는 원천징수제도를 적용하지 않음

참고

월정급여의 원천징수

원천징수의무자가 매월 근로소득(외국인 등이 지급하는 급여 제외)을 지급하는 때에는 근로소득간이세액표에 의하여 소득세를 원천징수한다. 또한 해당 연도의 다음 연도 2월에 근로소득 또는 퇴직자의 퇴직하는 달의 근로소득을 지급하는 때에는 전년도 근로소득 또는 퇴직 전 근로소득에 대해 연말정산의 방법에 따라 소득세를 원천징수한다.

원천징수방법	대 상 자	대상 근로소득	원천징수시기
간이세액표	근로소득자	매월 급여(1월~12월분 급여)	매월 급여지급시
연말정산	근속자	과세기간 중 급여총액	다음해 2월에 급여지급시
	퇴직하는 자	1월부터 퇴직월까지의 급여총액	퇴직월의 급여지급시

(7) 과세단위

소득세는 개인을 과세단위로 하므로 부부나 가족의 소득을 합산하여 과세하지 않는 것을 원칙으로 한다. 다만, 예외적으로 동거하는 가족과 함께 공동사업을 하는 경우로 손익분배비율을 허위로 정한 경우에는 가족의 소득을 합산하여 과세한다.

1-1. 소득세의 특징

소득세의 특징과 관련된 다음 설명 중 가장 옳지 않은 것은?   (2010 재경관리사 수정)

① 법인세는 법령이나 법인의 정관 등에서 정하는 1회계기간을 사업연도로 하지만 소득세는 1월 1일부터 12월 31일까지의 1년을 과세기간으로 하는 것을 원칙으로 한다.
② 원칙적으로 열거된 소득에 대해서 과세하는 열거주의 과세(이자·배당소득은 유형별 포괄주의)방법을 채택하고 있다.
③ 「소득세법」은 개인별 소득을 기준으로 과세하는 개인단위과세 제도를 원칙으로 한다.
④ 공평과세를 위한 개인의 인적사항은 고려되지 않는다.
⑤ 소득세는 8단계 초과누진세율(6~45%) 구조로 되어있다.

[풀이] ④ 소득세는 개인의 담세능력에 따른 세부담을 위해 인적공제 제도 등을 두고 있다.

예제

1-2. 소득세의 특징

개인이 중고 휴대폰을 취득하여 사용하다가 매각하여 이익이 발생한 경우 과세되지 않는다면 다음 중 무엇과 관련이 있는가?

① 실질과세
② 권리확정주의
③ 기업회계존중
④ 과세요건 명확주의
⑤ 소득원천설

[풀이] ⑤ 소득원천설, 일시적, 우발적인 소득은 원천을 알 수 없기에 과세소득에서 제외된다.

예제

1-3. 원천징수

다음 중 원천징수하지 않는 소득은?

① 이자소득   ② 근로소득   ③ 연금소득
④ 양도소득   ⑤ 퇴직소득

[풀이] ④

1-4. 소득세의 특징

다음 중 「소득세법」에 대한 설명으로 가장 옳지 않은 것은?　　　　(전산세무2급 77회 기출 수정)

① 소득세 과세대상은 이자소득, 배당소득, 사업소득, 근로소득, 연금소득, 기타소득, 퇴직소득, 양도소득의 8가지로 구분하여 제한적으로 열거하고 있다.

② 「소득세법」상 납세의무자는 개인으로 거주자와 비거주자로 구분하여 납세의무의 범위를 정한다.

③ 별도의 확정신고 절차 없이 납세의무가 종결되는 원천징수는 완납적 원천징수라 한다.

④ 종합소득은 원칙적으로 종합과세하고 퇴직소득과 양도소득은 분리과세 한다.

⑤ 「소득세법」의 적용은 열거된 소득에 대해서만 과세되며 법에 의해 열거되지 아니한 소득은 소득세가 과세되지 않는 것이 원칙이고 일부 예외적으로 유형별 포괄주의를 따른다.

[풀이] ④ 퇴직소득과 양도소득은 분류과세 한다.

소득세의 특징	내　용
직접국세 및 수득세	국세, 직접세 및 수득세
신고납세조세	납세의무자의 신고에 의하여 납세의무가 확정
소득원천설에 의한 열거주의 과세	소득원천설을 채택함에 따라 소득을 한정적으로 열거(단, 이자소득 등에 대한 유형별 포괄주의의 예외가 있음)
종합과세	모든 소득을 종합하여 과세(단, 장기에 걸쳐 발생하는 퇴직·양도소득은 분류과세)
기간과세	과세기간별로 소득을 집계하여 과세
개인단위과세	납세의무자별로 과세
누진과세	초과누진세율의 구조를 지님

02 납세의무자

　소득세의 **납세의무자는 자연인**인 개인에 한정된다. 이러한 자연인은 그 과세소득의 범위를 정하기 위하여 거주자와 비거주자로 구분된다. 다만, 「국세기본법」의 규정에 의하여 법인으로 보는 단체 외의 법인 아닌 단체는 그 단체를 개인(거주자 또는 비거주자)으로 보아 소득세 납세의무자가 된다.

(1) 거주자

거주자란 국내에 **주소[4]**를 두거나 1과세기간 중 183일 이상 거소(거주하는 장소, 입국한 다음날~출국한 날)를 둔 개인을 거주자라 하며, **국내·외 원천소득(무제한 납세의무)**에 대하여 소득세를 과세한다.

이와 같이 거주자는 주소 또는 183일 이상 거소의 유무에 따라 판단하므로 국적 또는 영주권과는 관계가 없다. 하지만 외국인 단기거주자(과세기간 종료일 10년 전부터 국내에 주소 및 거소를 둔 기간의 합계가 5년 이하)의 경우 국내에서 지급되거나 국내로 송금된 국외원천소득만 과세한다. 이는 해외 우수 외국 인력의 장기 국내 근무를 위한 것이다(소법 제3조 제1항).

한편, 주소는 국내에서 생계를 같이하는 가족 및 국내에 소재한 자산 등 생활 관계의 객관적 사실에 따라 판정한다. 거소는 주소지 외의 장소 중 상당 기간에 걸쳐 거주하는 장소로서 밀접한 일반적 생활관계가 형성되지 않은 장소이다. 거주기간 계산 시 국내에 거소를 두고 있던 개인이 출국 후 다시 입국한 경우에 생계를 같이하는 가족의 거주지나 자산소재지 등에 비추어 그 출국목적이 관광, 질병의 치료 등으로서 명백하게 일시적인 것으로 인정되는 때에는 그 출국한 기간도 국내에 거소를 둔 기간으로 본다.

또한, 국내에 거소를 둔 기간이 다음 중 어느 하나에 해당하는 경우에는 국내에 183일 이상 거소를 둔 것으로 본다.[5]

① 1과세기간 동안 183일 이상인 경우
② 계속하여 183일 이상인 경우

(2) 비거주자

거주자가 아닌 개인을 비거주자라 하며 비거주자에 대하여는 **국내원천소득(제한 납세의무)**에 대해서만 소득세를 과세한다.

1) 종합과세

국내사업장이 있는 비거주자와 국내에 부동산소득(양도소득 제외)이 있는 비거주자에

---

4) 국내에 주소를 가진 것으로 보는 경우
　① 계속하여 183일 이상 국내에 거주할 것을 통상 필요로 하는 직업을 가진 때
　② 국내에 생계를 같이하는 가족이 있고, 그 직업 및 자산상태에 비추어 계속하여 183일 이상 국내에 거주할 것으로 인정되는 때
5) 1년 중 183일 이상 국내에 거소를 둔 경우 외에도 전년도부터 계속하여 183일 이상 국내에 거소를 둔 경우에도 국내에 183일 이상 거소를 둔 것으로 봄.

대하여는 국내원천소득을 종합하여 과세한다. 또한 국내원천소득으로서 퇴직소득·양도소득이 있는 비거주자에 대하여는 거주자와 동일한 방법으로 분류과세 한다.

2) 분리과세

국내사업장이 없는 비거주자에 대하여는 국내원천소득(퇴직소득·양도소득 제외)을 소득별로 분리하여 과세한다.

참고 ●

거주자 여부에 따른 세법상의 주요 취급내용

구 분		거주자	비거주자
종합소득세	납세의무의 범위	국내원천소득+국외원천소득	국내원천소득
	특별소득·세액공제	○	×
양도소득세	1세대 1주택 비과세	○	×
상속세 (피상속인 기준)	납세의무의 범위	국내+국외의 모든 상속재산	국내의 모든 상속재산
	기초공제	○	○
	그 밖의 인정공제, 일괄공제	○	×
증여세 (수증자 기준)	납세의무의 범위	증여받은 국내·국외의 모든 재산	증여받은 국내의 모든 재산
	배우자증여공제	○	×

참고 ●

거주자 또는 비거주자가 되는 시기(소령 제2조의2)

비거주자 → 거주자	거주자 → 비거주자
국내에 주소를 둔 날	거주자가 주소 또는 거소의 국외 이전을 위하여 출국하는 날의 다음 날
국내에 주소를 가지거나 주소가 있는 것으로 보는 사유(직업 및 생계를 같이하는 가족 여부 등)가 발생한 날	국내에 주소가 없거나 국외에 주소가 있는 것으로 보는 사유(직업 및 생계를 같이하는 가족 여부 등)가 발생한 날의 다음 날
국내에 거소를 둔 기간이 183일 되는 날	

비거주자의 소득구분 및 과세방법

(1) 비거주자의 소득구분

　① 비거주자는 국내원천소득에 대하여만 과세한다.

　② 비거주자의 소득세는 국내원천소득을 종합하여 과세하는 경우와 분류하여 과세하
　　 는 경우, 국내원천소득을 분리하여 과세하는 경우로 구분하여 계산한다.

(2) 종합과세 및 분류과세(소법 제121조 제2항)

　1) 종합과세

　　 비거주자가 다음 중 하나에 해당하는 경우 이자, 배당, 부동산·선박 등 임대, 사
　　 업, 인적용역, 근로, 사용료, 유가증권양도, 연금소득, 기타소득(원천징수 분리과세
　　 되는 소득은 제외)에 대하여는 거주자와 같이 종합과세한다.

　　 ① 국내사업장이 있는 경우

　　 ② 국내에 있는 임대소득[부동산 또는 부동산상의 권리와 국내에서 취득한 광업
　　　 권, 조광권, 지하수의 개발·이용권, 어업권, 토사석 채취에 관한 권리의 양도·
　　　 임대 기타 운영으로 인하여 발생하는 소득(양도소득은 제외)]이 있는 경우

　2) 분류과세

　　 퇴직·양도소득에 대하여는 거주자와 동일한 방법으로 소득별로 분류하여 과세
　　 한다.

(3) 분리과세

　① 국내사업장이 없는 비거주자에 대하여는 퇴직소득·양도소득을 제외한 「소득세법」
　　 제119조 각 호에서 규정하는 국내원천소득은 소득별로 분리하여 분리과세한다.

　② 국내사업장과 실질적으로 관련되지 아니하거나 그 국내사업장에 귀속되지 아니
　　 한 소득금액 등 「소득세법」의 규정에 의하여 원천징수되는 소득에 대하여는 소
　　 득별로 분리하여 과세한다.

　③ 이자, 배당, 선박 등 임대, 사업, 인적용역, 사용료, 유가증권양도, 기타소득 등 국
　　 내원천소득이 국내사업장과 실질적으로 관련되지 아니하거나 그 국내사업장에
　　 귀속되지 아니한 경우 또는 이러한 소득을 국내사업장이 없는 비거주자에게 지급
　　 하는 경우에는 원천징수한다.

예제

1-5. 거주자 및 비거주자

「소득세법」상 거주자 및 비거주자의 납세의무에 관한 설명으로 올바르지 않은 것은?

(2017년 CTA 1차 수정)

① 국내에 거소를 둔 기간이 1과세기간 동안 183일 이상인 경우에는 국내에 183일 이상 거소를 둔 것으로 본다.

② 거주자가 주소 또는 거소의 국외 이전을 위하여 출국하는 날의 다음날부터 비거주자가 된다.

③ 내국법인이 발행주식총수의 100분의 80을 직접 출자한 해외현지법인에 파견된 직원은 거주자로 본다.

④ 비거주자는 국내에 주소를 둔 날로부터 거주자가 된다.

⑤ 「소득세법」에 따른 주소는 국내에서 생계를 같이 하는 가족 및 국내에 소재하는 자산의 유무 등 생활관계의 객관적 사실에 따라 판정한다.

[풀이] ③ 거주자나 내국법인의 국외사업장 또는 해외현지법인(내국법인이 발행주식총수 또는 출자지분의 100분의 100을 직접 또는 간접 출자한 경우에 한정) 등에 파견된 임원 또는 직원이나 국외에서 근무하는 공무원은 거주자로 본다(시행령 제3조, 해외현지법인 등의 임직원 등에 대한 거주자 판정).

예제

1-6. 거주자 및 비거주자

「소득세법」상 납세의무자 및 과세소득의 범위에 관한 설명으로 가장 옳지 않은 것은?

(2019년 CTA 1차 수정)

① 외국인 단기거주자(과세기간 종료일 10년 전부터 국내에 주소 및 거소를 둔 기간의 합계가 5년 이하)의 경우 국외에서 발생한 소득의 경우 국내에서 지급되거나 국내로 송금된 국외원천소득만 과세한다.

② 「소득세법」상 거주자란 국내에 주소를 두거나 183일 이상의 거소를 둔 개인을 말한다.

③ 내국법인이 발행주식총수 100%를 간접출자한 해외현지법인에 파견된 당해 내국법인의 직원이, 생계를 같이 하는 가족이나 자산상태로 보아 파견기간 종료 후 재입국할 것으로 인정되는 경우라면, 외국의 국적 취득과는 관계없이 거주자로 본다.

④ 국내에 거소를 둔 기간은 입국하는 다음날로부터 출국하는 날까지로 한다.

⑤ 거주자가 주소 또는 거소의 국외이전을 위하여 출국하는 날 비거주자로 본다.

[풀이] ⑤ 거주자가 주소 또는 거소의 국외이전을 위하여 출국하는 날의 다음날 비거주자로 본다.

(3) 법인으로 보는 단체 외의 법인 아닌 단체

법인이 아닌 사단·재단 그 밖의 단체 중 신청하여 승인받아 법인으로 보는 단체는 법인세 납세의무가 있지만, 그 외의 경우에는 국내에 주사무소(또는 사업의 실질적 관리장소)를 둔 경우에는 1거주자로, 그 밖의 경우에는 1비거주자로 보아「소득세법」을 적용한다(소법 제2조 제3항).

1) 해당 단체의 이익이 전부 분배되는 경우

다음 중 어느 하나에 해당하는 경우에는 소득구분에 따라 해당 단체의 각 구성원별로「소득세법」또는「법인세법」에 따라 소득에 대한 소득세 또는 법인세(해당 구성원이 법인 또는 법인으로 보는 단체인 경우)를 납부하여야 한다.

① 구성원 간 이익의 분배비율이 정하여져 있고 해당 구성원별로 이익의 분배비율이 확인되는 경우

② 구성원 간 이익의 분배비율이 정하여져 있지 아니하나 사실상 구성원별로 이익이 분배되는 것으로 확인되는 경우

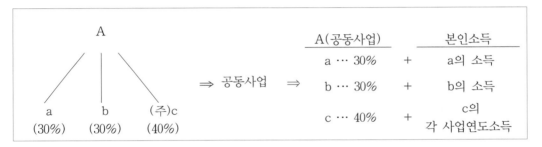

2) 해당 단체의 이익 중 일부가 분배되지 않는 경우

해당 단체의 전체 구성원 중 일부 구성원의 분배비율만 확인되거나 일부 구성원에게만 이익이 분배되는 것으로 확인되는 경우 다음에 따라 소득세 또는 법인세를 납부할 의무를 진다.

① 확인되는 부분 : 해당 구성원별로 소득세 또는 법인세에 대한 납세의무 부담

② 확인되지 아니하는 부분 : 해당 단체를 1거주자 또는 1비거주자로 보아 소득세에 대한 납세의무 부담

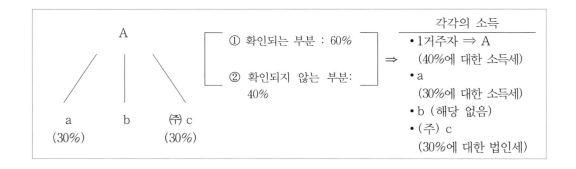

참고

비거주자인 구성원이 존재하는 경우 신고와 납부 특례

구성원별로 납세의무를 부담하는 단체의 비거주자인 구성원이 국내원천소득(비거주자구성원의 국내원천소득이 해당 단체의 구성원으로서 얻은 소득만 있는 경우)에 대하여 다음의 요건을 모두 갖춘 경우에는 **해당 단체의 거주자인 구성원 1인이 대표신고자**로 종합소득과세표준을 일괄 신고할 수 있다.

① 비거주자 구성원의 전부 또는 일부가 자신의 종합소득과세표준을 대표신고자가 대신 신고하는 것에 동의
② 비거주자 구성원이 자신이 거주자인 국가에서 부여한 국제조세조정에 관한 법률에 따른 납세자 번호를 대표신고자에게 제출

3) 법인으로 보는 단체 외의 법인 아닌 단체에 해당하는 국외투자기구[6)]

국내원천소득의 실질귀속자로 보는 경우(조세조약에서 실질귀속자로 인정되는 것으로 규정된 경우 - 소법 제119조의2) 그 국외투자기구는 1비거주자로서 소득세를 납부할 의무를 진다.

---

6) 투자권유를 하여 모은 금전 등을 가지고 재산적 가치가 있는 투자대상자산을 취득, 처분하거나 그 밖의 방법으로 운용하고 그 결과를 투자자에게 배분하여 귀속시키는 투자행위를 하는 기구로서 국외에서 설립된 기구를 말한다.

03 납세의무의 특례

(1) 공동사업

① 사업소득이 있는 거주자, 즉 사업자가 자산을 공유하거나 공동으로 사업을 경영하는 경우에는 해당 공동사업에서 발생하는 사업소득에 대해서는 약정된 손익분배비율(또는 지분비율)에 따라 분배되었거나 분배될 소득금액에 따라 각 공동사업자별[7]로 그 소득금액을 계산하여 거주자별로 납세의무를 진다(소법 제2조의2 제1항 및 제43조 제1항).

② 공동사업 합산과세의 특례규정(손익분배비율을 거짓으로 정하는 등[8]의 사유로 조세회피 목적이 있는 경우 **주된 공동사업자에게 특수관계인의 소득금액을 합산**)이 적용되는 경우에는 주된 공동사업자의 특수관계인은 본인의 손익분배비율(또는 지분비율)에 해당하는 소득금액을 한도로 주된 공동사업자와 연대납세의무를 진다.

(2) 상속인

① 납세의무자가 사망한 경우에는 그 상속인이 종합소득세 과세표준확정신고를 하여야 하며(소법 제74조) 상속인이 피상속인의 소득금액에 대한 소득세의 납세의무를 진다(소법 제2조의2 제2항).

② 피상속인의 소득금액에 대한 소득세와 상속인의 소득금액에 대한 소득세는 각각 구분하여 별도로 세액을 계산한다(소법 제44조).

③ 피상속인의 소득금액에 대해서 과세하는 경우[9]에는 그 상속인은 상속으로 얻은 **상속재산을 한도로 납세의무를 승계**한다.

(3) 양도소득세 부당행위계산부인

증여 후 양도행위부인 규정(증여일로부터 10년 내 타인에게 양도)에 따라 증여자가 자산을 직접 양도한 것으로 보는 경우 그 양도소득에 대해서는 증여자와 증여받은 자가 연대하

---

7) 「국세기본법」상 연대납세의무의 예외적 규정
8) ① 공동사업자가 제출한 신고서와 첨부서류에 기재한 사업의 종류, 소득금액 내역, 지분율, 약정된 손익분배비율 및 공동사업자 간의 관계 등이 사실과 현저하게 다른 경우
   ② 공동사업자의 경영참가, 거래 관계, 손익분배비율 및 자산·부채 등의 재무상태 등을 고려할 때 조세를 회피하기 위하여 공동으로 사업을 경영하는 것이 확인되는 경우
9) 피상속인의 소득금액에 대한 소득세로서 상속인에게 과세할 것과 상속인의 소득금액에 대한 소득세는 구분하여 계산하여야 한다(소법 제44조).

여 납세의무를 진다(소법 제2조의2 제3항).

(4) 분리과세소득

원천징수되는 소득으로서 종합소득 과세표준에 합산되지 않는 소득이 있는 자는 그 원천징수되는 소득세에 대해서 납세의무를 진다(소법 제2조의2 제4항).

① 분리과세 이자소득
② 분리과세 배당소득
③ 분리과세 기타소득
④ 분리과세 연금소득
⑤ 일용근로자의 근로소득
⑥ 직장공제회 초과반환금
⑦ 분리과세 주택임대소득(수입금액 2천만원 이하) : 원천징수 대상 아님
⑧ 종합과세대상 금융소득의 합계액이 2천만원 이하인 경우

(5) 공동소유자산

공동으로 소유한 자산에 대한 양도소득금액을 계산하는 경우에는 해당 자산을 공동으로 소유하는 각 거주자가 납세의무를 진다.

(6) 신탁재산 귀속 소득(소법 제2조의3)

① 신탁재산에 귀속되는 소득은 그 신탁의 이익을 받을 수익자(수익자가 사망하는 경우에는 그 상속인)에게 귀속되는 것으로 본다.
② 수익자가 특별히 정하여지지 않거나 존재하지 않는 신탁 또는 위탁자가 신탁재산을 실질적으로 통제하는 요건을 충족하는 신탁[10]의 경우에는 그 신탁재산에 귀속되는 소득은 위탁자에게 귀속되는 것으로 본다. 이때 수익자의 특정 여부 또는 존재 여부는 신탁재산과 관련되는 수입 및 지출이 있는 때의 상황에 따른다.

---

10) ① 위탁자가 신탁을 해지할 수 있는 권리, 수익자를 지정하거나 변경할 수 있는 권리, 신탁 종료 후 잔여재산을 귀속 받을 권리를 보유하는 등 신탁재산을 실질적으로 지배·통제
② 신탁재산 원본을 받을 권리에 대한 수익자는 위탁자로, 수익을 받을 권리에 대한 수익자는 그 배우자 또는 같은 주소 또는 거소에서 생계를 같이하는 직계존비속(배우자의 직계존비속 포함)으로 설정한 신탁

신탁소득금액의 계산

① 신탁업을 경영하는 자는 각 과세기간의 소득금액을 계산할 때 신탁재산에 귀속되는 소득과 그 밖의 소득을 구분하여 경리하여야 한다.

② 법 제2조의3 제2항에 따른 수익자의 특정 여부 또는 존재 여부는 신탁재산과 관련되는 수입 및 지출이 있는 때의 상황에 따른다.

③ 「자본시장과 금융투자업에 관한 법률 시행령」 제103조 제1호에 따른 특정금전신탁으로서 법 제4조 제2항을 적용받는 신탁의 이익에 대한 소득금액 계산방식은 해당 이익에서 「자본시장과 금융투자업에 관한 법률」에 따른 각종 보수·수수료 등을 뺀 금액으로 한다.

예제

1-7. 납세의무

「소득세법」상 납세의무에 관한 설명으로 옳지 않은 것은?   (2022년 CPA 1차 수정)

① 수익자가 특별히 정해지지 않은 신탁의 경우 신탁재산에 귀속되는 소득은 위탁자에게 귀속되는 것으로 본다.

② 공동으로 소유한 자산에 대해 양도소득금액을 계산하는 경우 해당 자산을 공동으로 소유하는 각 거주자가 납세의무를 진다.

③ 거주자가 특수관계인에게 자산을 증여한 후에 자산을 증여받은 자가 증여일부터 5년(2023.1.1. 이후에 증여받는 경우는 10년) 이내에 타인에게 다시 양도하여 증여자가 자산을 직접 양도한 것으로 보는 경우 그 양도소득에 대하여 증여자와 증여받은 자가 연대납세의무를 진다.

④ 원천징수가 되는 소득으로 종합소득과세표준에 합산되지 않는 소득이 있는 자는 원천징수가 되는 소득세에 대하여 납세의무를 진다.

⑤ 공동사업에 대한 소득금액을 계산할 때 특수관계인의 소득금액이 주된 공동사업자에게 합산과세되는 경우에 합산과세되는 소득금액에 대하여 특수관계인은 주된 공동사업자와 연대하여 한도 없이 납세의무를 진다.

[풀이] ⑤ 주된 공동사업자의 특수관계인은 본인의 손익분배비율(또는 지분비율)에 해당하는 소득금액을 한도로 주된 공동사업자와 연대납세의무를 진다.

04 과세기간

「소득세법」상 **과세기간은 선택이 불가능**한 역년주의를 채택하고 있으며, 매년 **1월 1일부터 12월 31일까지**이다. 소득세의 과세기간은 부가가치세와 다르게 사업개시나 폐업 등에 영향을 받지 않으며, 법인세와 달리 과세기간을 임의로 정하는 것도 허용되지 않는다. 다만, 거주자가 **사망**하거나 거주자가 **출국함에 따라 비거주자**가 되는 경우에는 1월 1일부터 사망일 또는 출국일까지를 과세기간으로 한다.

구 분	과세기간	확정 신고납부기한
(1) 원 칙	1월 1일 ~ 12월 31일	다음연도 5월 1일부터 5월 31일
(2) 거주자가 사망 시	1월 1일 ~ 사망한 날	상속개시일이 속하는 달의 말일부터 6월이 되는 날
(3) 거주자가 출국 시	1월 1일 ~ 출국한 날	출국일 전일

05 납세지

납세지는 납세의무자가 세법에 의한 의무를 이행하고 권리를 행사하는 기준이 되는 장소로서 관할세무서를 정하는 기준이 되는 장소를 말한다.

(1) 거주자

① 거주자의 납세지는 **주소지**로 한다. 다만, **주소지가 없는 경우에는 그 거소지**로 한다 (※ 사업소득이 있는 거주자가 사업장소재지를 납세지로 신청한 때에는 "그 사업장 소재지").

② 납세지가 불분명한 경우로서 납세지가 2 이상인 때에는 「주민등록법」에 의하여 등록된 곳을 납세지로 하고, 거소지가 2 이상인 때에는 생활관계가 보다 밀접한 곳을 납세지로 한다.

③ 거주자가 취학, 질병의 요양, 근무상 또는 사업상의 형편으로 일시퇴거한 경우에는 본래의 주소지 또는 거소지를 납세지로 한다.

(2) 비거주자

비거주자의 납세지는 **국내사업장의 소재지**(2 이상 있는 경우 주된 국내사업장 소재지)

로 하며, 그 **국내사업장이 없는 경우에는 국내원천소득이 발생하는 장소로 한다**(거류지 및 체류지 아님).

(3) 법인으로 보는 단체 외의 법인 아닌 단체

① 거주자로 보는 법인 아닌 단체에 대한 소득세의 납세지는 단체의 대표자 또는 관리인의 주소지로 한다.
② 국세청장이나 관할 지방국세청장이 납세지를 지정한 경우에는 그 지정받은 장소를 납세지로 한다.

참고

원천징수하는 소득세의 납세지(소법 제7조 제1항 및 소령 제5조 제3항)
(1) 원천징수하는 자가 거주자
  ① 원칙 : 주된 사업장 소재지
  ② 주된 사업장 외의 사업장에서 원천징수 하는 경우 : 그 사업장 소재지
  ③ 사업장이 없는 경우 : 거주자의 주소지 또는 거소지

(2) 원천징수하는 자가 비거주자인 경우
  ① 주된 국내사업장 소재지
  ② 주된 국내사업장 외의 국내사업장에서 원천징수를 하는 경우 : 그 국내사업장 소재지
  ③ 국내사업장이 없는 경우 : 비거주자의 거류지 또는 체류지

(3) 원천징수하는 자가 법인인 경우
  ① 그 법인의 본점 또는 주사무소의 소재지
  ② 그 법인의 지점·영업소 기타 사업장이 독립채산제에 따라 독자적으로 회계사무를 처리하는 경우 : 그 사업장 소재지(그 사업장의 소재지가 국외에 있는 경우 제외), 다만, 법인이 지점·영업소 또는 그 밖의 사업장에서 지급하는 소득에 대한 원천징수세액을 본점 또는 주사무소에서 전자적 방법 등을 통해 일괄계산하는 경우로서 본점 또는 주사무소의 관할 세무서장에게 신고한 경우와 「부가가치세법」 상 사업자단위과세사업자로 등록한 경우 그 법인의 본점 또는 주사무소의 소재지를 납세지로 할 수 있음.

1-8. 납세지

「소득세법」상 납세지에 관한 설명으로 옳지 않은 것은? (2018년 CTA 1차)

① 주소지가 2 이상인 때에는 생활관계가 보다 밀접한 곳을 납세지로 한다.

② 비거주자 甲이 국내에 두 곳의 사업장을 둔 경우, 주된 사업장을 판단하기가 곤란한 때에는 둘 중 하나를 선택하여 신고한 장소를 납세지로 한다.

③ 해외근무 등으로 국내에 주소가 없는 공무원 乙의 소득세 납세지는 그 가족의 생활근거지 또는 소속기관의 소재지로 한다.

④ 납세지의 변경신고를 하고자 하는 자는 납세지변경신고서를 그 변경 후의 납세지 관할 세무서장에게 제출하여야 한다.

⑤ 납세지의 지정이 취소된 경우에도 그 취소 전에 한 소득세에 관한 신고, 신청, 청구, 납부, 그 밖의 행위의 효력에는 영향을 미치지 아니한다.

[풀이] ① 주소지가 2 이상인 때에는 「주민등록법」에 의하여 등록된 곳을 납세지로 하고, 거소지가 2 이상인 때에는 생활관계가 보다 밀접한 곳을 납세지로 한다(시행령 제5조).

1-9. 상속 등의 경우 납세지

「소득세법」상 납세지에 관한 설명으로 옳지 않은 것은?

① 거주자 또는 비거주자가 사망하여 그 상속인이 피상속인에 대한 소득세의 납세의무자가 된 경우 그 소득세의 납세지는 그 피상속인·상속인 또는 납세관리인의 주소지나 거소지 중 상속인 또는 납세관리인이 납세지를 신고하는 바에 따라 그 관할 세무서장에게 납세지로서 신고하는 장소로 한다.

② 비거주자가 납세관리인을 둔 경우 그 비거주자의 소득세 납세지는 그 국내사업장의 소재지 또는 그 납세관리인 주소지나 거소지 중 납세관리인이 납세지를 신고하는 바에 따라 그 관할 세무서장에게 납세지로서 신고하는 장소로 한다.

③ 위 ①, ②의 납세지 신고가 있는 경우 신고한 과세기간의 다음 과세기간부터 그 신고한 장소를 거주자 또는 비거주자의 소득세 납세지로 한다.

④ 위 ①, ②의 납세지 신고가 없는 경우 거주자의 납세지는 주소지로 하며, 주소지가 없는 경우 거소지로 한다.

⑤ 국내에 주소가 없는 공무원의 경우 그 가족의 생활근거지 또는 소속기관의 소재지를 납세지로 한다.

[풀이] ③ 위 ①, ②의 납세지 신고가 있는 경우 그때부터 그 신고한 장소를 거주자 또는 비거주자의 소득세 납세지로 한다.

1-10. 납세지의 지정 및 변경

「소득세법」상 납세지에 관한 설명으로 가장 옳지 않은 것은?

① 사업소득이 있는 거주자는 사업장 소재지로 납세지 지정 신청을 할 수 있다.

② 사업장을 납세지로 지정받고자 하는 자는 해당 과세기간 10월 1일부터 12월 31일까지 납세지 지정신청서를 사업장 관할 세무서장에게 제출하여야 한다.

③ 국세청장 또는 관할 지방국세청장은 납세지가 납세의무자의 소득상황으로 보아 부적당하거나 납세의무를 이행하기에 불편하다고 인정되는 경우에는 납세지를 지정할 수 있다.

④ 납세지가 변경된 때에는 그 변경된 날부터 15일 내에 납세지변경신고서를 변경 후의 납세지 관할 세무서장에게 제출하여야 한다.

⑤ 거주자가 주소를 이전한 경우 납세지 변경신고를 하여야 한다.

[풀이] ⑤ 납세지는 자동 변경되어 납세지 변경신고를 할 필요 없다.

01 소득세의 계산구조

종합소득	퇴직소득	양도소득
총수입금액 (−) 필요경비 및 소득공제	퇴직소득 (비과세 퇴직소득 제외)	양도가액 − 취득가액 (−) 필요경비 (−) 장기보유특별공제
종합소득금액 (−) 종합소득공제	퇴직소득금액 (−) 근속연수에 따른 공제액 (×) 12배/근속연수 (−) 환산급여공제	양도소득금액 (−) 양도소득 기본공제
종합소득 과세표준 (×) 기본세율	퇴직소득 과세표준 (×) 기본세율 (×) 근속연수/12배	양도소득 과세표준 (×) 양도소득세율
종합소득산출세액 (−) 세액공제 · 감면	퇴직소득산출세액 (−) 외국납부세액공제	양도소득산출세액 (−) 세액공제 · 감면
종합소득결정세액 (+) 가산세 (−) 기납부세액	퇴직소득결정세액 (+) 가산세 (−) 기납부세액	양도소득결정세액 (+) 가산세 (−) 기납부세액
종합소득 신고납부세액	퇴직소득 신고납부세액	양도소득 신고납부세액

| 과세소득의 체계 |

개인이 1년 동안 획득한 소득 − 비과세소득(공익목적이나 정책상의 이유로 과세하지 아니하는 소득)

− 과세대상 제외소득(과세대상의 범위에서 제외한 소득) = 과세소득 (종합 · 퇴직 · 양도소득)

02 종합소득금액의 계산구조

「소득세법」상 소득금액은 총수입금액에서 필요경비를 차감하여 계산한다. 다만, **이자소득과 배당소득에 대하여는 필요경비를 인정하지 아니하고 총수입금액 전액을 소득금액으로 한다.**

한편, 근로소득과 연금소득에 대하여는 필요경비계산의 어려움 때문에 필요경비 대신에 개산공제제도인 근로소득공제제도와 연금소득공제제도를 적용한다.

(1) 소득별 필요경비

구 분	필요경비
① 이자소득	필요경비 인정 ×
② 배당소득	
③ 사업소득	총수입금액에 대응하는 실제 비용을 필요경비로 인정하는 것이 원칙이나 장부의 미기장 시 기준경비율 또는 단순경비율을 적용하여 필요경비를 추정함
④ 근로소득	실제 비용을 적용하는 대신 근로소득공제 적용
⑤ 연금소득	실제 비용을 적용하는 대신 연금소득공제 적용

구 분	필요경비
⑥ 기타소득	총수입금액에 대응하는 실제 비용을 필요경비로 인정하는 것이 원칙이나 특정한 기타소득은 총수입금액의 80%(또는 90%) 및 60%를 필요경비로 함

참고 ●

「법인세법」과 「소득세법」에 따른 소득금액의 계산구조

「법인세법」에 따른 각 사업연도 소득금액이 익금총액에서 손금총액을 공제하여 계산하는 것과 유사하게 「소득세법」에 따른 소득금액은 8가지 소득종류별로 총수입금액에서 필요경비를 공제하여 계산한다. 다만, 다음과 같은 차이점이 있다.

구 분	「법인세법」에 따른 각 사업연도 소득금액	「소득세법」에 따른 소득금액
구분계산	소득의 구분 없이 종합하여 계산	8가지 소득종류별 계산
비과세소득	각 사업연도 소득금액에 포함한 후 과세표준 계산 시 공제	소득금액에 포함하지 않음
분리과세	없음*	소득금액에 포함하지 않음
이월결손금	과세표준 계산 시 공제	소득금액 계산 시 공제

* 비영리내국법인은 원천징수된 이자소득(집합투자기구로부터의 이익 포함, 비영업대금의 이익 제외)에 대해 분리과세를 선택할 수 있음

Ⅲ 금융소득

01 이자소득

'이자소득'이란 **금전의 사용에 따른 대가의 성격이 있는** 소득으로서 「소득세법」에서는 많은 종류의 이자소득을 열거하고 있는데 대표적인 예를 들면 다음과 같다.

(1) 이자소득의 범위

① 채권 또는 증권의 이자와 할인액[11)

발행자와 관계없이(국가·지방자치단체·내국법인·외국법인(국내지점·영업소 포함) 모두 이자소득에 포함되며 채권·증권을 중도에 매도하는 경우에는 보유기간에 대한 이자상당액을 채권·증권보유자의 이자소득으로 본다.

보유기간 이자상당액

$$= \text{채권 등의 액면가액} \times \text{이자율} \times \frac{\text{보유기간일수}}{365}$$

① 이자율 : 표면이자율에 발행시 할인율 가산하고 할증률을 차감하는 발행금리
　(공개시장에서 발행하는 국채 등은 표면이자율을 적용)
② 보유기간 : 해당 채권 등의 매수일의 다음날부터 매도일까지의 일수

---

② 예금·적금의 이자와 할인액(부금·예탁금·우편대체를 포함)

국내에서 지급받는 것뿐만 아니라 국외에서 지급받는 것도 모두 이자소득에 포함된다.

③ 채권 또는 증권의 환매조건부매매차익

「소득세법」은 채권·증권시장을 육성하기 위하여 채권·증권의 매매차익에 대해서는 과세하지 않지만 채권·증권의 환매조건부매매차익[12)은 이를 이자소득으로 보아 과세한다.

---

11) 할인액은 채권할인 취득 시 액면가액과 취득가액의 차이를 의미하며, 만기에 일시에 이자를 지급받는 것과 같기에 이자소득으로 과세된다.
12) 금융회사 등이 환매기간에 따른 사전약정이율을 적용하여 환매수 또는 환매도하는 조건으로 매매하는 채권 또는 증권의 매매차익을 말한다(소령 제24조).

구 분	채권·증권의 매매차익	채권·증권의 환매조건부매매차익 RP(Repurchase Agreements)
형 태	매도자 ←[대가]／[채권·증권]→ 매수자	매도자 (자금차입자) [채권·증권]→ [매매대금]→ [현금+**이자***]← [채권·증권]← 매수자 (자금운용자)
과세방법	과세 제외 (채권·증권시장 육성)	이자소득으로 과세 (이자소득과 성격이 동일)

* 사전약정이자율 적용(채권 또는 증권시장의 시장가격 ×)

④ **단기 저축성보험의 보험차익(2013년 2월 15일부터 계약 체결 분[13])**

저축성보험이란 보험계약[14]에 따라 만기에 지급받는 금액이 계약기간동안 납부한 보험료보다 많은 보험으로서 성격상 예금과 동일하므로 「소득세법」에서는 이자소득으로 과세하는데, 보험업지원목적에 따라 특정 저축성보험에 대하여는 소득세를 과세하지 않고 있다. 특히 보험유지기간이 10년 이상으로서 아래 일정요건을 갖춘 저축성보험의 보험차익은 과세하지 않는다.

> **실무**
>
> ① 보험계약기간 중에 보험계약에 의하여 받은 배당금 기타 이와 유사한 금액은 이를 납입보험료에서 차감하되 그 배당금 등으로 납입할 보험료를 상계한 경우에는 배당금 등을 받아 보험료를 납입한 것으로 본다.
> ② 보험회사가 고액의 일시납 저축성보험을 유치하면서 보험료의 일부를 받지 아니하거나 전액을 받은 후 일부를 반환한 경우에는 그 받지 아니하거나 반환한 금액은 저축성보험의 보험차익을 계산할 때 납입보험료로 보지 않는다(소득 집행기준 16 - 25 - 1).

---

13) 2013.2.15. 이전 체결 : 최초로 보험료를 납입한 날부터 만기일 또는 중도해지일까지의 기간이 10년 이상인 보험계약의 보험차익은 이자소득으로 과세하지 않는다(과세제외).
14) "보험계약"이란 다음 각 호의 어느 하나에 해당하는 것을 말한다.
 1. 「보험업법」에 따른 생명보험계약 또는 손해보험계약
 2. 다음 각 목의 어느 하나에 해당되는 기관이 해당 법률에 의하여 영위하는 생명공제계약 또는 손해공제계약
 ① 「수산업협동조합법」에 의한 수산업협동조합중앙회 및 조합
 ② 「신용협동조합법」에 의한 신용협동조합중앙회
 ③ 「새마을금고법」에 따른 새마을금고중앙회
 3. 「우체국예금·보험에 관한 법률」에 의한 우체국보험계약
 4. 1.에서 3.까지의 계약과 유사한 계약으로서 위험보장을 목적으로 우연한 사건 발생에 관하여 금전 및 그 밖의 급여를 지급할 것을 약정하고 대가를 수수하는 계약

구 분	저축성보험	보장성보험
	단기 저축성보험^{*1)}의 보험차익^{*2)} → **이자소득**으로 과세 (예금과 동일한 성격)	사망·질병·부상·기타 신체상의 상해로 인하여 지급 → **과세 제외** **(사회적 위험을 보장하기 위함)**
과세방법	• 보험기간 10년 이상 + 보험료 합계액 1억원(2017.4.1. 이후 계약) 이하 저축성보험 • 최초 납입일부터 납입기간이 5년 이상 + 매월납입하는 기본보험료가 균등 + 월 보험료 150만원 이하인 월 적립식 저축성 보험 • 법소정 종신형 연금보험 → **과세 제외(계약 체결 후 요건을 충족하지 못하게 된 경우 이자소득으로 과세)**	사업용 자산의 멸실 또는 손괴로 인하여 지급받는 것 → 사업과 관련된 경우에는 사업소득의 총수입금액에 포함 (보험료를 필요경비에 산입하였기 때문) → 그 외의 경우에는 과세 제외

*1) ① 종신형 연금보험이 아닌 것으로 계약기간 10년 미만
　② 종신형 연금보험이 아닌 것으로 계약기간 10년 이상, 납입보험 합계액이 1억원(2017.3.31.까지 체결한 보험계약은 2억원) 초과
　③ 「보험업법」 제3조에 따라 역외 보험회사와 체결한 보험계약
　④ 위와 유사한 계약으로 위험보장을 목적으로 우연한 사건 발생에 관해 금전 및 그 밖의 급여를 지급할 것을 약정하고 대가를 수수하는 계약
*2) 보험차익 = 만기보험금(또는 공제금)·중도해약 환급금 - 납입보험료(또는 납입공제료)

⑤ 직장공제회 초과 반환금(1999.1.1. 이후 최초로 직장공제회에 가입하고 탈퇴 또는 퇴직으로 인하여 받는 반환금)

직장공제회 초과 반환금이란 동일직장이나 동일직종에 종사하는 근로자들이 생활안정, 복리증진 또는 상호부조 등을 목적으로 구성된 공제조합 또는 공제회로부터 받는 공제회 반환금 중 납입원금을 초과하는 금액을 말한다. 이러한 직장공제회에는 군인공제회, 경찰공제회, 소방공제회, 교직원공제회 등이 있다.

직장공제회 초과반환금 = ① + ②

① 납입금 초과이익 :
　근로자가 퇴직·탈퇴로 인하여 직장공제회로부터 받는 반환금 - 납입공제료
② 반환금 추가이익 :
　반환금을 분할하여 지급하는 경우 그 지급하는 기간 동안 추가로 발생하는 이익

---

⑥ 비영업대금의 이익

비영업대금의 이익이란 금전의 대여를 **사업목적으로 하지 않는 자가 일시적ㆍ우발적으로** 타인에게 금전을 대여하고 받은 이자를 말한다. 비영업대금의 이익은 이자소득으로 분류되지만 사업적으로 금전을 대여하는 경우에는 금융업에 해당하므로 이로 인해 얻는 이자는 사업소득으로 분류된다.

구 분	비영업대금의 이익	영업대금의 이익(금융업)
정 의	자금대여를 영업으로 하지 아니하고 일시적ㆍ우발적으로 금전을 대여	자금대여를 영리목적으로 하여 독립적ㆍ계속적ㆍ반복적으로 금전을 대여
과세방법	이자소득	사업소득
특 징	**필요경비 인정 ×** **대손충당금 설정 ×** **원천징수세율 25%**	**필요경비 인정 ○** **대손충당금 ○**

> **실무**
>
> **사업의 양도·양수에 따른 정산대금의 지연지급에 따른 연체이자의 원천징수여부**
>
> 사업의 양도ㆍ양수에 따른 정산대금을 정산기준일에 지급하지 아니하고 실질적인 소비대차로 전환하여 당사자 간의 약정에 의한 이자상당액을 지급하는 경우 그 이자상당액은 비영업대금의 이익에 의한 이자소득에 해당(소득 46011-21131, 2000.9.7.)

⑦ 위와 유사한 소득으로서 금전 사용에 따른 대가로서의 성격이 있는 것(유사 이자소득)

> **실무**
>
> **익명조합이 조합원에게 지급하는 이익 분배금의 소득구분**
>
> 법인과 개인으로 구성된 익명조합은 소득세법 제43조에 따른 공동사업장의 규정이 적용되지 않으므로, 출자 후 이익을 배분받은 것은 자금을 대여하고 그에 대한 대가를 수령한 것(서면-2015-소득-0356, 2015.5.7.) → 이자소득에 해당

(2) 이자소득에서 제외하는 소득(과세 제외)

1) 사업관련 소득(사업소득 계산에 가감 소기통 16-0-1)

① 물품을 매입할 때 대금의 결제방법에 따라 에누리되는 금액(매입에누리)
② 외상매입금이나 미지급금을 약정기일 전에 지급함으로써 받는 할인액(매입 할인액)

③ 물품을 판매하고 대금의 결제방법에 따라 추가로 지급받는 금액

④ 외상매출금이나 미수금의 지급기일을 연장하여 주고 추가로 지급받는 금액(단, 소비
   대차 전환 분 제외 : 대여금 전환)

⑤ 장기할부조건으로 판매함으로써 현금거래 또는 통상적인 대금의 결제방법에 의한 거래
   의 경우보다 추가로 지급받는 금액(단, 당초 계약내용에 의하여 매입가액이 확정된 후
   그 대금의 지급지연으로 실질적인 소비대차로 전환되어 발생되는 이자는 이자소득)

2) 손해배상금에 대한 법정이자(소기통 16-0-2)

육체적·정신적·물리적인 피해와 관련하여 받는 손해배상금은 과세대상에서 제외되지
만 계약의 위약 또는 해약을 원인으로 한 것이면 기타소득으로 분류된다.

구 분	손해배상금	법정이자
법원의 판결 또는 화해 (육체적·정신적·물리적 피해)	과세 제외	과세 제외
계약의 위약·해약	기타소득	기타소득

실무

아파트재건축조합이 손해금으로 배상하는 금전의 이자소득 해당 여부

재건축사업 시행자인 건설업 법인으로부터 사업경비 등을 무이자 조건으로 차입한 아파트재건
축조합이 계약의 해약으로 인하여 사업경비에 대한 이자상당액 및 이주비의 이자상당액을 법인
에게 손해금으로 배상하는 경우, 당해 배상하는 금액은 원천징수대상 이자소득에 해당하지 아니
함(법규소득 2009-0369, 2009.11.24.).

---

(3) 비과세 이자소득

다음의 이자소득에 대해서는 소득세를 과세하지 아니한다.

① 「공익신탁법」에 따른 공익신탁의 이익

② 장기주택마련저축에서 발생하는 이자소득(2012.12.31.까지 가입분에 한함)

③ 청년우대형 주택청약종합저축에서 발생하는 이자소득(500만원 한도, 2025.12.31.까지
   가입분에 한함)[15]

---

15) 적용요건은 무주택 세대주인 청년 또는 배우자, 총급여액 3,600만원 또는 종합소득금액 2,600만원 이하(단,
   직전 3개연도 중 1회 이상 금융소득종합과세 대상자 제외)이며, 비과세를 적용받을 수 있는 납입금액은 모
   든 금융회사에 납입한 금액을 합하여 연 600만원을 한도로 함.

④ 농어가목돈마련저축에서 발생하는 이자소득(2025.12.31.까지 가입분에 한함)

⑤ 65세 이상인 거주자·장애인·독립유공자 등에 해당하는 거주자의 비과세종합저축에서 발생하는 이자소득(1명당 저축원금 5천만원 이하, 2025.12.31.까지 가입분에 한함)

⑥ 농협 등 조합예탁금에서 발생하는 이자소득(1인당 3천만원 이하)

⑦ 재형저축에서 발생하는 이자소득(2015.12.31.까지 가입분에 한함)

⑧ 개인종합자산관리계좌(Individual Savings Account)에서 발생하는 이자소득의 합계액 중 200만원(서민 및 농어민형은 400만원) 이하

⑨ 가입당시 현역병 등이 가입한 장병내일준비적금(모든 금융회사에 납입한 금액의 합계액 월 40만원 한도)의 이자소득[16]

⑩ 청년희망적금(1명당 1개만 가입, 납입한도 연 600만원)의 이자소득(2022.12.31.까지 가입하여 2024.12.31.까지 받는 소득분에 한함)

⑪ 청년으로서 소득기준을 충족하는 거주자의 청년도약계좌[17](납입한도 연 840만원 이하)에서 발생하는 이자소득(2025.12.31.까지 가입분에 한함)

⑫ 그 밖의 「조세특례제한법」상 비과세 이자소득

참고

개인투자용 국채 보유 시 이자소득*(조특법 제91조의23)
국민의 안정적 장기저축을 지원하고 국채에 대한 수요를 증대시키기 위해 거주자가 전용계좌를 통해 2024.12.31.까지 개인투자용 국채를 매입하고 만기까지 보유하는 경우 개인투자용 국채에서 발생하는 이자소득 중 총 2억원까지의 매입금액에서 발생하는 이자소득에 대해서는 14% 세율을 적용하고, 종합소득과세표준에 합산하지 않는다(분리과세).

* 본 규정은 2023.1.1. 이후 이자소득을 지급받은 경우부터 적용한다.

---

16) 2025.1.1.부터 월 55만원 적립한도로 하며, 적용기한은 2026.12.31.까지

17) 다음 중 하나에 해당하는 소득기준을 말함(조특법 제91조의22 제1항).
　① 직전 과세기간의 총급여액이 7,500만원 이하(직전 과세기간에 근로소득만 있거나 근로소득과 종합소득과세표준에 합산되지 않는 종합소득만 있는 경우로 한정하고 비과세소득만 있는 경우 제외)
　② 직전 과세기간의 종합소득과세표준에 합산되는 종합소득금액이 6,300만원 이하(직전 과세기간 총급여액이 7,500만원을 초과하는 근로소득이 있는 자와 비과세소득만 있는 경우 제외)
　다만, 다음의 요건 모두 충족 시 최초 2년간 1,680만원 이내의 범위에서 일시납입을 허용
　① 청년희망적금 만기해지자가 해지일이 속하는 달의 다음달까지 가입 신청
　② 가입 후 30일 내 청년희망적금 만기지급금의 60% 이상 납입

(4) 이자소득금액의 계산

이자소득금액은 해당 과세기간의 총수입금액으로 하며 필요경비는 인정되지 않는다. 이자소득은 기본적으로 필요경비가 발생하기 어렵고, 발생한다 해도 소득이 개별적으로 발생함에 따라 건별로 자금의 원천을 밝혀서 이자소득과의 관계를 입증하기 어렵기 때문에 「소득세법」에서는 이자소득의 필요경비를 인정하지 않고 있다.

> 이자소득금액 = 총수입금액(비과세소득과 분리과세소득은 제외)

> **실무**
>
> **이자소득의 필요경비 인정여부**
> ① 이자소득금액은 별도의 필요경비를 공제하지 아니한 해당 과세기간의 총수입금액으로 한다.
> ② 동일한 과세기간에 다수의 채무자로부터 이자소득에 해당하는 비영업대금의 이익을 지급받은 거주자는 일부 채권의 원금회수가 불가능한 경우에도 해당 회수불능 원금을 대손금으로 다른 비영업대금의 이익에서 공제할 수 없다(소득 집행기준 16-0-4).

(5) 이자소득의 수입시기

구 분		수입시기
1) 채권 등*의 이자와 할인액	무기명 공·사채	실제 지급받은 날
	기명 공·사채	**약정에 따른 이자지급 개시일**
	파생결합사채로부터의 이익	그 이익을 지급받은 날. 다만, 원본에 전입하는 뜻의 특약이 있는 분배금은 그 특약에 따라 원본에 전입되는 날
2) 보통예금·정기예금·적금 또는 부금의 이자		① **원칙 : 실제로 이자를 지급받는 날** ② 원본전입의 특약이 있는 경우 : 원본전입일 ③ 해약하는 경우 : 해약일 ④ 계약기간을 연장하는 경우 : 연장하는 날 ⑤ 정기예금연결정기적금의 경우 : 정기예금 또는 정기적금이 해약되거나 정기적금의 저축기간이 만료되는 날
3) 통지예금의 이자		인출일
4) **채권 또는 증권의 환매조건부 매매차익**		**약정에 따른 당해 채권 또는 증권의 환매수일 또는 환매도일.** 다만, 기일 전에 환매수 또는 환매도하는 경우에는 그 환매수 또는 환매도일

구 분	수입시기
5) 단기 저축성보험의 보험차익	보험금 또는 환급금의 지급일. 다만, 기일 전에 해지하는 경우에는 그 해지일
6) **직장공제회의 초과반환금**	**약정에 따른 공제회 반환금의 지급일 또는 지급약정일** 다만, 반환금을 분할하여 지급하는 경우 원본에 전입하는 뜻의 특약이 있는 납입금의 초과이익은 원본에 전입된 날
7) **비영업대금의 이익**	**약정에 따른 이자지급일.** 다만, 이자지급일의 약정이 없거나 약정에 따른 이자지급일 전에 이자를 지급하는 경우에는 그 이자 지급일
8) 채권 등의 보유기간 이자상당액	당해 채권 등의 매도일 또는 이자 등의 지급일
9) 유사 이자소득 및 이자부상품 결합 파생상품의 이자와 할인액	약정에 따른 상환일, 다만 기일 전에 상환하는 경우 그 상환일
10) 위의 이자소득이 발생하는 상속재산이 상속되거나 증여되는 경우	상속개시일 또는 증여일

* 다른 사람에게 양도가 가능한 이자 또는 할인액을 발생시키는 증권(다음 중 어느 하나에 해당하는 증권을 포함하는 것으로 하되, 법률에 따라 소득세가 면제된 채권 등은 제외)을 포함한다(소령 제102조의1).
  ① 금융회사 등이 발행한 예금증서 및 이와 유사한 증서
  ② 어음(금융회사 등이 발행, 매출, 중개하는 어음을 포함하며, 상업어음은 제외)
※ 이자소득의 귀속 시기는 대부분 현금기준(현금주의)에 의하지만 기명 공·사채이자, 직장공제회 초과반환금의 이자소득은 약정에 의한 지급일(권리의무확정주의)이며, 환매조건부매매차익, 비영업대금의 이익, 유사이자소득 및 파생금융상품의 이자에 대한 귀속 시기는 약정에 의한 지급일과 회수일 중 빠른 날임을 유의해야 한다.

실무

상속예금의 이자소득 귀속시기 및 원천징수세액 공제방법

「소득세법 시행령」제45조 제1호 내지 제10호의 이자소득이 발생하는 상속재산이 상속되는 경우 이자소득의 수입시기는 같은령 제11호의 규정에 의해 상속개시일이 되는 것이므로 상속인과 피상속인의 소득세 신고시 상속개시일을 기준으로 각각 구분하여 이자소득으로 신고하는 것이며, 이때 기납부세액으로 공제하는 원천징수세액은 각각의 종합소득 과세표준에 산입된 이자소득에 해당하는 원천징수세액을 말함(서면1팀 - 60, 2006.1.17.).

3-1. 이자소득금액

거주자 갑의 20×2년 국내발생 소득에 대한 자료가 다음과 같을 때 갑의 이자소득금액을 계산한 것으로 옳은 것은?(단, 원천징수는 모두 적법하게 이루어졌음)　　　　　(2018 CPA 1차)

(1) 20×2년 5월 31일에 지급받은 저축성보험의 만기보험금 : 100,000,000원(3년 전 납입하기 시작하였으며, 총 납입보험료는 88,000,000원임)

(2) 계약의 해약으로 받은 배상금(계약금이 배상금으로 대체됨) : 25,000,000원

(3) 내국법인이 20×1년 3월 1일에 발행한 채권을 발행일에 취득한 후 만기 전인 20×2년 2월 1일에 중도 매도함에 따른 매매차익 : 40,000,000원(보유기간의 이자상당액 10,000,000원 포함)

(4) 「공익신탁법」에 따른 학술 관련 공익신탁으로 받은 이자 : 3,000,000원

(5) 20×1년 초에 대여한 비영업대금의 원금 40,000,000원과 그에 대하여 발생한 이자 4,000,000원 중 채무자의 파산으로 인하여 20×1년 11월 1일에 42,000,000원만 회수하고, 나머지 채권은 과세표준확정신고 전에 회수 불능사유가 발생하여 회수할 수 없는 것으로 확정됨.

① 24,000,000원　　　　② 29,000,000원　　　　③ 32,000,000원
④ 34,000,000원　　　　⑤ 64,000,000원

[풀이] ① 24,000,000원

(1) 저축성보험의 보험차익	12,000,000원 (납입보험료 초과)
(2) 계약의 해약으로 받은 배상금 (계약금이 배상금으로 대체됨)	기타소득
(3) 채권 매매차익	10,000,000원 (보유기간 이자상당액)
(4) 공익신탁으로 받은 이자	비과세 이자소득
(5) 비영업대금 이익	2,000,000원 (회수금액 중 원금 먼저 회수된 것으로 봄)

> **예제**

3-2. 이자소득

이자소득에 관한 다음 설명 중 가장 옳지 않은 것은?

① 무기명 채권이자에 대한 이자소득의 수입시기는 약정에 의한 지급일로 한다.

② 정기예금에 대한 해약으로 인해 이자를 지급받는 경우 해약일에 이자를 수입한 것으로 본다.

③ 비영업대금에 대한 이자소득의 수입시기는 약정에 의한 지급일이므로 총수입금액은 해당 과세기간에 실제 수입하였거나 수입할 금액으로 한다.

④ 보통예금에 대한 이자소득의 수입시기는 원칙적으로 실제로 이자를 지급받는 날이다.

⑤ 단기 저축성보험의 보험차익에 대한 이자소득의 수입시기는 보험금 또는 환급금의 지급일로 한다. 단, 기일 전에 해지하는 경우에는 그 해지일로 한다.

[풀이] ① 무기명 채권이자에 대한 이자소득의 수입시기는 실제 지급받은 날로 한다.

02 배당소득

(1) 배당소득의 범위

영업활동에서 얻은 이익이나 잉여금을 법인이나 법인으로 보는 단체로부터 주주나 출자자들이 투자비율에 따라 **분배받는 소득으로서** 해당연도에 발생한 다음의 소득을 의미한다.

① **일반배당**[18] : 내국법인·외국법인·법인으로 보는 단체로부터 받은 이익이나 잉여금의 배당 또는 분배금 및 이와 유사한 성질의 배당을 말한다.

※ 주주총회 결과 하자로 인한 배당 취소로 인한 배당금 반환은 배당소득으로 보지 않는다.

---

18) 「상법」에 따라 자본준비금을 감액하여 받는 배당은 배당소득의 범위에 포함되지 않는다. 다만, 다음 중 어느 하나에 해당하는 자본준비금을 감액하여 받는 배당금액은 제외한다.
① 의제배당으로 과세되는 자본준비금
② 3% 재평가세율 적용분 재평가적립금
③ 적격합병 및 분할에 따른 합병 분할차익 중 승계된 3% 재평가세율 적용분 재평가적립금(일정금액 한도)

배당결의 하자로 배당이 취소되어 반환한 때의 과세 등

① 주주총회의 결의에 따라 배당을 받았으나 그 배당결의에 하자가 있어 배당금을 반환한 경우에는 그 배당소득은 없는 것으로 본다.

② 비상장법인의 결산시 주주총회의 승인 없이 임의로 이익배당을 반영하여 법인세과세표준신고를 하였으나, 정기주주총회에서 이익배당을 승인하지 아니하여 실제로 배당을 하지 않은 경우에는 그 배당소득은 없는 것으로 본다.

③ 법인이 이익배당총액의 2분의 1을 초과하는 주식배당결의를 함에 따라 그 결의가 당연 무효로 실제 배당이 이루어지지 않은 경우에는 결의무효 및 부존재 확인의 소에 의한 결의무효 확정판결의 여부에 관계없이 해당 법인은 원천징수의무가 없다.

④ 정기주주총회 결의에 의하여 확정된 배당소득에 대하여 임시주주총회에서 만장일치로 취소하였다 하더라도 해당 금액을 잉여금처분 결의일로부터 3월이 되는 날까지 지급하지 아니한 때에는 그 3월이 되는 날에 배당소득을 지급한 것으로 보아 원천징수한다(소득 집행기준 17 – 0 – 2).

② 내국법인으로 보는 신탁재산(이하 '법인과세 신탁재산')으로부터 받는 배당금 또는 분배금(2021년 1월 1일 이후 신탁계약을 체결하는 분부터 적용)

③ **의제배당 : 현금배당금은 아니지만 현금배당과 동일한 경제적 효과**가 있는 경우에 이를 배당소득으로 간주하는 것을 말한다.

　가. 잉여금의 자본금 전입으로 무상주를 받은 경우(「법인세법」과 동일)

　　㉠ 이익잉여금의 자본금 전입으로 무상주 수령 : 의제배당

　　㉡ 자본잉여금의 자본금 전입으로 무상주 수령 : 주식발행초과금 등 법에 규정된 것을 제외하면 의제배당으로 봄.

구 분		의제배당
㉠ **이익잉여금의** 자본금 전입으로 무상주 수령		○
㉡ **자본잉여금의** 자본금 전입으로 무상주 수령	**법인세가 과세되지 않은** 잉여금의 자본금 전입 ① 일반적인 경우 ② 자기주식소각이익의 자본금 전입* ③ 자기주식 보유상태에서의 자본금 전입으로 인한 지분비율 증가분	× ○ ○
	법인세가 과세된 잉여금의 자본금 전입 ① 주식발행액면초과액 중 출자전환 시 채무면제이익의 자본금 전입	○

구 분	의제배당
② 재평가적립금 중 토지 재평가차액 상당액의 자본금 전입	○
③ 기타자본잉여금의 자본금 전입	○

* 소각 당시 시가가 취득가액을 초과하거나 소각일부터 2년 이내에 자본금에 전입하는 경우에만 해당한다.

> 의제배당액 = 교부받은 주식 수 × 액면가액

　　나. 주식의 감자·법인의 해산·합병·분할의 경우

> 의제배당액 = 주주 등이 취득하는 재산의 가액 - 주식의 취득 등에 사용한 가액

구 분	의제배당액
주식의 소각, 자본금 감소, 퇴사 및 탈퇴, 출자 감소	감자 등으로 받는 재산가액 - 소멸하는 주식의 취득 등에 사용한 가액
법인의 해산*	잔여재산의 분배로 받는 재산가액 - 소멸하는 주식의 취득 등에 사용한 가액
법인의 합병	합병의 대가 - 소멸하는 주식의 취득 등에 사용한 가액
법인의 분할	분할의 대가 - 소멸하는 주식의 취득 등에 사용한 가액

* 다만, 의제배당에서 제외하는 경우는 내국법인이 청산소득에 대한 법인세가 비과세되는 조직변경을 하는 경우이다.

※ 해당 주식을 취득하기 위하여 소요된 금액을 계산할 때에 해당 주식이 「조세특례제한법」 제16조의2 또는 제16조의3의 규정이 적용되는 주식매수선택권 행사에 따라 취득한 벤처기업 주식인 경우 주식매수선택권을 행사하는 당시의 시가를 해당 주식의 취득에 소요된 금액으로 본다.

　　㉠ 주식발행액면초과액의 자본전입에 따라 발행된 주식(의제배당으로 과세되지 않은 주식)은 단기소각주식으로 보지 않는다.

　　㉡ 주식을 취득하기 위하여 사용한 금액이 불분명한 경우에는 그 주식의 액면가액을 그 주식의 취득에 사용한 금액으로 본다.

　　다. 취득 재산의 평가

　　㉠ 주식 : 무상주 등(액면가액), 주식배당(발행가액), 과세특례요건 충족한 합병·분할(MIN[액면가액, 시가]), 기타(시가)

　　㉡ 주식 이외의 자산 : 시가

○ **감자시 발생한 손실과 소득의 상계여부 등**

① 거주자가 보유한 주식이 「상법」 제343조에 따라 연 2회에 걸쳐 소각되면서 해당연도에 주식의 소각으로 인한 손실과 주식의 소각이나 자본의 감소로 인한 의제배당소득이 각각 발생한 경우, 해당 손실가액은 배당소득의 총수입금액에서 차감하지 않는다.

② 주가연계증권(ELS)으로부터 발생한 배당소득이 있는 거주자가 다른 주가연계증권에서 원금손실이 발생한 경우, 그 거주자의 배당소득 총수입금액을 계산함에 있어서 그 손실을 차감하지 않는다(소득 집행기준 17-0-6).

○ **특수관계 주주에게 양수한 주식을 유상감자로 보아 배당소득으로 의제한 처분은 정당함**

법인이 대주주의 주식을 형식상 양수하였으나 실제는 주주의 법인에 대한 출자금을 환급해 주기 위하여 자본감소절차의 일환으로 주식을 취득한 것으로 보이므로 주식의 양도차익을 배당소득으로 의제하고 법인에게 원천징수분 배당소득세를 고지한 처분은 정당함(대법원-2008-두-19628, 2010.10.28.).

④ **인정배당** : 「법인세법」에 따라 배당으로 처분된 금액을 말한다.

⑤ **집합투자기구로부터의 이익** : 투자자로부터 모은 자금을 유가증권·부동산 등에 투자하여 그 결과를 투자자에게 귀속시키는 것을 집합투자라 하며, 집합투자를 수행하기 위한 투자신탁, 투자회사, 투자유한회사, 투자합자회사, 투자합자조합, 투자익명조합, 사모투자전문회사를 집합투자기구라고 한다. **집합투자기구로부터의 이익은 그 소득의 발생 원인에 관계없이 배당소득으로 본다.** 단, 조세 정책적 목적에서 상장주식과 벤처기업주식의 처분손익(상장유가증권을 대상으로 하는 파생상품평가손익 포함)은 과세하지 아니한다. 이와 달리 집합투자기구 등의 신탁을 제외한 신탁의 이익은 신탁법에 따라 수탁자에게 이전되거나 그 밖에 처분된 재산권에서 발생하는 소득의 내용별로 구분하여 과세한다(단, 「법인세법」에 따라 신탁재산에 귀속되는 소득에 대하여 그 신탁의 수탁자가 법인세를 납부하는 신탁으로부터 수익자가 분배받은 이익은 배당소득으로 과세).

	집합투자기구(매년 1회 이상 결산·분배, 금전 위탁 금전 환급)	직접투자
이자수익		이자소득
배당금수익	배당소득(원칙)	배당소득
채권처분손익		과세 제외

	집합투자기구(매년 1회 이상 결산·분배, 금전 위탁 금전 환급)	직접투자
상장주식*(장내파생상품 포함)·벤처기업주식처분손익	과세 제외	과세 제외 (단, 대주주는 과세함)

* 외국 집합투자기구의 주식 또는 수익증권·상장지수집합투자기구의 주식 또는 수익증권(국내 상장 해외 주식형 ETF)·상장지수증권(국내 상장 해외주식형 ETN)

※ 집합투자기구의 요건 충족하지만 투자자 1명 or 특수 관계인(사모투자 집합기구) → 소득의 내용별 과세

> **실무**
>
> 혁신금융서비스로 지정됨에 따라 신탁회사가 실물자산 담보부 대출채권을 신탁받아 신탁의 수익증권을 발행하는 경우에 해당 수익증권 투자자의 수익증권 보유·매도이익은 배당소득에 해당하는 것임(서면−2023−법규소득−2674, 2024.1.9.).

⑥ 국내 또는 국외에서 받는 파생결합증권·파생결합사채로부터의 이익

⑦ 조각투자상품[19]으로부터의 이익(2025.7.1. 시행)

구 분	내 용
배당소득 범위	① 투자계약증권으로부터의 이익(환매, 매도, 해지, 해산 등을 포함) ② 비금전신탁 수익증권으로부터의 이익(환매, 매도, 해지, 해산 등을 포함)

⑧ 「국제조세조정에 관한 법률」에 따라 조세피난방지세제 규정에 따라 특정외국법인의 유보소득을 배당받은 것으로 간주된 금액(간주배당)

⑨ **출자공동사업자에 대한 배당소득** : 공동사업에서 발생한 소득금액 중 <u>경영에 참여하지 아니하는</u> 출자공동사업자에 대한 손익분배비율(손익분배비율이 없는 경우 지분비율)에 상당하는 금액을 말하며, **원천징수세율은 25%**이다. 이는 출자에 대한 대가의 성격을 지닌다. 단, 사업소득에서 발생한 소득에 대한 분배금은 배당소득으로 분류되지만, 사업소득 외의 소득은 실제 발생된 소득별로 구분된다. 예를 들어 사업자금을 은행에 예금하여 받게 되는 이자는 이자소득인 것이다.

---

19) 미술품·저작권 등의 권리를 투자계약증권 또는 신탁수익증권 형태로 분할 발행하여 다수의 투자자가 투자 및 거래할 수 있는 신종투자상품을 의미한다.

출자공동사업자

출자공동사업자란 다음의 어느 하나에 해당하지 아니하는 자로서 공동사업의 **경영에 참여하지 아니하고 출자만 하는자**를 말한다.

① 공동사업에 성명 또는 상호를 사용하게 한 자
② 공동사업에서 발생한 채무에 대하여 무한책임을 부담하기로 약정한 자

출자공동사업자의 배당소득 과세

구 분	내 용
배당소득	공동사업의 사업소득금액 중 출자공동사업자에게 배분된 금액
귀속시기	과세기간 종료일
종합과세 여부	무조건 종합과세
금융소득종합과세 판단	금융소득의 2천만원 초과 여부 판단 시 금융소득에 포함 ×
Gross-up	Gross-up ×
종합과세 시 세율	기본세율

⑩ 거주자가 환매기간에 따른 사전약정이율을 적용하여 환매수하는 조건으로 증권을 매도하고 환매수하는 날까지 해당 증권의 매수인으로부터 지급받는 해당 증권에서 발생하는 배당에 상당하는 금액은 법 제17조 제1항 제9호에 따른 배당소득에 포함된다.
⑪ 위 소득과 유사한 소득으로서 수익분배의 성격이 있는 것(유사배당소득)[20]

자본준비금을 감액하여 받은 배당*(소령 제26조의3 제6항)
「상법」 제461조의2에 따르면 회사는 적립된 자본준비금 및 이익준비금의 총액이 자본금의 1.5배를 초과하는 경우 주주총회의 결의에 따라 그 초과한 금액 범위에서 자본준비금과 이익준비금을 감액할 수 있다. 이에 따라 자본준비금을 감액하여 받은 배당은 배당소득에 포함하지 않는다. 자본준비금을 재원으로 배당받는 것은 주주가 납입한 자본을 반환받는 것이므로 배당소득에 포함하지 않는 것이다.

* 자본금 전입 시 의제배당에 해당하는 자본준비금의 배당은 제외한다.

---

20) 예를 들어 주식대차거래 보상액이나 환매조건부 증권 매매거래에 따른 배당 보상액이 있다.

정비사업조합이 조합원의 이주비 이자비용을 무상으로 지원하는 경우, 귀속자인 조합원에 대한 소득처분의 유형

정비사업조합이 관리처분계획에 따라 조합원의 이주비를 금융기관으로부터 차입하여 무이자로 대여하는 경우 해당 조합이 사업비에서 지출하는 이주비 이자비용 중 수익사업 부문 상당액은 조합원에게 배당소득으로 소득처분됨(기준 - 2019 - 법령해석법인 - 0485, 2019.10.17.).

(2) 비과세 배당소득

① 공익신탁(학술, 종교, 자선, 기예, 그 밖의 공익을 목적으로 하는 신탁)의 이익

② 비과세종합저축에 대한 배당소득(노인/장애인 등을 위한 저축)

③ 소액주주인 우리사주조합원이 받은 배당소득(액면가액 1,800만원 이하)

④ 개인종합관리계좌(ISA)에서 발생한 배당소득

⑤ 영농조합법인의 조합원이 영농조합법인으로부터 2026.12.31.까지 받는 배당소득 중 식량작물재배업소득에서 발생한 배당소득 전액과 식량작물재배업소득 외의 소득에서 발생한 배당소득 중 일정금액

⑥ 영어(營漁)조합법인의 조합원이 영어조합법인으로부터 2026.12.31.까지 받는 배당소득 중 과세연도별로 1,200만원 이하의 금액

⑦ 농업회사법인에 출자한 거주자가 2026.12.31.까지 받는 배당소득 중 식량작물재배업소득에서 발생한 배당소득 전액

⑧ 청년도약계좌에서 발생하는 배당소득

⑨ 그 밖의 「조세특례제한법」상 비과세 배당소득

참고

비과세 이자소득 및 배당소득 대상이 되는 개인종합관리계좌(Individual Savings Account)

① 가입 대상
  ㉠ 가입일 또는 연장일 기준 19세 이상인 거주자
  ㉡ 가입일 또는 연장일 기준 15세 이상인 자로서 가입일 또는 연장일이 속하는 과세기간의 직전 과세기간에 근로소득이 있는 자(비과세소득만 있는 자는 제외)

② 비과세 한도
  ㉠ 직전 과세기간의 총급여액이 5천만원 이하인 거주자(직전 과세기간에 근로소득만

있거나 근로소득 및 종합소득과세표준에 합산되지 아니하는 종합소득이 있는 자로 한정) : 400만원

© 직전 과세기간의 종합소득과세표준에 합산되는 종합소득금액이 3,800만원 이하인 거주자(직전 과세기간의 총급여액이 5천만원을 초과하지 아니하는 자로 한정) : 400만원

© 농어민(직전 과세기간의 종합소득과세표준에 합산되는 종합소득금액이 3,800만원을 초과하는 자는 제외) : 400만원

② ⑤~©에 해당하지 아니하는 경우 : 200만원

(3) 배당소득금액의 계산

배당소득은 이자소득과 동일하게 필요경비를 인정하지 않는다.

배당소득금액 = 총수입금액(배당소득 - 비과세 - 분리과세) + Gross - up 금액*

*Gross - up 금액 = Gross - up 대상 배당소득 × 가산율(10%)

참고

배당소득에 대한 이중과세조정

일반적으로 배당소득에 대해서는 다음의 이중과세 문제가 제기된다.
① 법인단계에서 법인세가 과세된다.
② 그리고 그 세후소득을 배당한 경우 주주단계에서 소득세(주주가 개인) 또는 법인세(주주가 법인)가 과세되기 때문이다.

(1) 동일소득에 대한 이중과세

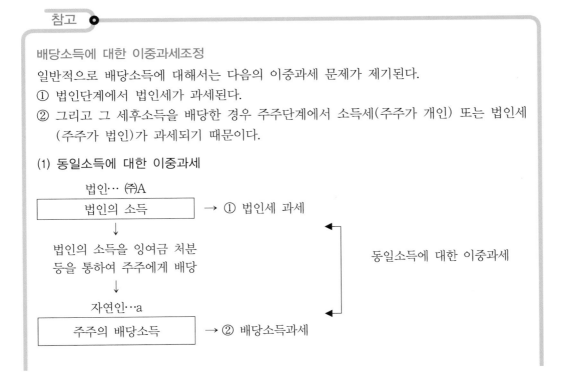

(2) 이중과세조정방법

「소득세법」에서 채택하고 있는 Gross-up제도란 주주단계에서 지급받은 배당소득에 법인단계에서 이미 과세된 법인세상당액을 가산하고 이를 다시 소득세산출세액에서 공제(배당세액공제)하는 제도를 말한다.

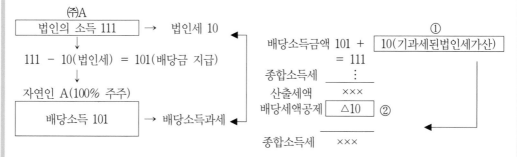

(3) 한계점

배당소득 금액계산 시 배당소득에 가산하는 귀속법인세(Gross-up금액)는 배당소득의 10%인데, 이는 법인세 최저세율을 9%로 가정하고 다음과 같이 계산된 것이다(2024.1.1. 이후 지급받는 소득 분부터 적용).

> 10%의 법인세율을 적용한 경우의 법인단계에서 부담한 법인세
> = 법인세가 차감되기 전의 배당소득 × 법인세율
> $= (배당소득 \times \dfrac{1}{1-법인세율}) \times 법인세율$
> $= 배당소득 \times \dfrac{9\%}{1-9\%}$ ≒ 배당소득 × 10%
>
> ※ 현행 법인세율은 9%, 19%, 21%, 24%의 초과누진세율이므로 귀속법인세의 계산과정에서 전제한 법인세율 9%와는 차이가 있다.

실무

특정금전신탁을 통해 지급받는 배당소득이 Gross-up 적용대상 소득에 해당하는지 여부

개인이 특정금전신탁을 위한 계약을 체결한 경우로서 그 소득의 구분이 「소득세법」 제4조 제2항 각 호 외의 부분에 따르는 경우에 있어서, 동 신탁재산에 귀속되는 소득으로서 같은 법 제17조 제3항 각 호 외의 부분 단서에서 정하는 배당소득에 대해서는 Gross-up 적용대상임(서면-2021 -법규소득-4592, 2022.12.7.).

(4) 배당소득의 수입시기 ★★

구 분	수입 시기
① 일반배당	㉠ 잉여금처분에 의한 배당 : **잉여금 처분결의일** ㉡ 무기명주식의 배당 : 그 지급을 받은 날
② 의제배당	㉠ 잉여금자본전입의 경우 : **자본금전입결의일** 　**(실제로 무상주를 받는 날이 아님)** ㉡ 자본감소(퇴사·탈퇴)의 경우 : **감자결의일,** 　**퇴사·탈퇴결의일** 　해산의 경우 : **잔여재산가액 확정일** 　**(잔여재산가액이 확정되는 것이 중요함, 해산등기** 　**일이 아님)** 　합병·분할의 경우 : **합병등기일·분할등기일**
③ 인정배당	**해당 사업연도의 결산확정일** **(주주총회 승인을 통한 결산확정일임, 사업연도 종료** **일은 아님)**
④ 집합투자기구로부터의 이익	집합투자기구로부터의 이익 중 배당소득을 지급받은 날. 다만, 원본에 전입하는 뜻의 특약이 있는 분배금은 그 특약에 따라 원본에 전입되는 날
⑤ 파생결합증권 또는 파생결합사채로 부터의 이익	㉠ 투자신탁의 이익을 지급받은 날 ㉡ 원본전입의 특약이 있는 경우 : 원본전입일 ㉢ 계약기간을 연장하는 경우 : 계약연장일
⑥ 간주배당	특정외국법인의 해당 사업연도 종료일의 다음 날부터 60일이 되는 날
⑦ 출자공동사업자에 대한 배당소득	해당 공동사업의 총수입금액과 필요경비가 확정된 날 이 속하는 과세기간 종료일 (실제로 분배금을 받는 날이 아님)
⑧ 배당소득을 발생시키는 거래·행위 와 파생상품이 결합된 경우 해당 파 생상품의 거래·행위로부터의 이익	그 이익 지급을 받는 날
⑨ 조각투자상품으로부터의 이익	그 이익 지급을 받는 날(2025.7.1. 시행)

3-3. 배당소득

「소득세법」상 배당소득에 관한 설명으로 옳지 않은 것은? (2017 CTA 1차 수정)

① 법인으로 보는 단체로부터 받는 배당 또는 분배금은 배당소득에 해당한다.

② 국외에서 설정된 집합투자기구로부터의 이익은 해당 집합투자기구의 설정일부터 매년 1회 이상 결산·분배할 것이라는 요건을 갖추지 않아도 배당소득에 해당한다.

③ 거주자가 일정기간 후에 같은 종류로서 같은 양의 주식을 반환 받는 조건으로 주식을 대여하고 해당 주식의 차입자로부터 지급받는 해당 주식에서 발생하는 배당에 상당하는 금액은 배당소득에 해당하지 않는다.

④ 유가증권이나 통화 또는 그 밖에 자산이나 지표 등의 변동과 연계하여 미리 정하여진 방법에 따라 상환 또는 지급금액이 결정되는 사채로부터 발생한 이익은 배당소득에 해당한다.

⑤ 자본준비금을 감액하여 받은 배당(자본금 전입 시 의제배당에 해당하는 자본준비금의 배당은 제외)은 배당소득에 포함하지 않는다.

[풀이] ③ 유형별 포괄주의의 예

3-4. 배당소득

배당소득에 대한 설명으로 옳지 않은 것은?

① 일반배당이란 내국법인, 외국법인, 법인으로 보는 단체로부터 받은 이익이나 잉여금의 배당 또는 분배금 및 이와 유사한 성질의 배당을 말한다.

② 법인으로 보는 단체로부터 받는 배당 또는 분배금은 배당소득에 해당한다.

③ 자본준비금을 감액하여 받은 배당은 배당소득에 해당한다.

④ 이익잉여금의 자본전입으로 무상주를 수령하는 것은 의제배당에 해당한다.

⑤ 배당소득금액은 총수입금액(배당소득-비과세-분리과세)에 Gross-up금액을 더하여 계산한다.

[풀이] ③ 자본준비금을 감액하여 받은 배당은 배당소득에 포함하지 않는다. 자본준비금을 재원으로 배당받는 것은 주주가 납입한 자본을 반환받는 것이므로 배당소득에 포함하지 않는 것이다.

3-5. 배당소득

「소득세법」상 출자공동사업자의 배당소득에 관한 설명으로 옳지 않은 것은?

① 공동사업의 사업소득금액 중 출자공동사업자의 손익분배비율에 해당하는 금액은 배당소득으로 본다.

② 출자공동사업자의 배당소득은 종합과세대상 금융소득이지만 Gross-up 금액 대상으로 보지 않는다.

③ 조건부 종합과세대상 금융소득이 종합과세대상인지 판단하는 경우 출자공동사업자의 배당소득은 금융소득에 포함하지 않는다.

④ 출자공동사업자의 배당소득은 25%의 세율로 소득세를 원천징수 한다.

⑤ 출자공동사업자의 배당소득은 잉여금처분결의일을 귀속시기로 한다.

[풀이] ⑤ 출자공동사업자의 배당소득은 과세기간 종료일을 귀속시기로 한다.

03 금융소득의 과세방법

금융소득 종합과세란 이자소득과 배당소득(이하 금융소득)을 종합소득에 합산하여 기본세율(6%~45%)로 과세하는 제도이다.

| 금융소득의 과세체계 |

이자소득 배당소득	(-)비과세소득 (-)분리과세소득	=	총수입금액	(+) Gross-up 금액	=	종합과세되는 금융소득금액

따라서 종합과세되는 금융소득금액을 계산하기 위해서는 다음과 같이 단계적으로 접근하는 것이 바람직하다.

① 해당연도의 금융소득에서 **비과세 금융소득 및 무조건 분리과세대상 금융소득을 차감**하여 종합과세 가능한 금융소득을 계산한다.

② **조건부종합과세대상 금융소득의 종합과세여부를 판단**하여 종합과세되는 금융소득(무조건종합과세대상 금융소득과 종합과세되는 조건부종합과세대상 금융소득의 합계액)을 계산한 후 이를 세율별로 구분한다.

③ 종합과세되는 금융소득에 배당소득의 이중과세조정에 따른 **귀속법인세를 가산**하여 종합소득에 포함될 금융소득금액을 계산한다.

(1) 금융소득의 과세유형 구분

1) 무조건 분리과세대상 금융소득

다음에 해당하는 금융소득은 종합소득에 합산하지 않고 원천징수[21]로써 납세의무가 종결된다. 단, 아래 괄호(   )는 원천징수세율이다.

① **비실명이자 · 배당소득**(45%, 90%) → 지급하는 시기까지 지급받는 자의 실지 명의가 확인되지 않는 소득은 45%로 원천징수, 「금융실명거래 및 비밀보장에 관한 법률」 제5조에 따라 90%의 세율이 적용되는 경우에는 90%로 원천징수

② 분리과세를 신청한 장기채권(채권 등의 발행일부터 원금 전부를 일시에 상환하기로 약정한 날까지의 기간이 10년 이상)의 이자소득(30%)(2018.1.1. 전에 발행된 분에 한함) → 고액 재산가들의 조세저항회피 + 장기투자유도

> 분리과세를 신청할 수 있는 장기채권(2018.1.1. 전에 발행된 분)
> ① 2012.12.31. 이전 발행 : 만기가 10년 이상인 채권
> ② 2013.1.1. 이후 발행 : 만기가 10년 이상인 채권을 3년 이상 계속 보유
>
> ☞ 분리과세를 신청하지 않은 경우 일반적인 이자소득과 동일하게 14%의 세율로 원천징수하고 조건부종합과세 금융소득으로 분류

③ **직장공제회 초과 반환금**(기본세율, 연분연승법)

---

[21] 국내에서 거주자에게 이자소득 · 배당소득을 지급하는 자는 그 거주자에 대한 소득세를 원천징수하여 그 징수일이 속하는 달의 다음 달 10일까지 정부에 납부해야 한다(소법 제127조 제1항 제1호 및 제2호, 소법 제128조).

※ 직장공제회 초과반환금에 대한 세액 계산의 특례

(1) 원칙

$$산출세액 = \left[(직장공제회\ 초과반환금 - 공제액 - 납입연수공제) \times \frac{1}{납입연수}\right] \times 기본세율 \times 납입연수$$

공제액은 직장공제회 초과반환금의 40%이며, 예외적으로 1999년 1월 1일부터 2010년 12월 31일까지 가입하여 납입한 공제료에서 발생한 초과반환금에 대한 공제금액은 다음의 금액을 더한 금액으로 한다.

① 직장공제회 초과반환금 $\times \dfrac{2010년\ 12월\ 31일\ 이전공제료납입월수}{납입금\ 초과이익} \times 50\%$

② 직장공제회 초과반환금 $\times \dfrac{2011년\ 1월\ 1일\ 이전공제료납입월수}{총공제료납입월수} \times 40\%$

납입연수공제는 다음과 같이 계산한다.

납입연수	공제액
5년 이하	30만원 × 납입연수
5년 초과 10년 이하	150만원 + 50만원 × (납입연수 - 5년)
10년 초과 20년 이하	400만원 + 80만원 × (납입연수 - 10년)
20년 초과	1천200만원 + 120만원 × (납입연수 - 20년)

(2) 분할수령

직장공제회 반환금을 분할하여 지급받는 경우에는 납입금 초과이익에 대한 산출세액과 분할하여 지급받을 때마다의 반환금 추가이익에 대한 산출세액을 더한 금액으로 한다.
① 납임금 초과이익 산출세액 : (1)원칙을 근거로 계산한 금액
② 반환금 추가이익에 대한 산출세액 :

$$분할하여\ 지급받을\ 때마다\ 그\ 기간동안\ 발생하는\ 반환금\ 추가이익 \times \frac{납임금\ 초과이익\ 산출세액}{납입금\ 초과이익}$$

④ 법원에 납부한 보증금 및 경락대금(법원보관금)에서 발생하는 이자소득(14%)
　→ 부동산 소유자에게 귀속되어야 하지만 실제로 그 이자가 부동산 소유자에게 귀속되는 경우가 적음.
⑤ 법인으로 보는 단체 이외의 단체(1거주자로 보는 법인 아닌 단체)가 금융회사 등으로부터 받은 이자소득・배당소득(14%)
⑥ 「조세특례제한법」상 분리과세 되는 이자・배당소득
　㉠ 특정사회기반시설 집합투자기구에 투자하여 발생하는 배당소득(2022.12.31.까지

전용계좌에 가입한 분에 한함, 9%)

Ⓚ 2025.12.31.까지 금융투자집합투자기구로부터 받는 배당소득(해당 요건을 모두 갖춰야 함 → 1명당 1개의 투융자집합투자기구전용계좌만 가입하고, 투융자집합투자기구 전용계좌를 통해 집합투자증권에 투자하여 배당소득을 지급받아야 하며, 투융자집합투자기구 전용계좌의 납입한도가 1억원 이하이어야 함, 14%)

Ⓛ 영농·영어(營漁)조합법인의 조합원이 영농·영어조합법인으로부터 2026.12.31. 까지 받는 배당(소득세 비과세분을 제외한 배당소득, 5%)

Ⓜ 농업회사법인에 출자하여 2026.12.31.까지 받는 배당소득(식량작물재배업소득 외의 소득 중 대통령령으로 정하는 소득에서 발생한 배당소득, 14%)

Ⓝ 공모부동산집합투자기구의 집합투자증권의 배당소득(2026.12.31.까지 투자분에 한함 9%, 거주자별 투자금액의 합계액이 5천만원을 초과하지 않는 범위에서 발생하는 배당소득, 투자일부터 3년 이내 발생하는 경우에 한정)

Ⓞ 개인종합자산관리계좌(Individual Savings Account)에서 발생하는 이자소득과 배당소득의 합계액 중 비과세 한도금액 200만원(또는 400만원) 초과액(9%)

Ⓟ 계약기간 1년 이상인 고위험고수익채권투자신탁에서 받는 이자·배당소득(2024. 12.31.까지 가입분, 가입일로부터 3년 이내 발생하는 경우, 14%)

Ⓠ 개인투자용국채에서 발생하는 이자소득 중 총 2억원까지 매입금액에서 발생하는 이자소득(거주자전용계좌로 2027.12.31.까지 발행일부터 원금상환기일까지 기간이 5년 이상인 개인투자용국채를 매입하고 만기까지 보유, 14%)

Ⓡ 기회발전특구집합투자기구에 투자하여 발생하는 이자·배당소득(2026.12.31.까지 전용계좌에 가입, 가입일로부터 10년 이내 지급받는 경우, 9%)

2) 무조건종합과세대상 금융소득★★★

무조건종합과세대상 금융소득이란 국내에서 원천징수되지 않아 분리과세를 할 수 없는 다음의 금융소득을 말한다.

① **국외에서 지급받은 이자·배당소득**[22]

② 국내에서 지급받는 금융소득 중 **원천징수가 누락된** 소득(14%, 25%)

③ **출자공동사업자의 배당소득**(25% 단, 종합과세대상 2천만원 판단 시 제외함)

---

22) 다만, 예외적으로 외국법인이 발행한 채권·증권에서 발생하는 이자·배당소득을 거주자에게 지급하는 경우 그 지급을 국내에서 대리하거나 지급 권한을 위임 및 위탁받은 자가 그 소득에 대한 소득세를 원천징수해야 한다(소법 제127조 제5항).

3) 조건부 종합과세대상 금융소득

조건부 종합과세대상 금융소득이란 비과세대상, 무조건분리과세대상, 무조건종합과세대상 금융소득을 제외한 금융소득을 말한다.

참고

적격 P2P 투자 이자소득

P2P란 Peer to Peer를 뜻하며 개인 간 거래를 중개해 주는 인터넷 플랫폼을 의미한다. 적격 P2P 투자 이자소득이란「소득세법」제129조 제1항 제1호 및「소득세법 시행령」제187조에 따라 자금을 대출받으려는 차입자와 자금을 제공하려는 투자자를 온라인을 통해 중개하는 자로서 금융위원회에 등록한 온라인 투자연계 금융업자를 통해 지급받는 이자소득이다. 원천징수 세율은 14%

---

(2) 금융소득의 종합과세

「소득세법」상 금융소득은 앞에서 살펴본 바와 같이 그 성격에 따라 무조건분리과세대상, 무조건종합과세대상, 조건부종합과세대상으로 구분된다.

① 무조건분리과세대상 : 종합소득에 합산하지 않고 원천징수로서 납세의무가 종결되는 금융소득을 말한다.

② 무조건종합과세대상 : 종합소득에 무조건 합산하여 과세하는 금융소득을 말한다.

③ 조건부종합과세대상 : 위의 ①, ②에 속하지 않는 나머지 금융소득을 말한다.

여기서 ③ 조건부종합과세대상 금융소득은 무조건종합과세대상 금융소득과 조건부종합과세대상 금융소득의 합계액이 2천만원을 초과하면 종합과세(합계액 전액 종합과세)하고, 2천만원을 초과하지 않는다면 조건부 종합과세대상 금융소득은 원천징수로써 소득세 납세의무를 종결하게 된다. 이때 2천만원 초과여부는 배당소득의 이중과세조정에 따른 귀속법인세를 가산하지 않은 금액을 기준으로 한다.

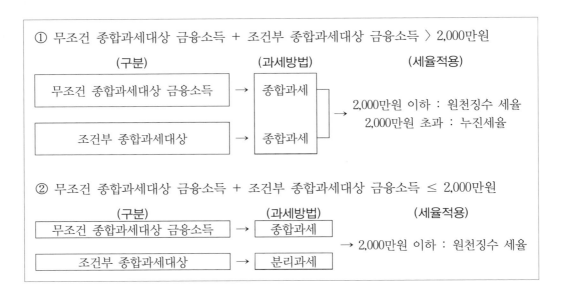

① 무조건 종합과세대상 금융소득 + 조건부 종합과세대상 금융소득 > 2,000만원

(구분)	(과세방법)	(세율적용)
무조건 종합과세대상 금융소득 →	종합과세	
조건부 종합과세대상 →	종합과세	→ 2,000만원 이하 : 원천징수 세율 2,000만원 초과 : 누진세율

② 무조건 종합과세대상 금융소득 + 조건부 종합과세대상 금융소득 ≤ 2,000만원

(구분)	(과세방법)	(세율적용)
무조건 종합과세대상 금융소득 →	종합과세	→ 2,000만원 이하 : 원천징수 세율
조건부 종합과세대상 →	분리과세	

| 종합과세 금융소득의 구분 |

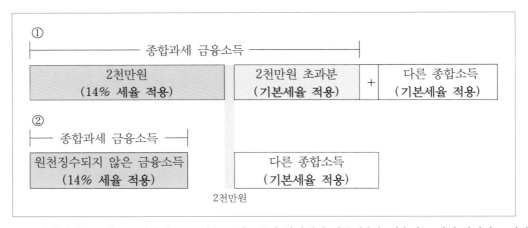

※ 종합과세되는 금융소득이라서 모두 다른 종합소득과 합산해서 기본세율을 적용하는 것이 아니라 그림과 같이 구분하여 별도의 세율을 적용한다.

| 종합과세되는 금융소득 2천만원 초과 |

종합소득산출세액 = MAX(① 일반산출세액[1], ② 비교산출세액[2])
① (종합소득과세표준 − 2천만원) × 기본세율 + 2천만원 × 14%
② (종합소득과세표준 − 금융소득금액) × 기본세율 + 금융소득 총수입금액(귀속법인세 포함×)
　 × 14%(비영업대금이익 25%)

[1] 일반산출세액은 금융소득에 대한 소득세 부담이 2천만원을 분기점으로 급격히 증가하는 문턱효과 (threshold effect)를 방지하기 위한 것이다.

| 종합과세되는 금융소득 2천만원 이하 |

> **종합소득산출세액** = (종합소득과세표준 − 금융소득금액) × 기본세율 + 금융소득 총수입금액
> × 14%(비영업대금이익 25%)

※ 원천징수되지 않은 금융소득은 2천만원 이하인 경우에도 종합과세하나 기본세율을 적용하지 않고 원천
징수되었을 경우를 가정해 14%(비영업대금이익은 25%) 세율을 적용하는 것이다.

(3) 종합과세되는 금융소득금액의 확정

① 이자소득금액 = 이자소득 총수입금액
② 배당소득금액 = Gross-up 제외 배당소득 총수입금액* + Gross-up 대상 배당소득
총수입금액 × 10%

*종합과세되는 경우에도 원천징수세율이 적용되는 경우에는 Gross-up 대상에서 제외됨.

(4) 금융소득에 대한 원천징수세율 적용 순서

금융소득 종합과세 기준금액은 2,000만원이기 때문에 종합과세할 경우 2,000만원을 기준
으로 세부담이 급격하게 상승하는 문턱효과(threshold effect)가 발생할 수 있다. 따라서 종
합과세되는 금융소득 중 2,000만원까지는 14%의 세율을 적용하고, 초과분에 대해서만 다
른 소득과 합산하여 기본세율을 적용한다. 이때 2,000만원까지는 14%로 분리과세되는 효
과가 있기 때문에 Gross-up을 적용하지 않으며, 2,000만원 초과분에 대해서만 Gross-up
을 적용한다. 즉, 종합과세되는 경우에도 원천징수 세율(14%)이 적용되는 부분에 대하여
는 Gross-up을 적용하지 않는다.

「소득세법」에서는 Gross-up 대상 배당소득에 대해 최대한 이중과세를 조정해주기 위하
여 금융소득을 다음의 순서대로 적용하고 있다.

① 이자소득
② 국내에서 법인세가 과세 되지 않은 잉여금을 재원으로 하여 지급되는 배당(자기주식
소각이익의 자본전입, 외국법인으로부터의 배당 등 즉, Gross-up 제외 배당소득)
③ ②의 대상이 아닌 배당(Gross-up 대상 배당소득)

| 이중과세조정 금융소득 판단순서 |

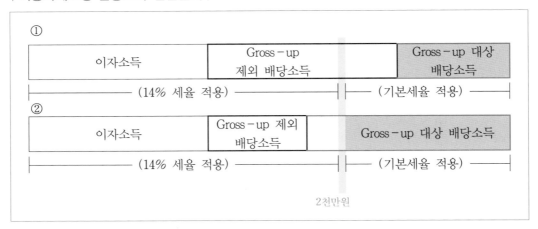

※ 그림에서 음영표시는 이중과세조정대상 배당소득이다.

예제

3-6. 금융소득

금융소득 종합과세에 관한 다음 설명 중 옳지 않은 것은?

① 출자공동사업자의 배당소득은 금융소득 종합과세 여부 판정대상금액에 포함하지 않는다.

② 이자소득, 배당소득 중 국외에서 받는 금융소득과 같이 원천징수되지 아니하는 금융소득은 무조건 종합과세한다.

③ 금융기관을 통하지 않은 비실명 이자·배당소득에 대한 원천징수세율은 45%로 기본세율 중 최고 세율이다.

④ 직장공제회 초과반환금은 기본세율로 원천징수하고, 다른 이자소득과의 합계액이 2천만원을 초과하는 경우 종합과세한다.

⑤ 개인종합자산관리계좌(ISA)에서 발생하는 배당소득은 비과세 한도금액(400만원·200만원)까지 비과세한다.

[풀이] ④ 직장공제회 초과반환금의 경우 무조건 분리과세대상이다.

예제

3-7. 금융소득

「소득세법」상 금융소득에 관한 설명으로 가장 올바르지 않은 것은? (2014 재경관리사 수정)

① 비영업대금의 이익은 25%로 원천징수 되며, 무조건 종합과세대상 금융소득이다.
② 보통예금의 이자소득은 원칙적으로 실제로 지급받은 날을 수입시기로 한다.
③ 잉여금 처분에 따른 배당은 해당 법인의 잉여금 처분결의일을 수입시기로 한다.
④ 보험유지기간이 10년 이상이고 납입 보험료의 합계가 1억원 이하인 보험차익은 과세대상에서 제외한다.
⑤ 농민·어민을 조합원으로 하는 금융기관에 대한 출자금에 대한 배당소득은 1명당 1천만원 이하인 경우에 한하여 배당소득세를 과세하지 않는다.

[풀이] ① 비영업대금의 이익의 원천징수세율은 25%(14% −적격 P2P 투자 이자소득)이며 원천징수된 경우 조건부 종합과세대상이다.

예제

3-8. 금융소득 과세방법

거주자 김경세씨의 ×2년 국내에서 발생한 이자소득 및 배당소득과 관련된 자료는 다음과 같다. 김경세씨의 ×2년의 종합과세대상인 이자소득과 배당소득 총수입금액을 계산하시오.

(2019년 CTA 1차수정)

(1) 거주자 이서울에게 받은 비영업대금의 이익 : 10,000,000원(원천징수되지 아니함)
(2) 환매조건부 채권의 매매차익 : 3,000,000원
(3) 주권상장법인 ㈜용산으로부터 받은 현금배당금 : 2,500,000원
(4) 비상장내국법인인 ㈜영등포가 자기주식소각이익을 소각일로부터 2년 내에 자본금으로 전입함에 따라 교부받은 무상주의 액면가액 : 5,000,000원
(5) 청년우대형 주택청약종합저축에서 발생한 이자 : 5,000,000원(2021.12.31. 이전 가입분)

① 25,500,000원 ② 20,500,000원 ③ 20,000,000원
④ 17,500,000원 ⑤ 15,500,000원

예제

3-9. 금융소득 과세 및 원천징수

거주자 김경세씨의 20×1년 이자 및 배당소득에 대한 자료이다. 거주자 김경세씨의 20×1년 원천징수세액과 종합소득금액 중 금융소득금액은 각각 얼마인가?(단, 조건부 종합과세대상 금융소득에 대한 원천징수는 적법하게 이루어졌으며, 모든 금액은 원천징수세액을 차감하기 전의 금액이다)

(2019 CPA 1차 수정)

구 분		조건부 종합과세	무조건 종합과세
이자소득		15,000,000원 (비영업대금의 이익 – 관련법에 따른 적격 P2P 투자를 통한 이자 5,000,000원 – 포함)	5,000,000원 (비영업대금의 이익으로 원천징수되지 아니함)
배당소득	Gross – up 대상	7,000,000원 (내국법인으로부터 받은 배당소득)	
	Gross – up 제외	3,000,000원 (집합투자기구로부터의 이익으로 비상장주식 매매차익으로 구성)	6,000,000원 (외국법인으로부터의 배당으로 국내에서 원천징수되지 않음)

	원천징수세액	종합소득금액 중 금융소득금액
①	4,050,000원	31,700,000원
②	3,500,000원	31,700,000원

③	4,050,000원	36,770,000원
④	3,500,000원	36,700,000원
⑤	4,820,000원	36,700,000원

[풀이] ④

    *원천징수세액 : 3,500,000원

    - 이자소득 15,000,000원 × 14% = 2,100,000원

      (비영업대금이라 하더라도 공유경제 활성화 지원을 위한 관련법에 따른 적격 P2P 투자를 통한 이자소득의 원천징수세율이 2020년 1월 1일부터 2020년 12월 31일까지 14%로 인하)

    - 배당소득 10,000,000원 × 14% = 1,400,000원

    *종합소득금액 중 금융소득금액 36,700,000원

    - 조건부 종합과세 25,000,000원

    - 무조건 종합과세 11,000,000원

    - gross-up 대상 7,000,000원 × 10% = 700,000원

예제

3-10. 금융소득 과세 및 원천징수

거주자 김경세씨가 국내에서 지급받은 20×2년 귀속 금융소득에 대한 자료이다. 「소득세법」상 20×2 귀속 금융소득에 대해 원천징수 되는 소득금액은?(단, 김경세씨는 출자공동사업자가 아니며 금융소득은 소득세법령에 따른 실지명의가 확인된 것이고, 이자소득이나 배당소득 원천징수시기에 대한 특례, 원천징수의 배제, 집합투자기구 및 특정금전신탁 등의 원천징수 특례는 고려하지 않음)

(2020 CTA 수정)

구 분	금액	비고
공인신탁의 이익	5,000,000	공익신탁법에 따른 공익신탁
회사채의 이자	10,000,000	내국법인이 20×1년에 발행한 회사채(만기 10년)
보증금 및 경락대금에서 발생한 이자소득	10,000,000	「민사집행법」 제113조 및 동법 제142조에 따라 법원에 납부한 보증금 및 경락대금
정기예금의 이자	10,000,000	국내은행으로부터 지급받음
비영업대금의 이익	5,000,000	개인 간 금전대차거래로서 차입자로부터 직접 지급받은 이자
내국법인으로부터 받은 현금배당	10,000,000	
합계	50,000,000	

① 6,300,000원 　　　② 6,850,000원 　　　③ 7,000,000원

④ 7,200,000원 　　　⑤ 8,600,000원

[풀이] ② 6,850,000

구 분	금액	비고
공인신탁의 이익	–	비과세소득
회사채의 이자	1,400,000	10,000,000 × 14%
보증금 및 경락대금에서 발생한 이자소득	1,400,000	10,000,000 × 14%
정기예금의 이자	1,400,000	10,000,000 × 14%
비영업대금의 이익	1,250,000	5,000,000 × 25%
내국법인으로부터 받은 현금배당	1,400,000	10,000,000 × 14%
합계	6,850,000	

01 사업소득

'사업'이란 영리를 목적으로 자기의 계산과 책임하에 계속적·반복적으로 특정한 재화나 용역을 제공하는 활동을 말하며, 이를 통하여 얻는 소득이 사업소득이다. 이와는 달리 고용계약에 따른 종속적인 소득은 근로소득에 해당되며, 일시적, 우발적인 소득은 기타소득에 해당된다. 사업의 범위와 구분은 세법에 규정하는 것을 제외하고는 통계청장이 고시하는 한국표준산업분류표를 기준으로 분류한다.

① 농업(**작물재배업 중 곡물 및 기타 식량작물 재배업은 제외**)·임업 및 어업에서 발생하는 소득
② 광업에서 발생하는 소득
③ 제조업에서 발생하는 소득
④ 전기, 가스, 증기 및 공기조절공급업에서 발생하는 소득
⑤ 수도, 하수 및 폐기물 처리, 원료 재생업에서 발생하는 소득
⑥ 건설업에서 발생하는 소득
⑦ 도매 및 소매업에서 발생하는 소득
⑧ 운수 및 창고업에서 발생하는 소득
⑨ 숙박 및 음식점업에서 발생하는 소득
⑩ 정보통신업에서 발생하는 소득
⑪ 금융 및 보험업에서 발생하는 소득
⑫ 부동산업에서 발생하는 소득

※ 공익사업과 관련하여 지역권·지상권(지하 또는 공중에 설정된 권리를 포함)을 설정하거나 대여함으로써 발생하는 소득은 제외한다.
※ 부동산임대업에서 발생하는 소득 중 지역권·지상권(지하 또는 공중에 설정된 권리 포함)의 대여소득은 개정 전 기타소득으로 과세하였지만 개정 후 공익사업 관련을 제외한 지역권·지상권은 사업소득으로 과세한다(공익사업 관련은 여전히 기타소득).

임대 건물을 반환받으면서 원상회복비를 지급받는 경우 해당 금원을 사업소득 총수입금액에 산입하는지 여부

임대차계약 중도해지로 원상회복비를 금전으로 지급받는 경우 이를 지급받는 날이 속하는 과세기간에 사업소득 총수입금액에 산입하는 것임(사전－2020－법령해석소득－0240, 2020.5.25.).

⑬ 전문, 과학 및 기술서비스업(대통령령으로 정하는 연구개발업은 제외)에서 발생하는 소득

⑭ 사업시설관리, 사업 지원 및 임대 서비스업에서 발생하는 소득

⑮ 교육서비스업(대통령령으로 정하는 교육기관은 제외)에서 발생하는 소득

⑯ 보건업 및 사회복지서비스업(대통령령으로 정하는 사회복지사업은 제외)에서 발생하는 소득

⑰ 예술, 스포츠 및 여가 관련 서비스업에서 발생하는 소득

⑱ 협회 및 단체(대통령령으로 정하는 협회 및 단체는 제외), 수리 및 기타 개인서비스업에서 발생하는 소득

⑲ 가구 내 고용활동에서 발생하는 소득

⑳ 복식부기의무자가 차량 및 운반구 등 **사업용 유형자산**[23]을 양도함으로써 발생하는 소득. 이는 사업용 유형자산의 감가상각비를 필요경비로 인정해 주는 것에 대응하여 그 처분이익에 대해 소득세를 과세하려는데 그 취지가 있다. 다만, 양도소득에 해당하는 경우는 제외한다.

㉑ 제1호부터 제20호까지의 규정에 따른 소득과 유사한 소득으로서 영리를 목적으로 자기의 계산과 책임 하에 계속적·반복적으로 행하는 활동을 통하여 얻는 소득

* 부동산 양도관련 사업 : 부동산을 매매함으로써 발생하는 소득은 계속 사업성 여부에 따라 일시·우발적이면 양도소득으로, 계속·반복적이면 사업소득(건설업 또는 부동산판매업)으로 분류한다.

양도부동산 등	사업목적표방 여부	양도횟수	소득유형	과세상 차이
신축한 주택	관계없음	관계없음	사업소득 중 건설업소득	중소기업 가능, 부가가치세 과세(국민주택은 면세), 간이과세 가능

---

23) 단, 「건설기계관리법 시행령」에 따른 건설기계는 2018.1.1. 이후 취득하여 양도한 경우에 한함 (건설기계 관련 사업자의 고가 건설기계 처분에 따른 급격한 세부담 증가 완화 위함)

양도부동산 등	사업목적표방 여부	양도횟수	소득유형	과세상 차이
㉠ 매입한 주택 ㉡ 사용하던 주택 ㉢ 주택 외의 건물 ㉣ 나대지 ㉤ 부동산상의 권리	표방	관계없음	사업소득 중 부동산매매 업소득	중소기업 될 수 없음, 기업업무 추진비 한도 축소, 부가가치세 과세, 간이과세 적용불가, 비교 과세 적용
	불표방	계속적·반복적		
		일시적	양도소득	부가가치세 과세 제외(단, 사업 용 고정자산은 과세될 수 있음)

> **실무**
>
> **부동산을 매각한 경우 사업소득(부동산매매업)인지 양도소득인지 여부**
>
> 부동산의 양도로 인한 소득이 소득세법상 사업소득 또는 양도소득에 해당하는지 여부는 양도인의 부동산 취득 및 보유현황, 양도의 규모, 횟수, 태양, 상대방 등에 비추어 그 양도가 수익을 목적으로 하고 있는지와 사업활동으로 볼 수 있을 정도의 계속성과 반복성이 있는지 등을 고려하여 사회통념에 따라 판단하는 것임(소득세과−376, 2012.4.30.)

(1) 과세 제외 소득

① 작물재배업 중 곡물 및 기타 식량작물 재배업(영세한 농가 지원, 농업의 국제경쟁력 강화 및 식량자원화 방지)

② 전문 과학·기술서비스업 중 대가를 받지 않는 연구개발업(계약 등에 따라 그 대가를 받고 연구·개발용역을 제공하는 사업은 제외한 연구개발업을 말함)

③ 교육 서비스업 중 유아교육법에 따른 유치원, 초·중등교육법 및 고등교육법에 따른 학교와 이와 유사한 교육기관

④ 보건업·사회복지서비스업 중 사회복지사업법에 따른 사회복지사업 및 노인장기요양보험법에 따른 장기요양사업

⑤ 협회·단체 중 한국표준산업분류의 중분류에 따른 협회·단체(단, 해당 협회 및 단체가 특정사업을 경영하는 경우에는 그 사업의 내용에 따라 분류)

(2) 비과세 사업소득

1) 논·밭의 임대소득

논·밭을 작물 생산에 이용하게 함으로써 발생하는 소득에 대해서는 농민을 간접적으로 지원하기 위하여 소득세를 과세하지 아니한다(논·밭을 다른 용도로 사용할 경우 과세함).

2) 주택임대소득

<u>1개의 주택[24]</u>을 소유하는 자의 주택임대소득(단, 기준시가가 12억원을 초과하는 주택 및 국외에 소재하는 주택의 임대소득은 제외)

소유 주택 수 (부부단위 합산)			전세 (간주임대료)	월세
1주택	공시 가격 12억원 초과	2천만원 초과	비과세	종합과세
		2천만원 이하		분리과세 선택가능
	공시가격 12억원 이하			**비과세**
2주택	2천만원 초과		비과세(단, 고가주택 2주택자 과세)[*1]	종합과세
	2천만원 이하			분리과세 선택가능
3주택 이상	2천만원 초과		**과세 (40㎡ & 2억원 이하 제외[*2])**	종합과세
	2천만원 이하			분리과세 선택가능

*1)고가주택은 기준시가 12억원 초과이며, 2026년부터 시행 ex) 고가주택 1채, 저가주택 1채를 보유시 미적용
*2) 2026년 12월 31일까지 주택 수에 포함하지 아니함
※ 소규모임대사업자(2천만원 이하) : 분리과세와 종합과세 중 납세자 선택 가능

> **참고**
>
> **주택임대사업자의 주택임대소득 과세방법**
>
> **(1) 비과세 규정 경과기한 종료**
>
> 수입금액 2천만원 이하 주택임대소득에 대한 비과세가 종료되어 2019년 귀속 소득분부터 비과세 없음.
>
> | 14년 이전 | 14년 귀속~ | 15년 귀속~ | 16년 귀속~ | 17년 귀속~ | 18년 귀속~ | 19년 귀속~ |
> |---|---|---|---|---|---|---|
> | 과세 | 비과세 | 비과세 | 비과세 | 비과세 | 비과세 | 과세 |

---

24) 주택임대소득의 주택수 계산방법
① 원칙 : 최다지분자의 소유 주택으로 계산(최다지분자가 복수인 경우 합의에 따르되, 합의가 없으면 각각의 소유로 계산)
② 해당 주택에서 발생하는 임대소득이 연간 600만원 이상 또는 기준시가가 12억원을 초과하는 주택의 30%를 초과하는 공동소유지분을 소유한 경우 소수지분자도 주택수에 가산함
③ 동일주택이 부부 각각의 주택수에 가산된 경우 다음의 순서로 부부 중 1인의 소유주택으로 계산
　㉠ 부부 중 지분이 더 큰 자
　㉡ 부부의 지분이동일한 경우에는 부부사이의 합의에 따라 소유주택에 가산하기로 한 자

(2) 주택임대소득 과세기준

과세요건 (주택 수 기준)			과세방법 (수입금액 기준)	
주택 수*1)	월세	보증금	수입금액	과세방법
1주택	비과세*2)	비과세	2천만원 이하	종합과세와 분리과세 중 선택
2주택	과세	비과세(단, 고가주택 2주택자 과세)*3)	2천만원 초과	종합과세
3주택 이상		간주임대료 과세*4)		

*1) 소유주택 수는 부부 합산하여 계산
*2) 기준시가 12억원 초과 주택 및 국외소재 주택의 임대소득은 1주택자도 과세
*3) 고가주택은 기준시가 12억원 초과이며, 2026년부터 시행
*4) 소형주택(주거 전용면적 40㎡ 이하이면서 기준시가가 2억원 이하)은 간주임대료 과세대상 주택에서 제외(2026년 귀속분까지)

① 주택의 정의 및 주택 수 계산
「주택」이란 상시 주거용(사업을 위한 주거용의 경우는 제외)으로 사용하는 건물로 주택부수토지*를 포함.
   * 주택부수토지 : 주택에 딸린 토지로서 다음 어느 하나에 해당하는 면적 중 넓은 면적 이내의 토지
   ㉠ 건물의 연면적(지하층의 면적, 지상층의 주차용으로 사용되는 면적, 「건축법 시행령」 제34조 제3항에 따른 피난안전구역의 면적 및 「주택건설기준 등에 관한 규정」 제2조 제3호에 따른 주민공동시설의 면적은 제외)
   ㉡ 건물이 정착된 면적에 5배(「국토의 계획 및 이용에 관한 법률」 제6조 제1호에 따른 도시지역 밖의 토지의 경우에는 10배)를 곱하여 산정한 면적

   － 부가가치세가 과세되는 사업용 건물이 함께 설치되어 있는 경우

구 분	계산 방법
주택 면적 > 사업용 건물 면적	전부를 주택으로 봄.
주택 면적 ≦ 사업용 건물 면적	주택 부분만 주택으로 봄. * 해당 주택의 부수토지 면적 $=$ 총토지면적 $\times \dfrac{주택\ 부분\ 면적}{총건물면적}$

－주택 수의 계산

구 분	계산 방법
다가구주택	1개의 주택으로 보되, 구분 등기된 경우에는 각각을 1개의 주택으로 계산
공동소유	㉠ 공동소유의 주택은 지분이 가장 큰 자의 소유로 계산 ㉡ 지분이 가장 큰 자가 2인 이상인 경우에는 각각의 소유로 계산 ㉢ 지분이 가장 큰 자가 2인 이상인 경우로서 그들이 합의하여 그들 중 1인을 당해 주택의 임대수입의 귀속자로 정한 경우에는 그의 소유로 계산

구 분	계산 방법
전대·전전세	임차 또는 전세 받은 주택을 전대하거나 전전세하는 경우 당해 임차 또는 전세 받은 주택은 소유자의 주택 수에 포함될 뿐만 아니라 임차인 또는 전세 받은 자의 주택으로도 계산
부부소유	본인과 배우자가 각각 주택을 소유하는 경우에는 이를 합산

② 주택임대소득의 수입금액

> 주택임대소득의 수입금액 = 월세 + 보증금 등에 대한 간주임대료

- 간주임대료 : 3주택(고가주택 2주택)* 이상을 소유하고 해당 주택의 보증금 등의 합계액이 3억원을 초과하는 경우 간주임대료를 수입금액에 산입
  - * 주거전용 면적이 1호(戶) 또는 1세대당 40제곱미터 이하인 주택으로서 해당 과세기간의 기준시가가 2억원 이하인 주택은 2026년 12월 31일까지는 주택 수에 포함하지 않음

$$간주임대료 = (보증금 등 - 3억원^{*1})의 적수 \times 60\% \times \frac{1}{365(윤년은\ 366)} \times 정기예금\ 이자율$$
$$- 해당 임대사업부분 발생한 수입이자와 할인료 및 배당금의 합계액^{*2}$$

*1) 보증금 등을 받은 주택이 2주택 이상인 경우에는 보증금 등의 적수가 가장 큰 주택의 보증금 등부터 순서대로 차감
*2) 추계신고·결정하는 경우 임대사업 부분에서 발생한 금융수익 차감하지 않음

③ 주택임대소득 수입금액의 귀속연도 : 수입금액이 확정된 날이 속하는 과세기간
  - 계약 또는 관습에 따라 지급일이 정해진 것 : 그 정해진 날
  - 계약 또는 관습에 따라 지급일이 정해지지 아니한 것 : 그 지급을 받은 날
④ 주택임대소득의 분리과세(2019년 귀속부터)
  - 수입금액 2천만원 초과 : 종합과세
  - 수입금액 2천만원 이하 : 종합과세와 분리과세 중 선택

| 주택임대소득 종합과세와 분리과세 세액계산 비교 |

구 분	종합과세 선택	분리과세 선택	
		종합과세대상 소득	분리과세 주택임대소득
주택임대 수입금액	월세(+) 간주임대료	해당사항 없음	월세(+) 간주임대료
주택임대 필요경비	<table><tr><td>구 분</td><td>필요경비</td></tr><tr><td>장부 신고</td><td>실제 지출한 경비</td></tr><tr><td>추계 신고</td><td>기준·단순경비 율에 의한 경비</td></tr></table>		<table><tr><td>구 분</td><td>필요경비율</td></tr><tr><td>등록*</td><td>수입금액의 60%</td></tr><tr><td>미등록</td><td>수입금액의 50%</td></tr></table> * 지방자치체와 세무서에 모두 등록하고 임대료의 연 증가율이 5%를 초과하지 않아야 함.
주택임대 소득금액	수입금액(−) 필요경비		수입금액(−) 필요경비
종합소득 금액	주택임대 소득금액 (+) 종합과세 대상 다른 소득금액	분리과세 주택임대소득 외의 종합과세 대상 소득금액	해당사항 없음.
소득공제	인적공제 등 각종 소득공제	인적공제 등 각종 소득공제	<table><tr><td>구 분</td><td>기본공제*</td></tr><tr><td>등록</td><td>4백만원</td></tr><tr><td>미등록</td><td>2백만원</td></tr></table> * 분리과세 주택임대소득을 제외한 종합소득금액이 2천만원 이하인 경우 공제
과세표준	종합소득금액 (−) 소득공제	종합소득금액 (−) 소득공제	주택임대 소득금액 (−) 기본공제
세 율	6~45%	6~45%	14%(단일세율)
산출세액	과세표준(×) 세율	과세표준(×) 세율	과세표준(×) 세율
공제감면 세액	「소득세법」 및 「조세특례제한법」 상 각종 공제·감면 * 소형주택 임대사업자 감면 포함	「소득세법」 및 「조세특례제한법」 상 각종 공제·감면 * 소형주택 임대사업자 감면 제외	소형주택 임대사업자 감면 <table><tr><td>구 분</td><td>감면율</td></tr><tr><td>단기임대</td><td>30%</td></tr><tr><td>장기임대</td><td>75%</td></tr></table> * 국민주택규모 주택으로 「조세특례제한법」 제96조의 요건을 충족하여야 함.
결정세액	산출세액 (−) 공제감면세액	산출세액(−) 공제감면세액	산출세액(−) 감면세액
		종합과세대상 결정세액과 분리과세대상 결정세액 합산하여 신고납부	

⑤ 소형주택 임대사업자에 대한 세액감면 요건

　　㉠ 임대사업자 : 내국인으로 다음 요건을 모두 충족

구 분	요 건
사업자등록	「소득세법」 제168조에 따른 사업자등록을 하였을 것
지방자치단체등록	「민간임대주택에 관한 특별법」 제5조에 따른 임대사업자등록을 하였거나 「공공주택 특별법」 제4조에 따른 공공주택사업자로 지정되었을 것

　　㉡ 임대주택 : 임대주택으로 등록한 「민간임대주택에 관한 특별법」 및 「공공주택 특별법」에 따른 건설임대주택, 매입임대주택, 공공지원민간임대주택 또는 장기일반민간임대주택으로서 다음 요건을 모두 충족

구 분	요 건
규모	「주택법」 제2조 제6호에 따른 국민주택규모 ⓐ, ⓑ의 주택 ⓒ일 것 ⓐ 주거전용면적이 1호(戶) 또는 1세대당 85㎡ 이하인 주택(수도권을 제외한 도시지역이 아닌 읍 또는 면 지역은 1호 또는 1세대당 주거전용면적이 100㎡ 이하) ⓑ 다가구주택일 경우 가구당 전용면적 기준 ⓒ 주거에 사용하는 오피스텔과 주택 및 오피스텔에 딸린 토지를 포함 　그 딸린 토지가 건물이 정착된 면적에 다음의 배율을 곱하여 산정한 면적을 초과하는 경우 해당 주택 및 오피스텔은 제외 <table><tr><td>도시지역의 토지</td><td>5배</td></tr><tr><td>그 밖의 토지</td><td>10배</td></tr></table>
기준시가	주택 및 부수 토지의 기준시가의 합계액이 해당 주택의 임대개시일 당시 6억원을 초과하지 아니할 것
임대료 증가율	임대보증금 또는 임대료의 연 증가율이 5%를 초과하지 않을 것

　　㉢ 임대주택 수 및 임대기간 : 임대주택을 1호 이상 4년(장기일반민간임대주택등*은 8년) 이상 임대

　　　* 장기일반민간임대주택등 : 「민간임대주택에 관한 특별법」 제2조 제4호에 따른 공공지원민간임대주택 또는 같은 법 제2조 제5호에 따른 장기일반민간임대주택

⑥ 세액감면 : 해당 임대사업에서 발생한 소득에 대한 소득세의 30%(2호 이상 임대시 20%, 장기일반민간임대주택등은 75%이며 2호 이상 임대시 50%)에 상당하는 세액을 감면

⑦ 감면배제

　㉠ 소득세 무신고에 따라 세무서장 등이 과세표준과 세액을 결정하는 경우와 기한 후 신고
　㉡ 신고내용의 탈루 등으로 경정하는 경우와 경정할 것을 미리 알고 수정신고서를 제출
　㉢ 사업용계좌 미신고, 현금영수증가맹점 가입 의무자의 미가입, 신용카드·현금영수증 발급거부·허위발급

⑧ 감면신청 : 해당 과세연도의 과세표준신고와 함께 세액감면신청서에 다음의 서류를 첨부하여 납세지 관할 세무서장에게 제출

(3) 주택임대업의 사업자등록 신청

① 사업자등록 신청 : 사업개시일부터 20일 이내에 사업자등록신청서를 사업장소재지 [「임대주택법」상 임대사업자로 등록한 사업자는 그 등록한 주소지(사무소 소재지)] 관할 세무서장에게 제출
② 미등록 가산세 : 사업개시일부터 등록을 신청한 날의 직전일까지의 주택임대수입금액 의 0.2%에 해당하는 금액(적용시기 2020.1.1. 이후 주택임대업을 시작하는 사업자부터 적용(2019.12.31. 이전에 주택임대사업을 개시한 경우에는 2020.1.1.을 사업개시일로 봄)

3) 일정한 농어가부업소득

농어가부업규모의 축산, 고공품(藁工品) 제조·민박·음식물 판매·특산물 제조·전통 차 제조·양어(어업 중 양식업) 및 그 밖에 유사한 활동에서 발생하는 소득

① 농어가부업규모의 축산에서 발생하는 소득(소·젖소 50마리, 돼지 70마리 등)

> **실무**
>
> **말 사육에서 발생하는 소득이 농가부업규모 축산에서 발생하는 소득에 해당하는지 여부**
>
> 축산업자가 말을 사육하는 활동에서 발생하는 소득은 「소득세법 시행령」 제9조 제1항 제1호에 서 규정하는 별표 1의 농가부업규모의 축산에서 발생하는 소득에 해당하지 않는 것임(서면 - 2017 - 소득 - 0200, 2017.4.7.).

② ① 외의 소득으로서 소득금액의 합계액이 연 3,000만원 이하인 소득

> **실무**
>
> **뱀과 개구리를 사육(양식)하여 얻은 소득의 비과세 농가부업 소득 해당 여부**
>
> 농·어민이 뱀을 사육하거나 개구리를 양식하여 발생하는 소득은 「소득세법」 제12조와 「소득세 법 시행령」 제9조 제1항에 따라 소득금액의 합계액이 연 3천만원 이하인 것에 해당하는 경우에 는 비과세하는 것임(서면 - 2016 - 소득 - 5142, 2016.9.30.).

4) 전통주의 제조소득

수도권 밖의 읍·면지역에서 전통주를 제조함으로써 발생하는 소득으로서 소득금액의 합계액이 연 1,200만원 이하인 소득(초과시 전체에 대해 과세)

5) 산림소득

조림기간이 5년 이상인 임목의 벌채·양도소득으로 연 600만원 이내의 소득금액(단, 자연림과 조림기간이 5년 미만인 임목의 벌채·양도소득은 비과세 안됨)

6) 기타 작물재배업(채소, 화훼작물, 과일 등)[25]

곡물(쌀, 보리, 콩, 옥수수 등)과 식량작물재배업 外에서 발생하는 소득으로서 해당 과세기간의 총 수입금액의 합계액이 10억원 이하인 것

7) 어로어업에서 발생하는 소득(내수면어업 및 연근해어업)으로 소득금액 5천만원 이하인 것

(3) 사업소득금액의 계산

① 일반적인 사업소득금액계산

사업소득금액은 해당 과세기간의 총수입금액에서 이에 소요된 필요경비를 공제한다. 이러한 필요경비가 총수입금액을 초과하는 경우 그 초과하는 금액을 '결손금'이라 한다(소법 제19조의2).

사업소득금액 = 총수입금액(비과세소득 제외) − 필요경비

$$= \text{당기순이익} + \left[\begin{array}{c} \text{총수입금액산입} \\ \text{필요경비불산입} \end{array} \right] - \left[\begin{array}{c} \text{필요경비산입} \\ \text{총수입금액불산입} \end{array} \right]$$

ㄱ 총 수입금액(해당연도에 수입하였거나 수입할 금액의 합계액)

총수입금액산입	총수입금액불산입
• 매출액[*1](매출에누리·환입·매출할인액·보험모집인 수당환수액 제외) • 거래상대방으로부터 받는 장려금 및 기타 이와 유사한 성질의 금액 • 관세환급금 등 필요경비로 지출된 세액이 환	• 소득세 또는 개인지방소득세 환급금 • 자산수증이익(복식부기의무자[*2]가 받은 국고보조금 등은 제외)·채무면제이익 중 이월결손금의 보전에 충당된 금액 • 이전 과세기간으로부터 이월된 소득금액(이

---

25) 종전에는 작물재배업에서 발생하는 소득은 전액 과세제외되었다. 하지만 2015년 이후 곡물(쌀, 보리, 콩, 옥수수 등) 및 식량작물재배업 소득은 과세제외되는 반면, 그 외의 기타 작물재배업에서 발생하는 소득은 사업소득의 범위에 포함되었다.

총수입금액산입	총수입금액불산입
입되었거나 환입될 금액 • 사업과 관련된 자산수증이익·채무면제이익 (단, 이월결손금 보전에 충당된 금액은 제외하며, 사업무관의 경우 증여세) • 확정급여형(DB) 퇴직연금제도에 따른 보험계약의 보험차익과 신탁계약의 이익 또는 분배금 • 재고자산을 가사용으로 소비하거나 종업원·타인에게 지급한 경우 그 가액(재고자산가액의 시가) • 그 밖에 사업과 관련된 수입금액으로서 해당 사업자에게 귀속되었거나 귀속될 금액	미 과세된 소득을 다시 해당 과세기간의 소득에 산입한 금액) • 자기가 생산하는 다른 제품의 원재료 등으로 사용한 금액(농업, 임업, 어업, 광업 또는 제조업을 경영하는 거주자가 자기가 채굴, 포획, 양식, 수확 또는 채취한 농산물, 축산물 등 자기가 생산한 제품을 자기가 생산하는 다른 제품의 원재료 또는 제조용 연료로 사용) • 국세환급가산금, 지방세환급가산금, 그 밖의 과오납금의 환급금에 대한 이자 • 부가가치세의 매출세액

*1) 다만, 다음 중 어느 하나에 해당하는 금액은 총수입금액에서 산입한다.
    ① 거래수량 또는 거래금액에 따라 상대편에게 지급하는 장려금과 그 밖에 이와 유사한 성질의 금액
    ② 대손금
    ③ 임직원 할인판매에 따른 판매가액 또는 용역대가와 시가와의 차액
*2) 사업자는 소득금액을 계산할 수 있도록 증명서류 등을 갖춰 놓고 그 사업에 관한 모든 거래사실이 객관적으로 파악될 수 있도록 복식부기에 따라 장부에 기록·관리해야 한다(소법 제160조의1). 다만, 간편장부대상자가 간편장부를 갖춰 놓고 그 사업에 관한 거래사실을 기재한 경우에는 장부를 비치·기록한 것으로 본다.

실무

○ **소상공인 새희망자금의 사업소득 총수입금액 산입여부**

사업자가 지급받은 「소상공인 새희망자금」은 「소득세법 시행령」 제51조 제3항에 따른 사업소득 총수입금액 계산 시 포함하지 아니하는 것(서면 – 2021 – 법령해석소득 – 3058, 2021.5.24.)

○ **부가가치세 전자신고 세액공제액의 사업소득 총수입금액 포함 여부**

「조세특례제한법」 제104조의 8의 규정에 의하여 해당 부가가치세 납부세액에서 공제·적용한 '전자신고에 대한 세액공제액'은 「소득세법」 제24조 및 같은 법 시행령 제51조 제3항에 따라 「부가가치세법」이 정한 해당 과세기간 종료일이 속하는 과세기간의 소득금액 계산 시에 사업소득의 총수입금액에 산입하는 것(서면 – 2016 – 소득 – 4349, 2016.8.19.)

○ **신용카드 매출전표 발행 세액공제액의 총수입금액 산입시기**

신용카드매출전표발행사업자가 「부가가치세법」 제32조의2 제1항의 규정에 의하여 납부세액에서 공제한 금액은 「부가가치세법」에 의한 당해 과세기간 종료일이 속하는 과세기간의 소득금액 계산상 총수입금액에 산입(소득 기본통칙 39 – 0 – 16)

참고

「부가가치세법」 공급의제와 「소득세법」 총수입금액 관계

부가가치세법	소득세법
면세사업에의 전용	해당없음.
비영업용 소형승용자동차 전용 등	해당없음.
개인적 공급	총수입금액 산입
사업상증여	총수입금액 산입
폐업시 잔존재화	해당없음.

ⓛ 필요경비(해당연도의 총수입금액에 대응하는 비용)

필요경비산입	필요경비불산입
• 판매한 상품 또는 제품에 대한 원료의 매입가액(매입에누리・매입할인액 차감)과 그 부대비용 • 부동산의 양도 당시의 장부가액(건물건설업과 부동산 개발 및 공급업) • 종업원의 급여 • 종업원의 출산이나 양육지원을 위해 종업원에게 공통으로 적용되는 지급기준에 따라 지급하는 금액 • 임직원 할인판매에 상당하는 금액[*1] • 사업용 자산에 대한 감가상각비, 수선비, 관리비, 유지비, 임차료, 보험료 • 천재지변 등으로 인한 폐광으로 파손 및 멸실된 유형자산, 파손 및 부패 등으로 정상가액에 판매할 수 없는 재고자산, 외화자산 및 부채의 상환차손 • 대손금(부가세 매출세액의 미수금으로서 회수할 수 없는 것 중에서 대손세액공제를 받지 않은 것 포함) • 복식부기의무자가 사업용 유형자산의 양도가액을 총수입금액에 산입하는 경우 해당 사업용 유형자산의 양도 당시 장부가액 • 사업관련 세금과 공과금 • 기금에 출연하는 금품(해당 사업자가 설립한 사내근로복지기금 또는 해당 사업자와 다른	• 소득세와 개인지방소득세 • 벌금・과료・과태료 • 「국세징수법」이나 그 밖에 조세에 관한 법률에 따른 가산금과 강제징수비 • 조세에 관한 법률에 따른 징수의무의 불이행으로 인하여 납부하였거나 납부할 세액(가산세액을 포함) • 가사 관련 비용 • 대표자에 대한 급여 • 법령에 따라 의무적으로 납부하는 것이 아닌 공과금 또는 법령에 따른 의무불이행이나 금지, 제한 등의 위반을 이유로 부과되는 공과금 • 업무무관경비 • 감가상각부인액 • 부가가치세 매입세액(다만, 부가가치세가 면제되거나 간이과세자가 납부한 부가가치세액은 제외) • 기부금 및 기업업무추진비[*3]의 필요경비 불산입액 • 업무용승용차 관련 비용[*4] 중 업무외사용금액의 필요경비 불산입액 • 차입금 이자 중 필요경비 불산입액 • 평가차손이 필요경비 산입되는 자산을 제외한 자산의 평가차손 • 선급비용

필요경비산입	필요경비불산입
사업자 간에 공동으로 설립한 공동근로복지기금 또는 해당 사업자의 협력중소기업이 설립한 사내근로복지기금 또는 해당 사업자의 협력중소기업 간에 공동으로 설립한 공동근로복지기금) • 중소기업 핵심인력 성과보상기금 기여금 •「국민건강보험법」·「고용보험법」 및 「노인장기요양보험법」에 따라 사용자로서 부담하는 보험료·부담금 •「국민건강보험법」 및 「노인장기요양보험법」에 따른 직장가입자로서 부담하는 사용자 본인의 보험료, 지역가입자로서 부담하는 보험료 • 자영업자·예술인·노무제공자 등이 부담하는 사용자 본인의 고용·산재보험료 • 총수입금액을 얻기 위하여 직접 사용된 부채에 대한 지급이자 • 거래수량 또는 거래금액에 따라 상대편에게 지급하는 판매 장려금 등 • 기부금*2) • 광고·선전을 목적으로 견본품·달력·수첩·컵·부채 기타 이와 유사한 물품을 불특정다수인에게 기증하기 위하여 지출한 비용[특정인에게 기증한 물품(개당 3만원 이하의 물품은 제외)의 경우에는 연간 5만원 이내의 금액으로 한정] • 근로자에게 지급하는 출산·양육 지원금(근로자에게 공통적으로 적용되는 지급기준에 따라 지급하는 금액에 대해 필요경비로 인정) •「영유아보육법」에 의해 설치된 직장어린이집의 운영비 • 영업자가 조직한 단체로 법인 또는 주무관청에 등록된 조합이나 협회에 지급하는 회비 • 위의 경비와 유사한 성질의 것으로 총수입금액에 대응하는 경비	• 업무관련 고의 또는 중과실에 대한 과실로 지급하는 손해배상금 • 개별소비세나 주세의 미납액(반출하였거나 판매하지 않은 제품, 제품가액에 세액 상당액을 더한 경우는 제외)

*1) 이 경우 사업자가 계열회사에 지급하는 금액은 인건비에 포함된 것으로 본다.
*2) 기부문화 활성화를 위한 기부금공제 계산방법 조정
   → 해당 과세기간의 필요경비 산입한도 내에서(먼저 발생한 이월기부금 우선 산입 후 당해 과세기간 기부금 산입으로 순서 변경)
*3) 적격증명서류를 수취하지 않고 영수증을 수취한 경우 인정되는 소액기업업무추진비 기준이 2021년 1월

1일 이후 지출하는 기업업무추진비부터 건당 3만원 이하로 개정

*4) 개인사업자의 업무전용 자동차보험 가입의무(성실신고확인대상자 및 전문직 업종 사업자) : 보유 업무용승용차 중 1대를 제외한 나머지 차량 미 가입시 업무용승용차 관련비용의 50% 필요경비 불산입(2024년부터 대상이 전체 복식부기의무자로 변경되며 필요경비 불산입률이 50%에서 100%로 상향됨)

실무

○ **미술품 렌탈비용의 사업소득 필요경비 산입 여부**

개인병원 내 게시할 목적으로 구입한 미술품 렌탈비용이 사업소득 필요경비에 해당하는지 여부는 사업 관련성, 지출의 통상성 등 사업의 형태 등에 비추어 제반사정을 종합적으로 고려하여 사실판단 사항임(서면-2022-소득-3658, 2023.2.20.).

○ **공동사업 관련 차입금이자의 필요경비 인정**

경락대금 완납 전에 대출업무가 진행 중이었고, 동업계약서에 각각 출자하여 모텔의 취득자금으로 사용한다고 되어 있는 점 등으로 보아, 쟁점대출금 관련 지급이자를 출자를 위한 차입금이자로 필요경비 불산입함이 타당함(대법 2014두47938, 2015.4.23.).

참고

기부금 필요경비산입 한도액

① 정치자금기부금[1] · 고향사랑기부금[2] · 특례기부금 : (기준소득금액 - 이월결손금) × 100%

② 우리사주조합기부금 : (기준소득금액 - 이월결손금 - ①기부금 필요경비산입액) × 30%

③ 일반기부금

종교단체기부금이 없는 경우	(기준소득금액 - 이월결손금 - ①, ②기부금 필요경비산입액) × 30%
종교단체기부금이 있는 경우	(기준소득금액 - 이월결손금 - ①, ②기부금 필요경비산입액) × 10% + $\underline{MIN}$ (㉠, ㉡) ㉠ (기준소득금액 - 이월결손금 - ①, ②기부금 필요경비산입액) × 20% ㉡ 종교단체 외에 기부한 일반기부금

이때 이월결손금, 정치자금기부금, 고향사랑기부금, 특례기부금, 우리사주조합기부금 순서대로 기준소득금액에서 공제한다.

*1) 정당에 기부한 정치자금은 10만원까지 기부금액의 100/110을 세액공제하며, 10만원을 초과하는 금액은 한도 내에서 필요경비에 산입한다.

*2) 지방자치단체에 기부한 고향사랑기부금은 10만원까지 기부금액의 100/110을 세액공제하며, 10만원 초과 2,000만원 이하의 금액은 한도 내에서 필요경비에 산입한다.

② 부동산임대업의 사업소득금액 계산 ★★★

부동산임대업의 소득금액 = 총수입금액(부동산임대소득 − 비과세소득) − 필요경비
㉠ 미리 받은 선수 임대료가 있는 경우 : 실제 임대에 사용한 월수에 해당하는 금액만을
  총수입금액으로 한다.
㉡ 임대보증금 등에 대한 총수입금액 계산의 특례

장부 기장한 경우	간주임대료 = (당해 과세기간 보증금 등의 적수 − 임대부동산건설비상당액 적수) × $\dfrac{\text{국세청장고시 정기예금이자율}}{365(\text{윤년}366)}$ − 임대사업부문에서 발생한 금융수익
소득금액을 추계결정 또는 경정하는 경우	간주임대료 = 당해 과세기간 보증금의 적수 × $\dfrac{\text{국세청장고시 정기예금이자율}}{365(\text{윤년 }366)}$

③ 주택임대업 사업소득금액 계산

주택임대사업소득금액 = 임대수입 − 필요경비
㉠ 필요경비율 50%(미등록)
㉡ 필요경비율 60%(민간임대주택법에 따라 임대주택으로 등록)
㉢ 소규모임대사업자(2천만원 이하) 분리과세(14%)와 종합과세합산 중 납세자 선택

참고 ●

의료보건용역[*1)] 및 저술가작곡가 등이 직업상 제공하는 인적용역[*2)]에 대한 원천징수
국내에서 거주자에게 원천징수대상 사업소득을 지급하는 자는 [지급금액 × 3%(외국인
직업운동가 프로스포츠구단과의 계약에 따라 용역을 제공하고 받는 소득은 20%)]의
세액을 원천징수하여 징수일이 속하는 달의 다음 달 10일까지 정부에 납부해야 한다.

*1) 다음 중 의약품 가격이 차지하는 비율에 상당하는 소득 제외
  ㉠ 약사가 제공하는 의약품 조제용역의 공급으로 발생하는 사업소득
  ㉡ 의사 등이 제공하는 용역의 공급(의사나 치과의사가 직접 공급하는 조제용역이 포함된 경우로 한정)
    으로 발생하는 사업소득
*2) 접대부 및 댄서와 기타 이와 유사한 용역은 제외
※ 원천징수대상 소득을 지급하는 자는 무조건 원천징수 납부의무를 지는 것이 원칙이지만 예외적으로 의료
  보건용역 및 인적용역에 대한 소득세의 원천징수납부는 사업자와 법인 등이 지급하는 경우로 한정

02 총수입금액과 필요경비의 귀속연도

(1) 원칙

거주자의 각 과세기간의 총수입금액 및 필요경비의 귀속연도는 총수입금액과 필요경비가 확정된 날이 속하는 과세기간으로 한다(권리의무확정주의).

(2) 사업소득의 수입시기

① 상품(건물건설업과 부동산 개발 및 공급업의 경우의 부동산 제외) 등의 판매 : 그 상품 등을 인도한 날
② 상품 등의 시용판매 : 상대방이 구입의 의사를 표시한 날(다만, 일정기간 내에 반송하거나 거절의 의사를 표시하지 아니하는 한 특약 또는 관습에 의하여 그 판매가 확정되는 경우에는 그 기간의 만료일)
③ 상품 등의 위탁판매 : 수탁자가 그 위탁품을 판매하는 날
④ 장기할부[26] 조건에 의한 상품 등의 판매 : 그 상품 등을 인도한 날(현재가치평가 수용)
⑤ 건설·제조 기타용역의 제공 : 용역의 제공을 완료한 날(다만, 계약기간이 1년 이상인 경우 진행기준으로 하여야 하며, 계약기간이 1년 미만인 경우도 작업진행률을 기준으로 할 수 있음)
⑥ 무인판매기에 의한 판매 : 당해 사업자가 무인판매기에서 현금을 인출하는 때
⑦ 인적용역의 제공 : 용역대가를 지급받기로 한 날 또는 용역의 제공을 완료한 날 중 빠른 날(다만, 연예인 및 직업운동선수 등이 계약기간 1년을 초과하는 일신전속계약에 대한 대가를 일시에 받는 경우에는 계약기간에 따라 해당 대가를 균등하게 안분한 금액을 각 과세기간 종료일에 수입한 것으로 하며, 월수의 계산은 해당 계약기간의 개시일이 속하는 달이 1개월 미만인 경우에는 1개월로 하고 해당 계약기간의 종료일이 속하는 달이 1개월 미만인 경우에는 이를 산입하지 아니함)
⑧ 어음의 할인 : 그 어음의 만기일(다만, 만기 전에 그 어음을 양도하는 때에는 그 양도일로 함)
⑨ 금융보험업에서 발생하는 이자와 할인액 : 실제로 수입된 날

---

26) 상품 등의 판매 또는 양도로서 판매금액 또는 수입금액을 월부·연부 기타의 지불방법에 따라 2회 이상으로 분할하여 수입하는 것 중 해당 목적물 인도일의 다음날부터 최종 할부금 지급기일까지의 기간이 1년 이상인 것

03 「소득세법」상 사업소득금액과 「법인세법」상 각 사업연도 소득의 차이점

1) 대표자에 대한 인건비

법인의 대표이사는 위임관계에 의하여 근로를 제공하므로 그 대가인 급여와 상여금은 손금에 산입된다. 그러나 개인 사업에 있어서 대표자는 사업경영주체로서 고용관계에 있지 아니하고 급여를 지급받아도 그것은 출자금의 인출에 불과하므로 필요경비에 산입되지 아니하며 퇴직급여충당금 설정대상자도 아니다.

다만, 사업자 본인의 건강보험료는 공과금 성격이므로 이는 필요경비로 인정된다.

2) 출자자의 자금인출

법인의 주주는 법인의 자금을 임의로 인출하여 사용할 수 없다. 그러나 개인사업체에는 법정자본금이 없으며 개인사업자는 필요하면 언제든지 출자금을 인출할 수 있다. 따라서 개인사업자가 인출하는 자금은 가지급금이 아니므로 인정이자계산 등의 규제를 받지 아니한다.

3) 재고자산의 자가소비

재고자산의 자가소비에 관해서 「법인세법」에서는 부당행위부인에 적용되나 「소득세법」에서는 개인사업자가 재고자산을 가사용으로 소비하거나 이를 사용인 또는 타인에게 지급한 경우에는 이를 총수입금액에 산입한다.

4) 과세소득 범위의 차이

「법인세법」은 순자산증가설에 의하지만 「소득세법」은 소득원천설에 의하여 과세소득을 결정한다. 따라서 이자수익과 배당금수익의 경우 법인은 각 사업연도 소득에 포함되나 「소득세법」에서 이자소득, 배당소득으로 따로 열거가 되어 있기 때문에 사업소득으로 과세하지 아니하고 이자소득, 배당소득으로 과세한다. 또한 유가증권처분손익의 경우 소득세에서 열거하지 아니하여 과세하지 아니한다.

※ 유형자산처분손익의 경우 개정 전에는 유가증권처분손익과 마찬가지로 과세 제외였지만 복식부기의무자의 양도소득 과세대상을 제외한 사업용 유형자산의 처분소득은 사업소득으로 열거되어 과세한다.
※ 사업소득과 「법인세법」의 차이

차 이	「법인세법」	「소득세법」
사업자(대표)의 인건비	손금산입원칙	필요경비불산입
고정자산·유가증권의 처분손익	• 손익금산입 • 양도자산의 상각부인액 : 손금	• 총수입금액·필요경비불산입(단, 부동산 등의 경우 양도소득세 과세)

차 이	「법인세법」	「소득세법」
	산입(△유보)	• 양도자산의 상각부인액 : 무시 (별도처리 않는 것이 원칙)
이자·배당·기타·양도소득	각 사업연도 소득에 전부 포함	사업소득과 구분계산
농업 중 작물재배업소득	각 사업연도 소득에 포함	사업소득에서 제외
대손충당금 설정대상채권	기업회계기준상 설정대상채권	사업관련채권(대여금, 수익과 직접 관련이 없는 미수금 등 제외)
퇴직급여충당금 설정대상	대표자 포함	사업자 제외
사업자(대표)에 대한 가지급금(인출금)	인정이자 계산(인정이자 익금산입 및 지급이자 손금불산입)	인정이자 계산 안함. 초과인출시 지급이자 필요경비불산입
세무조정상 사외유출	소득처분(소득세 과세)	사업자의 증여(증여세 과세대상)
재고자산 등의 자가소비·가사관련비	급여(손금가능) 또는 배당(손금불산입)	총수입금액산입 또는 필요경비불산입

※ 재산의 양도 및 대여로 인한 소득의 구분

구 분		양도로 인한 소득	대여로 인한 소득
부동산 등	부동산 및 부동산상의 권리 (지역권·지상권 제외)	일시적이면 양도소득 사업성 있으면 사업소득	사업소득
	지역권·지상권	지상권은 양도소득 지역권은 과세 제외	기타소득
	특정시설물이용권	양도소득	사업성 있으면 사업소득 일시적이면 기타소득
유가 증권	채권 및 주권상장법인의 주식	과세제외(대주주가 주식을 양도하는 경우의 양도소득은 과세)	
	비상장주식 및 특정주식 등	양도소득	
권리	무체재산권(영업권은 단독양도시만 포함)	기타소득	기타소득
	영업권(사업용 고정자산과 함께 양도하는 경우에 한함)	양도소득	
	테이프·필름 및 저작자 외의 자의 저작권·저작인접권	기타소득	
	저작자 등의 저작권·저작인접권	사업소득	사업소득(계속·반복적) 기타소득(일시·우발적)
기타 물품·장소		사업성 있으면 사업소득 일시적이면 과세 제외	사업성 있으면 사업소득 일시적이면 기타소득

4-1. 사업소득

「소득세법」상 사업소득에 대한 설명 중 옳지 않은 것은?

① 연예인 및 직업운동선수 등이 사업활동과 관련하여 받는 전속계약금은 사업소득으로 한다.

② 미국에 소재한 1개의 주택을 소유하는 자의 월세 임대소득에 대해서는 소득세를 과세하지 않는다.

③ 복식부기의무자의 사업용 유형고정자산(양도소득에 해당하는 경우 아님)의 양도차익에 대해서는 사업소득으로 과세한다.

④ 부가가치세가 면제되는 접대부에게 지급하는 일정한 봉사료에 대해서는 지급금액의 5%에 해당하는 원천징수세액을 원천징수한다.

⑤ 재고자산(또는 임목)을 가사용으로 소비하거나 종업원·타인에게 지급한 경우 그 소비 또는 지급한 때의 가액은 총수입금액에 산입한다.

[풀이] ② 고가 주택 및 국외에 소재하는 주택임대소득은 비과세대상에서 제외

4-2. 사업소득

「소득세법」상 사업소득의 수입시기에 대한 설명 중 옳지 않은 것은?   (2022 CTA 수정)

① 어음의 할인 : 그 어음의 만기일로 하되, 만기 전에 그 어음을 양도하는 때에는 그 양도일

② 한국표준산업분류상의 금융보험업에서 발생하는 이자 : 결산을 확정할 때 이자를 수익으로 계상한 날

③ 무인판매기에 의한 판매 : 당해 사업자가 무인판매기에서 현금을 인출하는 때

④ 제품의 위탁판매 : 수탁자가 그 위탁품을 판매한 날

⑤ 제품의 판매 : 그 제품을 인도한 날

[풀이] ② 한국표준산업분류상의 금융보험업에서 발생하는 이자는 실제로 수입된 날이다.

4-3. 사업소득

「소득세법」상 비과세소득에 해당하는 것을 모두 고르시오. 단, 거주자의 20×1년 귀속소득이며 조림기간, 전통주 및 민박은 소득세법령에 정한 해당 요건을 충족하며 각 내용은 상호 독립적이다.

(2022 CTA 수정)

> ㄱ. 조림기간 5년 이상인 임지의 임목의 양도로 발생한 소득금액 500만원
> ㄴ. 한국표준산업분류에 따른 연근해어업에서 발생한 소득금액 5,000만원
> ㄷ. 밭을 작물 생산에 이용하게 함으로써 발생한 소득금액 5,500만원
> ㄹ. 「수도권정비계획법」 제2조 제1호에 따른 수도권 지역에서 전통주를 제조함으로써 발생한 소득금액 1,300만원
> ㅁ. 농민이 부업으로 민박을 운영하면서 발생한 소득금액 2,000만원

① ㄱ, ㄷ, ㅁ   ② ㄴ, ㄷ, ㄹ   ③ ㄱ, ㄴ, ㄷ, ㅁ
④ ㄱ, ㄴ, ㄹ, ㅁ   ⑤ ㄴ, ㄷ, ㄹ, ㅁ

[풀이] ③ 전통주 제조에서 발생한 소득은 수도권 밖의 읍·면지역에서 제조함으로써 발생하는 소득으로 소득금액 합계액이 연 1,200만원 이하인 것에만 비과세를 적용

4-4. 부동산임대소득

「소득세법」상 사업소득에 대한 설명 중 옳지 않은 것은?

① 부동산임대업(주거용 건물임대업은 제외)에서 발생하는 결손금은 해당 과세기간의 다른 소득금액에서 공제하지 않는다.
② 차입금 과다 임대사업자의 경우에만 간주임대료를 계산한다.
③ 주거용 건물임대업에서 발생한 수입금액의 합계액이 2천만원 이하인 경우 분리과세와 종합과세를 선택할 수 있다.
④ 주택의 임대보증금 계산을 위한 주택수 산정에 제외되는 소형주택은 1세대당 40m² 이하인 주택으로서 해당 과세기간의 기준시가가 2억원 이하인 주택을 의미한다.
⑤ 종합소득금액을 추계로 결정하는 경우 부동산임대수입에서 건설비상당액을 공제하지 아니한다.

[풀이] ② 법인과는 달리 소득세의 경우 모든 부동산임대사업자의 간주임대료를 계산한다.

4-5. 부동산임대소득

「소득세법」상 국내에 소재한 주택을 임대한 경우 발생하는 소득에 관한 설명으로 틀린 것은?(단, 아래의 주택은 상시 거주용으로 사용되고 있음)　　　(공인중개사 기출문제)

① 주택 1채만을 소유한 거주자가 과세기간 종료일 현재 기준시가 10억원인 해당 주택을 전세금을 받고 임대하여 얻은 소득에 대해서는 소득세가 과세되지 아니한다.

② 주택 2채를 소유한 거주자가 1채는 월세계약으로 나머지 1채는 전세계약의 형태로 임대한 경우, 월세계약에 의하여 받은 임대료에 대해서만 소득세가 과세된다.

③ 거주자의 보유주택 수를 계산함에 있어서 다가구주택은 1개의 주택으로 보되, 구분등기된 경우에는 각각을 1개의 주택으로 계산한다.

④ 주택의 임대로 인하여 얻은 2천만원을 초과하는 과세대상 소득은 사업소득으로서 해당 거주자의 종합소득금액에 합산된다.

⑤ 주택을 임대하여 얻은 소득은 거주자가 사업자등록을 한 경우에 한하여 소득세 납세의무가 있다.

[풀이] ⑤ 주택을 임대하여 얻은 주택임대소득은 거주자가 사업자 등록 여부와는 무관하게 과세대상이 되는 경우 과세한다.

4-6. 사업소득금액

다음 자료를 이용하여 도매업을 영위하는 거주자 갑(복식부기의무자가 아님)의 20×1년 사업소득금액을 계산하면 얼마인가?　　　(2019 CPA 1차)

(1) 손익계산서상 소득세비용차감전순이익 : 51,000,000원

(2) 손익계산서에 계상된 주요 수익항목
　① 매출액 2,000,000원(원가 1,200,000원) : 발송시 원가에 대한 회계처리는 하지 않았으며, 수탁자는 동 상품을 20×2년 1월 10일에 판매
　② 20×1년 11월 21일 판매장 건물 처분으로 인한 유형자산처분이익 5,000,000원

(3) 손익계산서에 계상된 주요 비용항목
　① 20×1년 11월 21일 처분된 판매장 건물의 감가상각비 1,000,000원 : 세무상 상각범위액은 800,000원이며, 전기말 상각부인액은 500,000원임
　② 20×1년 12월 14일 시설개체를 위한 생산설비 일부인 기계장치 A의 폐기처분으로 인한 유형자산처분손실 2,000,000원 : 기계장치 A의 감가상각비는 600,000원이고, 세무상 상각범위액은 400,000원이며, 전기말 상각부인액은 300,000원임

① 44,900,000원   ② 44,700,000원   ③ 44,400,000원

④ 44,100,000원   ⑤ 43,900,000원

[풀이] ⑤ 43,900,000원

    (1) 손익계산서상 소득세비용차감전순이익 : 51,000,000원

    (2) ① 매출액(수탁자가 판매시 매출인식) : (2,000,000)원

       ② 유형자산처분이익(복식부기의무자아님) : (5,000,000)원

    (3) ① 일반적인 양도자산의 감가상각은 시부인계산 : 200,000원(법인세와는 다름)

       ② 시설개체·기술낙후로 인한 생산설비의 처분손실은 인정 + 양도자산의 상각부인액은 필요경비산입으로 추인 : (300,000)원

예제

4-7. 사업소득금액

국내에서 제조업(중소기업)을 영위하고 있는 거주자 갑의 20×1년 귀속 사업소득에 대한 자료이다. 갑의 20×1년 사업소득금액을 계산한 것으로 옳은 것은?   (2018 CPA 1차)

20×1년 손익계산서		(단위 : 원)
Ⅰ. 매출액		600,000,000
Ⅱ. 매출원가		380,000,000
Ⅲ. 매출총이익		220,000,000
Ⅳ. 판매비 및 관리비		
1. 급 여	42,000,000	
2. 기업업무추진비	40,000,000	
3. 보험료	4,500,000	86,500,000
Ⅴ. 영업이익	133,500,000	
Ⅵ. 영업외수익		
1. 배당금수익	6,000,000	6,000,000
Ⅶ. 영업외비용		0
Ⅷ. 소득세차감전순이익		139,500,000
Ⅸ. 소득세비용		15,000,000
Ⅹ. 당기순이익		124,500,000

(추가자료)

• 대통령령으로 정하는 특수관계인과의 거래에서 발생한 매출액은 없다.

• 급여는 대표자인 갑의 급여 20,000,000원, 같은 사업장의 경리로 근무하는 을(갑의 아들)의 급여 15,000,000원, 일용근로자의 급여 7,000,000원으로 구성되어 있다.

- 기업업무추진비는 모두 업무용 사용분으로 적격증명서류를 수취한 것이다.
- 보험료는 갑에 대한 국민건강보험료 2,000,000원과 을에 대한 국민건강보험료 및 고용보험료의 사용자 부담분 2,500,000원의 합계이다.
- 배당금수익은 대표자 갑이 국내기업으로부터 받은 현금배당금이다.
- 소득세비용은 소득세와 개인지방소득세의 합계액이며 이월 결손금은 없다.
- 기업업무추진비 한도를 계산하기 위한 수입금액에 관한 적용률은 다음과 같다.
  100억원 이하 : 1만분의 30

① 143,800,000원   ② 155,700,000원   ③ 168,300,000원
④ 174,300,000원   ⑤ 188,500,000원

[풀이] ② 155,700,000원
매출총이익 220,000,000
급여 42,000,000 − 20,000,000(대표자 급여 제외) = 22,000,000
기업업무추진비 37,800,000(한도)
(기업업무추진비 한도 계산 : 36,000,000(중소기업) + 600,000,000 × 30/10,000
= 37,800,000
보험료 4,500,000
사업소득금액 155,700,000원(배당금수익은 배당소득으로 과세)

4-8. 사업소득금액

다음은 제조업(중소기업)을 영위하는 개인사업자 대표 갑(거주자, 복식부기의무자)의 제7기 (20×1.1.1.~ 20×1.12.31.) 사업소득금액 계산을 위한 자료이다. 20×1년 귀속 사업소득금액은 얼마인가? (단, 주어진 자료 이외에는 고려하지 않음) (2018 CTA 1차)

(1) 손익계산서 내역
  ① 당기순이익은 100,000,000원이다.
  ② 인건비에는 대표자 갑의 급여 48,000,000원이 포함되어 있다.
  ③ 영업외손익에는 다음의 항목이 포함되어 있다.
   • 예금이자 수익 : 300,000원
   • 업무용화물차 처분이익 : 100,000원
   • 사업관련 공장의 화재로 인한 보험차익 : 5,000,000원
   • 현금배당수익(배당기준일의 1개월 전에 취득한 비상장주식의 현금배당) : 3,000,000원
   • 유가증권처분이익(채권매매차익) : 1,000,000원
(2) 대표자 갑이 개인적으로 사용한 제품 5,000,000원은 잡비로 계상되어 있으며, 동 제품의 판매가격 및 시가는 8,000,000원이다.

① 104,700,000원　　　　② 147,700,000원　　　　③ 150,700,000원
④ 151,700,000원　　　　⑤ 152,700,000원

[풀이] ④ 151,700,000원
    당기순이익 100,000,000+48,000,000(대표자급여)-300,000(예금이자 : 이자소득으로 과세)
    -3,000,000(현금배당 : 배당소득으로 과세)-1,000,000(채권매매차익 : 비과세)+8,000,000
    (개인적 공급시가)

4-9. 부동산임대소득

다음은 거주자 갑의 20×1년도 부동산임대자료이다. 다른 사업소득이 없다고 가정할 때 거주자 갑의 20×1년 사업소득금액을 계산한 것으로 옳은 것은?(단, 갑은 사업소득에 대하여 장부를 비치·기장하고 있으며, 정기예금이자율은 연 3%로 가정)

(2017 CPA 1차)

(1) 임대대상 자산 : 상가건물
(2) 임대기간 : 20×0.8.1.~20×2.7.31.
(3) 취득가액 : 200,000,000원(토지가액 100,000,000원 포함)
(4) 임대보증금 : 300,000,000원
(5) 월임대료 1,000,000원(매달 말일에 받기로 약정하였음)
(6) 관리비수입 : 6,000,000원(20×1년 지급받은 총액이며, 이 중 전기요금과 수도요금을 징수대행하는 명목으로 지급받은 2,000,000원이 포함되어 있음)
(7) 상가건물의 부속토지를 임대기간 동안 상가건물 임차인의 영업에 사용하게 하는 대가로 임대기간 시작일인 20×0.8.1.에 5,000,000원 전액 수령하였다.
(8) 임대보증금 운용수익 : 정기예금이자 2,000,000원, 수입배당금 1,000,000원, 유가증권처분이익 500,000원

① 18,500,000원   ② 20,500,000원   ③ 21,000,000원
④ 21,500,000원   ⑤ 24,000,000원

[풀이] ④ 21,500,000원

간주임대료 : 3,000,000 [(300,000,000-100,000,000)×3%-3,000,000(정기예금, 배당금)]

월세 : 12,000,000
관리비수입 : 4,000,000
추가임대료 : 2,500,000(5,000,000×12개월/24개월)

4-10. 주택임대소득에 대한 사업소득금액

다음은 거주자 김경세의 20×1년도 종합소득에 관한 자료가 다음과 같을 경우 분리과세 주택임대소득에 대한 사업소득금액은? (2021 CTA 수정)

(1) 김경세씨가 임대하고 있는 주택은 「소득세법 시행령」 제122조의2에 의한 등록임대주택이 아니다.

(2) 김경세씨의 주택임대와 관련된 자료는 다음과 같다.

구 분	A주택	B주택
임대료 수입	10,000,000	−
간주임대료	4,000,000	4,000,000
합계	14,000,000	4,000,000

(3) 김경세씨의 종합소득금액은 상기의 주택임대소득을 제외하고 2천만원을 넘지 않는다.

① 3,200,000원 ② 5,000,000원 ③ 5,200,000원
④ 7,000,000원 ⑤ 9,000,000원

[풀이] ④ 7,000,000원

$(14,000,000 + 4,000,000) \times (1 - 50\%^{*1)}) - 2,000,000^{*2)} = 7,000,000$

*1) 필요경비율은 미등록임대주택의 경우 50%(등록임대주택은 60%) 적용

*2) 분리과세 주택임대소득을 제외한 해당 과세기간의 종합소득금액이 2천만원 이하인 경우에 200만원(등록임대주택자는 400만원)을 공제

Ⅴ 근로소득

01 근로소득의 범위

'근로소득'이란 **고용계약**(임원은 위임계약)에 의하여 종속적인 지위에서 근로를 제공하고 대가로 받는 각종 대가를 말한다.

① 근로의 제공으로 인하여 받는 봉급·급료·보수·세비·임금·상여·수당과 이와 유사한 성질의 급여(명칭불문)

② 법인의 주주총회·사원총회 또는 이에 준하는 의결기관의 결의에 따라 상여로 받는 소득

③ 「법인세법」에 의하여 상여로 처분된 금액(인정상여)

④ 퇴직함으로써 받는 소득으로서 퇴직소득에 속하지 아니하는 소득(「법인세법」상 손금불산입되는 임원퇴직급여 한도 초과액)

⑤ 종업원 등 또는 대학의 교직원이 지급받는 직무발명보상금(단, 퇴직 후 지급받으면 기타소득)

⑥ 업무를 위해 사용된 것이 분명하지 않은 기밀비·판공비·교제비

⑦ 종업원이 받는 공로금·위로금·개업축하금·학자금·장학금(종업원의 자녀가 사용자로부터 받는 학자금·장학금을 포함) 기타 이와 유사한 성질의 급여

⑧ 근로수당·가족수당·전시수당·물가수당·출납수당·직무수당

⑨ 급식수당·주택수당·피복수당 기타 이와 유사한 성질의 급여

⑩ 주택을 제공받음으로써 얻는 이익(단, 복리후생적 성질의 급여는 비과세)

⑪ 기술수당·보건수당 및 연구수당, 그 밖에 이와 유사한 성질의 급여

⑫ 시간외근무수당·통근수당·개근수당·특별공로금

⑬ 여비의 명목으로 받는 연액 또는 월액의 급여

⑭ 벽지수당·해외근무수당 기타 이와 유사한 성질의 급여

⑮ 종업원이 계약자이거나 종업원 또는 그 배우자 및 그 밖의 가족을 수익자로 하는 보험·신탁 또는 공제와 관련하여 사용자가 부담하는 보험료 · 신탁부금 또는 공제부금

⑯ 휴가비 기타 이와 유사한 성질의 급여

⑰ 계약기간 만료 전 또는 만기에 종업원에게 귀속되는 단체환급부보장성보험의 환급금

⑱ 법인의 임원 또는 종업원이 해당 법인 또는 해당 법인과 특수 관계에 있는 법인으로부터 부여받은 주식매수선택권을 해당 법인 등에서 근무하는 기간 중 행사함으로써 얻은 이익(단, 퇴직 후 행사하여 얻은 이익은 기타소득)

⑲ 「공무원 수당 등에 관한 규정」, 「지방공무원 수당 등에 관한 규정」, 「검사의 보수에 관한 법률 시행령」, 대법원규칙, 헌법재판소규칙 등에 따라 공무원에게 지급되는 직급보조비

⑳ 공무원이 국가 또는 지방자치단체로부터 공무 수행과 관련하여 받는 상금과 부상

㉑ 사업자나 법인이 생산·공급하는 재화 또는 용역을 그 사업자나 법인(「독점규제 및 공정거래에 관한 법률」에 따른 계열회사를 포함)의 사업장에 종사하는 임원등에게 시가보다 낮은 가격으로 제공하거나 구입할 수 있도록 지원함으로써 해당 임원 등이 얻는 이익

실무

재직 중 수행하던 소송 업무에 대한 공로를 인정하여 소송결과 인용금액의 일부를 퇴직 후 지급하는 상여금의 소득구분은 근로소득에 해당하는 것이며, 그 귀속시기는 지급금액이 확정된 날로 하는 것임(서면-2023-원천-0415, 2024.1.18.).

---

02 근로소득에 포함되지 않는 것(과세 제외)

① 퇴직급여로 지급되기 위하여 적립되는 급여(소령 제38조의2)

② 사업자가 그 종업원에게 지급한 경조금 중 사회통념상 타당하다고 인정되는 범위 내의 금액

03 비과세 근로소득

(1) 실비변상적인 성질의 급여

구 분	한도
① 「선원법」에 의하여 받는 식료	-
② **일직료·숙직료 또는 여비**로서 실비변상 정도의 지급액	-
③ **자가운전보조금** (종업원이 소유하거나 본인 명의로 임차한 차량을 종업원이 직접 운전하여 사업주의 업무수행에 이용하고, 시내출장 등에 소요된 실제 여비를 받는 대신에 그 소요경비를 해당 사업체의 정해진 지급기에 따라 받는 금액임)	월 20만원 이내의 금액
④ 법령·조례에 의하여 제복을 착용하여야 하는 자가 받는 제복·제모 및 제화	-
⑤ 병원·실험실·금융회사 등·공장·광산에서 근무하는 사람 또는 특수한 작업이나 역무에 종사하는 사람이 받는 작업복이나 그 직장에서만 착용하는 피복	-
⑥ 특수분야에 종사하는 군인이 받는 각종 수당*, 특수분야에 종사하는 경찰공무원이 받는 경찰특수전술업무수당과 경호공무원이 받는 경호수당	-
⑦ 「선원법」의 규정에 의한 선원으로서 받는 승선수당	월 20만원 이내의 금액
⑧ 방송·뉴스통신·신문(일간신문, 인터넷 신문)사 등의 기자 등이 받는 취재수당	월 20만원 이내의 금액
⑨ 벽지에 근무함으로 인하여 받는 벽지수당	월 20만원 이내의 금액
⑩ 다음에 해당하는 자가 받는 연구보조비 또는 연구활동비 　㉠ 「유아교육법」, 「초·중등교육법」 및 「고등교육법」에 따른 학교 및 이에 준하는 학교(특별법에 따른 교육기관을 포함)의 교원 　㉡ 「특정연구기관육성법」의 적용을 받는 연구기관, 정부출연연구기관, 지방자치단체출연연구원에서 연구활동에 직접 종사하는 자(대학교원에 준하는 자격을 가진 자에 한함) 및 기타 직접적으로 연구활동을 지원하는 자 　㉢ 「기초연구진흥 및 기술개발지원에 관한 법률」에 따라 인정받은 중소기업 또는 벤처기업의 기업부설연구소와 연구개발전담부서(중소기업 또는 벤처기업에 설치하는 것으로 한정)에서 연구활동에 직접 종사하는 자	월 20만원 이내의 금액

구 분	한도
⑪ 수도권 외의 지역으로 이전하는 「국가균형발전 특별법」에 따른 공공기관의 소속 공무원이나 직원에게 한시적으로 지급하는 금액	월 20만원 이내의 금액
⑫ 천재·지변 기타 재해로 인하여 받는 급여	–
⑬ 종교관련종사자가 소속 종교단체의 규약 또는 소속 종교단체의 의결기구의 의결·승인 등을 통하여 결정된 지급 기준에 따라 종교 활동을 위하여 통상적으로 사용할 목적으로 지급받은 금액 및 물품	

* 낙하산강하위험수당·수중파괴작업위험수당·잠수부위험수당·고전압위험수당·폭발물위험수당·항공수당(유지비행훈련수당 포함)·비무장지대근무수당·전방초소근무수당·함정근무수당(유지항해훈련수당 포함) 및 수륙양용궤도차량승무수당

실무

비상임이사에게 지급하는 수당의 소득세 비과세 여부 및 소득구분

비상임이사에게 지급하는 수당은 기타소득에 해당하지 않으며 근로소득에 해당(기획재정부 소득세제과–790, 2023.9.4.)

---

(2) 업무관련 본인의 교육비 부담금(자녀학자금은 과세)

학교(외국의 유사교육기관 포함)와 근로자직업능력개발법에 따른 직업능력개발훈련시설의 교육비(입학금·수업료·수강료, 그 밖의 공과금) 중 다음의 요건을 모두 갖춘 학자금
① 업무와 관련 있는 교육·훈련
② 해당 근로자가 종사하는 사업체의 규칙 등에 의하여 정해진 지급기준에 따라 받는 것
③ 교육·훈련기간이 6개월 이상인 경우 교육·훈련 후 해당 교육기간을 초과하여 근무하지 아니한 때에는 지급받은 금액을 반납하는 조건

(3) 국외근로소득

① 국외 또는 「남북교류협력에 관한 법률」에 따른 북한지역(이하 "국외 등")에서 근로를 제공(원양어업 선박 또는 국외등을 항행하는 선박이나 항공기에서 근로를 제공하는 것을 포함한다)하고 받는 보수 중 월 100만원(원양어업 선박, 국외 등을 항행하는 선박, 설계·감리업무 포함한 국외건설현장의 근로자가 근로를 제공하고 받는 보수의 경우에는 월 500만원)
② 국외 등의 지역에서 근무하는 공무원, 대한무역투자진흥공사, 한국관광공사, 한국국제협력단, 한국국제보건의료재단, 한국산업인력공단, 중소벤처기업진흥공단의 종사자

가 근무하고 받는 수당 중 당해 근로자가 국내에서 근무한 경우에 지급받을 금액 상당액을 초과하여 받는 금액

(4) 생산직 근로자가 받는 연장근로수당 등

월정액급여 210만원 이하로서 직전 과세기간의 **총급여액이 3,000만원 이하인** 근로자(일용근로자를 포함)로서 다음에 해당하는 사람을 말한다.
① 공장에서 근로를 제공하는 생산 및 관련종사자
② 어업을 영위하는 자에게 고용되어 근로를 제공하는 자
③ 운전 및 운송 관련직 종사자, 돌봄 서비스 종사자, 미용・여가 및 관광・숙박시설・조리 및 음식 관련 서비스직 종사자, 매장 판매 종사자, 상품 대여 종사자, 통신 관련 판매직 종사자, 운송・청소・경비・가사・음식・판매・농림・어업・계기・자판기・주차관리 및 기타 서비스 관련 단순 노무직 종사자
④ 광산근로자
⑤ 일용근로자
⑥ 어선에 승무하는 선원(선장은 제외)인 근로자

구 분		비과세 한도
직전년도 총급여액 3,000만원 이하 + 월정액급여 210만원 이하	공장에서 근로를 제공하는 생산 및 관련 종사자, 운전원 및 관련 종사자, 배달 및 수하물 운반종사자	연 240만원
	광산근로자, 일용근로자	해당 급여총액
	어선에 승선하는 선원(선원법에 따라 받는 생산수당)	연 240만원

※ 월정액급여 = 매월 직급별로 받는 급여의 총액 − 상여 등 부정기적 급여 − 실비변상적 급여 − 초과근로수당

(5) 기타 비과세소득

① 복무 중인 병장 급 이하의 병(兵)이 받는 급여(본인의 지원에 의하지 아니하고 임용된 하사를 포함)
② 근로의 제공으로 인한 부상・질병・사망과 관련하여 근로자나 그 유족이 받는 배상・보상 또는 위자료의 성질이 있는 급여
③ 「고용보험법」에 따라 받는 실업급여, 육아휴직 급여, 육아기 근로시간 단축 급여, 출산전후휴가 급여, 「제대군인 지원에 관한 법률」에 따라 받는 전직지원금, 「국가공무원법」・「지방공무원법」에 따라 받는 공무원 또는 「사립학교교직원 연금법」・「별정우체국법」

을 적용받는 자가 관련 법령에 따라 받는 육아휴직수당, 사립학교 직원이 사립학교 정관 등에 의해 지급받는 육아휴직수당(「사립학교법」에 따라 임명된 사무직원이 학교의 정관이나 규칙에 의해 지급받는 육아휴직수당으로 월 150만원 이하의 것 포함)

④ 「국민연금법」에 따라 받는 반환일시금(사망으로 받는 것만 해당) 및 사망일시금

⑤ 「국민건강보험법」, 「고용보험법」 또는 「노인 장기요양보험법」에 따라 국가, 지방자치단체 또는 사용자가 부담하는 보험료

⑥ 근로자 또는 그 배우자의 출산이나 자녀의 보육과 관련하여 사용자로부터 지급받는 다음의 급여

　㉠ 근로자(사용자와 특수관계에 있는 자[27]는 제외) 또는 그 배우자의 출산과 관련하여 자녀의 출생일 이후 2년 이내에 사용자로부터 최대 두 차례에 걸쳐 지급받는 급여[28](2021년 1월 1일 이후 출생한 자녀에 대하여 2024년 1월 1일부터 2024년 12월 31일 사이에 지급받은 급여를 포함) 전액

　㉡ 근로자 또는 그 배우자의 해당 과세기간 개시일을 기준으로 6세 이하(6세가 되는 날과 그 이전 기간을 말한다. 이하 이 조 및 제59조의4에서 같음)인 자녀의 보육과 관련하여 사용자로부터 지급받는 급여로서 월 20만원 이내의 금액

⑦ 「국군포로의 송환 및 대우 등에 관한 법률」에 따른 국군포로가 받는 보수 및 퇴직일시금

⑧ 「발명진흥법」에 따른 직무발명으로 받는 보상금으로서 연간 700만원 이하의 금액(사용자가 개인사업자인 경우 해당 개인사업자 및 그와 친족 관계에 있는 자는 제외, 사용자가 법인인 경우 해당 법인의 지배주주 등 및 그와 특수관계에 있는 자도 제외)

⑨ 월 20만원 이하의 식사대(근로자가 사내급식 또는 이와 유사한 방법으로 제공받는 식사 기타 음식물의 경우 비과세)

⑩ 다음 중 어느 하나에 해당하는 복리후생적 성질의 급여[29](**비 출자임원과 종업원이 사택을 제공받음으로써 얻는 이익**)

---

27) 사용자가 개인인 경우는 「국세기본법 시행령」에 따른 친족관계이며, 사용자가 법인인 경우는 지배주주인 관계를 의미함.

28) 사용자로부터 세 차례 이상 급여를 지급받는 경우 출생일 이후 최초로 지급받는 급여와 그 다음 지급받는 급여를 의미하며, 이때 지급횟수는 사용자별로 계산한다.

29) 「소득세법 시행령」 제17조의4

구 분	사택제공이익	주택자금대여이익 (저리 또는 무상 대여)
종업원	비과세 근로소득[1]	근로소득 (중소기업 종업원 비과세 근로소득)[2]
소액주주·비 출자임원	비과세 근로소득	근로소득
출자임원	근로소득	근로소득

[1] 비영리법인 또는 개인의 종업원을 포함하며, 국가 또는 지방자치단체로부터 근로소득을 지급받는 사람 포함

[2] 중소기업 종업원의 주거 안정을 지원하기 위해 조특법상 중소기업 종업원의 주택 구입·임차자금 대여 이익은 비과세 함. 다만, 다음 중 어느 하나에 해당하는 종업원이 얻은 이익 제외함

ㄱ 해당 중소기업이 개인사업자인 경우 해당 사업자와 친족관계에 해당하는 자

ㄴ 해딩 중소기업이 법인사업자인 경우 해당 법인의 주주로서 지배주주에 해당하는 자

※ '소액주주'란 해당 법인의 발행주식 총액의 1% 미만의 주식을 소유하는 주주(지배주주의 특수 관계인 주주는 제외)

⑪ 종업원이 계약자이거나 종업원 또는 그 배우자 및 그 밖의 가족을 수익자로 하는 보험·신탁 또는 공제와 관련하여 사용자가 부담하는 보험료·신탁부금 또는 공제부금 중 다음의 금액

ㄱ 단체 순수보장성보험과 단체환급부보장성보험의 보험료 중 연 70만원 이하의 금액

구 분		불입 시점	환급 시점
단체순수보장성보험	**연 70만원 이하 납입**	비과세 근로소득	–
	연 70만원 초과 납입	과세	
단체환급부보장성보험	**연 70만원 이하 납입**	비과세 근로소득[1]	과세[2]
	연 70만원 초과 납입	과세	과세 제외

[1] 종업원의 사망·상해 또는 질병을 보험금의 지급 사유로 하고 종업원을 피보험자와 수익자로 하는 보험으로서 만기에 납입보험료를 환급하지 아니하는 보험(단체순수보장성보험)과 만기에 납입보험료를 초과하지 아니하는 범위 안에서 환급하는 보험(단체환급부보장성보험)의 보험료 중 연 70만원 이하의 금액

[2] 단체환급부보장성보험의 환급금 중 근로소득으로 보는 범위 : [단체환급부보장성보험의 환급급 × 납입보험료 중 연 70만원 이하 금액의 합계 ÷ 납입보험료 합계]

ㄴ 임직원의 고의 또는 중과실 외의 업무상 행위로 인한 손해의 배상청구를 보험금의 지급사유로 하고 임직원을 피보험자로 하는 보험의 보험료

⑫ 공무원이 국가 또는 지방자치단체로부터 공무 수행과 관련하여 받는 상금과 부상 중

연 240만원 이내의 금액

⑬ 벤처기업 또는 벤처기업이 발행주식총수의 30% 이상을 인수한 기업의 임원 또는 종업원이 해당 벤처기업으로부터 2027년 12월 31일 이전에 부여받은 주식매수선택권을 행사함으로써 얻은 이익 중 연간 2억원 이내의 금액(단, 소득세를 과세하지 않은 벤처기업 주식매수선택권 행사이익의 벤처기업별로 총 누적금액은 5억원을 초과하지 못함)

근로소득(퇴직 후 행사하면 기타소득)에 대한 소득세 비과세금액 = MIN(㉠, ㉡)
㉠ 벤처기업 주식매수선택권 행사이익(주식에 신주인수권 포함) = 주식매수선택권 행사 당시의 시가 − 실제 매수가액(행사가액)
㉡ 비과세 한도액 : 연간 2억원(벤처기업별 총 누적금액 5억원)

---

⑭ 우리사주조합원이 우리사주조합에 400만원(벤처기업의 우리사주조합원의 경우 1,500만원) 이하를 출자하고 그 조합을 통해 자사주를 취득하는 경우 그 주식의 시가와 취득가액 차액[30]

⑮ 「영유아보육법」에 따라 직장어린이집을 설치하거나 지역의 어린이집과 위탁계약을 맺은 사업주가 부담하는 비용

⑯ 임원 등 할인금액 중 "Max(시가의 20%, 연 240만원)" 이하의 금액

임원 등 할인금액 비과세대상 요건
㉠ 종업원 등이 직접 소비목적으로 구매
㉡ 일정기간* 동안 재판매 금지
㉢ 공통 지급기준에 따라 할인금액 적용

---

*소비자분쟁해결기준에 따른 품목별 내용연수가 5년을 초과하는 재화 2년, 「개별소비세법」 제1조 제2항 제2호에 따른 재화 2년, 위에 해당하지 않는 재화 1년

---

30) 다만, 출자금액이 400만원(벤처기업의 우리사주조합원의 경우 1,500만원)을 초과하는 경우 그 초과금액으로 취득한 자사주의 취득가액이 기준가액(자사주 취득일 현재 시가의 70%)보다 낮은 경우 기준가액과 해당 취득가액의 차액에 대해 근로소득으로 판단하여 과세한다.

04 근로소득금액의 계산

| 근로소득 | (-)비과세소득 (-)분리과세소득 | = | 총급여액 (총수입금액) | (-)근로소득공제 | = | 근로소득 금액 |

※ '근로소득공제'란 근로소득의 특성상 실제로 소요된 필요경비의 산정이 곤란하므로 일정한 금액을 필요경비로 공제한 금액을 말한다.

① 근로소득이 있는 거주자에 대해서는 해당 과세기간에 받는 총급여액에서 다음의 금액을 공제한다. 다만, 공제액이 2천만원을 초과하는 경우에는 2천만원을 공제한다.

총 급여액	공제액
500만원 이하	총급여액의 70%
500만원 초과 1,500만원 이하	350만원 + (총급여액 - 500만원) × 40%
1,500만원 초과 4,500만원 이하	750만원 + (총급여액 - 1,500만원) × 15%
4,500만원 초과 1억원 이하	1,200만원 + (총급여액 - 4,500만원) × 5%
1억원 초과	1,475만원 + (총급여액 - 1억원) × 2%

② 일용근로자 : 1일 급여액에서 150,000원을 공제한다.

실무

일용근로자가 일당 외 지급받는 연장근로수당, 유급휴일수당 등 원천징수세액 계산방법

일용근로자가 비과세소득이 아닌 연장근로수당과 유급휴일수당을 지급받는 경우 일급여와 합산하여 근로소득공제 등을 적용(서면 - 2022 - 소득관리 - 5649, 2023.2.14.)

---

③ 근로소득이 있는 거주자의 해당 과세기간의 총급여액이 공제액에 미달하는 경우에는 그 총급여액을 공제액으로 한다.

④ 근로소득공제는 근로기간이 해당과세기간에 단 하루만 해당되어도 월할 계산하지 않고 전액 공제한다.

⑤ 2인 이상으로부터 근로소득을 받는 자(일용근로자 제외)에 대해서는 그 근로소득을 합친 금액을 총급여액으로 계산하여 근로소득공제액을 공제한다.

05 근로소득의 과세방법

(1) 일반적인 근로소득자

① 원천징수

근로소득을 지급하는 자는 근로소득을 지급하는 때에 근로소득 간이세액표(「소득세법 시행령」에서 공제대상 가족 수 등을 고려하여 매월 분 원천징수세액을 별도로 계산하여 놓은 표)에 의하여 소득세를 원천징수하고 징수일이 속하는 달의 다음달 10일까지 관할 세무서에 신고·납부하여야 한다.

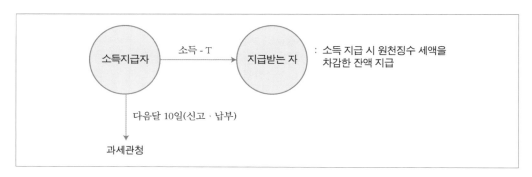

② 연말정산

근로소득을 지급하는 자는 **다음연도 2월분 근로소득을 지급하는 때에 연말정산**을 하여야 한다. 이는 1년간의 총급여액에 대한 근로소득세액을 세법에 따라 정확하게 계산한 후 매월 급여지급 시 근로자에게 원천징수한 세액과 비교하여 원천징수 세액이 큰 경우 돌려주고 덜 징수한 경우에는 더 징수하여 납부하는 것을 말한다. 해당연도에 중도 입사한 자는 전 근무지의 근로소득을 포함하여 연말정산을 하여야 하며, 2인 이상으로부터 급여를 받는 자에 대해서는 주된 근무지의 근로소득을 지급하는 자가 종된 근무지의 근로소득을 포함하여 연말정산을 하여야 한다. 연말정산 후 「법인세법」상 인정상여가 발생한 경우에는 동 인정상여를 합산하여 연말정산을 다시 행하고 그 차액을 원천징수하여야 한다. 또한 원천징수 의무자가 소득공제 및 세액공제를 신고하지 않은 근로자에 대해 소득세를 원천징수할 때에는 다른 공제는 적용하지 않고 기본공제 중 근로자 본인에 대한 분과 표준세액공제만을 적용한다.

③ 과세표준 확정신고

근로소득금액은 원칙상 종합소득과세준에 합산된다. 따라서 근로소득 이외의 종합소득이 있는 경우에는 다음연도 5월에 과세표준 확정신고를 하여야 한다. 다만, **근로**

소득 외에 다른 소득이 없는 근로소득자의 경우에는 연말정산을 통해 모든 납세절차가 종결되며 과세표준 확정신고를 하지 않아도 된다.

(2) 일용근로자

① 일용근로소득

일용근로자가 근로를 제공하고 받는 소득을 말하는데, 여기서 일용근로자란 근로를 제공한 날 또는 시간에 따라 근로대가를 계산하여 받는 사람으로서 계약에 따라 동일한 고용주에게 3개월(건설현장은 1년, 하역현장은 기간의 제한이 없음) 이상 계속하여 고용되어 있지 않은 사람을 말한다.

② 분리과세

일용근로자의 급여는 분리과세하며 원천징수로서 과세를 종결한다.

> 원천징수세액 = (일급여액 - 근로소득공제) × 세율 × 근로소득세액 공제
> 일 ₩150,000원   6% 산출세액의 55%(한도없음)

06 근로소득의 수입시기

구 분	수입시기
① 급여	원칙적으로 근로를 제공한 날(지급받는 날이 아님)
② 잉여금처분에 의한 상여	해당 법인의 잉여금처분 결의일
③ 인정상여	해당 사업연도 중의 근로를 제공한 날
④ 임원퇴직소득 한도초과액	지급받거나 지급받기로 한 날
⑤ 주식매수선택권 행사로 인한 근로소득	주식매수선택권을 행사한 날

민사소송으로 근로계약관계에 있는 법인으로부터 지급 받은 근로소득의 귀속시기

직무범위에 포함되는 실적들과 관련하여 제공받은 대가는 근로소득이며 근로계약관계에 있던 법인과의 민사소송을 통해 그 금원을 지급받는 경우 분쟁의 경위나 사안의 성질이 명백히 부당하다고 볼 수 없는 이상 민사소송이 확정되는 때를 소득의 귀속시기로 봄(대법원-2017-두-56575, 2018.9.13.)

예제

5-1. 근로소득

「소득세법」상 근로소득에 대한 다음 설명 중 가장 옳지 않은 것은?　　(2011 재경관리사 수정)

① 「발명진흥법」에 따른 종업원이 법인 또는 국가나 지방자치단체로부터 받는 연 700만원 이하의 직무발명보상금은 비과세소득이다.

② 근로자 또는 그 배우자의 출산이나 6세 이하 자녀의 보육과 관련하여 사용자로부터 지급받는 급여는 금액을 불문하고 전액 비과세소득이다.

③ 근로소득금액 계산 시 총급여액에서 실제로 소요된 필요경비를 차감하는 대신에 근로소득 공제를 차감한다.

④ 근로소득 이외에 다른 소득이 없는 근로소득자의 경우에는 연말정산을 통하여 모든 납세절차가 종결되기 때문에 과세표준 확정신고를 하지 않아도 된다.

⑤ 근로소득 공제액이 2천만원을 초과하는 경우 2천만원을 공제한다.

[풀이] ② 월 20만원 비과세된다.

예제

5-2. 근로소득

다음 중 과세되는 근로소득으로 보지 않는 것은?

① 대학의 재직 중인 교직원이 지급받는 직무발명보상금

② 「법인세법」에 따라 상여로 처분된 금액

③ 중소기업에 재직 중인 직원에 대한 상대적으로 이자비용이 적은 사내 주택자금대출에 따른 이익

④ 종업원에게 지급된 경조금(사회통념상 타당하고 인정되는 범위의 금액은 아님)

⑤ 돌봄서비스 종사자에 대한 급여

[풀이] ③ 중소기업에 종사하는 직원들의 주거안정을 위해 비과세

5-3. 근로소득

다음 중 근로소득에 대한 설명으로 옳지 않은 것은?

① 사택제공이익은 근로소득에 포함된다. 다만, 출자임원에 한하며 소액주주임원과 비출자임원, 종업원은 과세하지 않는다.

② 주택자금대여액을 저리 또는 무상으로 제공받음에 따라 받은 이익은 근로소득에 포함되어 과세된다.

③ 일직료, 숙직료, 여비로서 실비변상정도의 금액 및 자가운전보조금은 실비변상적인 성질의 급여로 월 20만원까지 비과세된다.

④ 생산직근로자는 비과세요건에 해당될 경우 받을 수 있는 초과근로수당의 비과세혜택은 연 한도 240만원이다.

⑤ 일용근로자의 근로소득은 분리과세되며 원천징수로 과세가 종료되며 신고할 필요가 없다.

[풀이] ② 중소기업의 종업원에 대한 주택자금대여액은 과세하지 않는다.

5-4. 근로소득금액

거주자 갑의 20×1년 근로소득 관련자료이다. 거주자 갑은 ㈜A에 회계담당자로 근무하던 중 20×1년 7월 1일에 ㈜B로 이직하였다. 20×1년 거주자 갑의 근로소득금액은 얼마인가?

(2019 CPA 1차 수정)

(1) ㈜A로부터 수령한 금액(20×1.1.1~20×1.6.30.)
   • 급여 : 10,800,000원(월 1,800,0000 × 6개월)
   • 상여금 : 기본급 120%
   • 잉여금처분에 의한 성과배분상여금 : 1,000,000원(잉여금처분결의일 20×0.12.20.)
   • 식대 : 600,000원(월 100,000원 × 6개월, 법인카드로 사내식당 식권 결제받음)
   • 숙직비 : 100,000원(1일당 실비 상당액 50,000원 제공 × 2일)

(2) ㈜B로부터 수령한 금액(20×1.7.1.~20×1.12.31.)
   • 급여 : 12,000,000원(월 2,000,000 × 6개월)
   • 식대 : 900,000원(월 150,000원 × 6개월, 별도의 식사 제공 없음)
   • 회사규정에 따른 자가운전보조금 : 1,200,000원(월 200,000원 × 6개월, 자기차량을 업무수행에 이용하나 여비를 수령하지 않음)
   • 자녀학비보조금 : 2,000,000원

(3) 근로소득공제액

총 급여액	공제액
500만원 이하	총급여액의 70%
500만원 초과 1,500만원 이하	350만원 + (총급여액 − 500만원) × 40%
1,500만원 초과 4,500만원 이하	750만원 + (총급여액 − 1,500만원) × 15%

① 29,400,000원   ② 28,860,000원   ③ 27,860,000원
④ 19,431,000원   ⑤ 18,176,000원

[풀이] ⑤ 18,176,000원

    총급여액 : 27,560,000원
    (㈜A 급여) 10,800,000+(상여금) 2,160,000+(식대) 600,000
    (㈜B 급여) 12,000,000+(자녀학비보조금) 2,000,000
    근로소득공제 : (9,384,000)
    근로소득금액 : 18,176,000

예제

5−5. 근로소득금액

김경세씨는 20×1.4.1.에 정부출연연구기관의 연구원(출자임원 아님)으로 입사하였다. 다음의 자료에 의한 20×1년의 근로소득금액은 얼마인가?   (2018 CTA 수정)

(1) 급여의 합계액 : 27,000,000원
(2) 상여의 합계액 : 3,000,000원
(3) 사택을 제공받음으로써 얻은 이익 : 4,500,000원
(4) 연구보조비 : 3,600,000원(월 400,000원)
(5) 김경세씨 본인의 대학원(박사과정)에 대한 학자금 수령액 : 5,000,000원(사규에 따라 지급받은 입학금과 수업료이며, 교육은 업무와 관련된 것으로서 교육기간 후에 해당 교육기간을 초과하여 근무한다는 약정이 있음)
(6) 월 250,000원 식사대 수령액 : 2,250,000원(현물식사는 제공받지 않음)
(7) 근로소득공제

총급여액	근로소득공제액
1,500만원 초과 4,500만원 이하	750만원 + (총급여액 − 1,500만원) × 15%

① 20,892,500원   ② 21,892,500원   ③ 22,162,500원
④ 24,001,500원   ⑤ 25,212,500원

[풀이] ③ 22,162,500원

(1) 총급여액

구 분	금 액	비 고
(1) 급여	27,000,000	
(2) 상여금	3,000,000	
(3) 사택제공이익	-	출자임원이 아니므로 비과세
(4) 연구보조비	1,800,000	(400,000 - 200,000) × 9
(5) 본인의 학자금	-	요건을 충족하므로 비과세
(6) 식사대	450,000	(250,000 - 200,000) × 9
합 계	32,250,000	

(2) 근로소득공제 : 7,500,000+(32,250,000-15,000,000)×15% = 10,087,500

(3) 근로소득금액 : (1)-(2) = 22,162,500

예제

5-6. 근로소득금액

다음은 내국법인 ㈜A에서 영업사원으로 근무하던 거주자 갑의 근로소득 관련 자료이다. 갑의 20×1년 귀속 근로소득금액은 얼마인가?(단, 주어진 자료 이외에는 고려하지 않음)

(2018 CTA 1차 수정)

(1) 근무기간 : 20×1.1.1.부터 20×1.10.31.(퇴직일)까지 계속 근무하였음.

(2) 급여내역

구분	금액	비 고
기본급여총액	50,000,000원	기본급으로 월 5,000,000원 지급 받음
휴가비	5,000,000원	㈜A로부터 보조받은 휴가비임
강연수당	4,000,000원	㈜A의 사내 연수 강연수당임
인정상여	2,000,000원	㈜A의 ×0년도 귀속 법인세무조정시 발생한 것임
식사대	1,200,000원	월 120,000원(회사는 현물식사를 별도 제공하지 않음)
자가운전보조금	3,000,000원	월 300,000원(시내출장 등이 있을 시 갑 소유 차량을 업무에 이용하였고 이에 소요된 실제 여비는 자가운전보조금을 받았음에도 불구하고 출장 여비 규정에 의해 별도로 지급 받았음)

(3) 근로소득공제액

총 급여액	공제액
1,500만원 초과 4,500만원 이하	750만원 + (총급여액-1,500만원) × 15%
4,500만원 초과 1억원 이하	1,200만원 + (총급여액-4,500만원) × 5%

① 44,590,000원   ② 44,840,000원   ③ 48,290,000원

④ 49,150,000원   ⑤ 50,090,000원

[풀이] ④ 49,150,000원

    총급여액 : 62,000,000(기본급 50,000,000+휴가비 5,000,000+강연수당 4,000,000

             +자가운전 3,000,000)

    근로소득공제 : 12,850,000

    근로소득금액 : 49,150,000

예제

5-7. 총급여계산

다음은 중소기업인 ㈜A에 경리과장으로 근무하는 거주자 김경세씨의 20×1년 근로소득 관련 자료이다. 김경세씨의 「소득세법」상 총급여액은?(단, 김경세씨는 ㈜A의 발행주식총수의 2%의 주식을 소유하고 있으며, 다음과 같이 주어진 자료 이외의 다른 사항은 고려하지 않는다)

(2022 CTA 수정)

(1) 기본급과 상여 : 50,000,000원

(2) 시간외근무수당 : 8,000,000원

(3) ㈜A의 소유주택을 무상으로 제공받음으로써 얻은 이익 : 5,000,000원

(4) 식사대 : 3,600,000원(월 300,000원 × 12개월, ㈜A로부터 현물식사를 별도로 제공받지 않음)

(5) 김경세씨의 8세 아들 보육과 관련하여 ㈜A로부터 지급받은 보육수당

    : 1,200,000원(월 100,000원 × 12개월)

(6) 「발명진흥법」에 따라 ㈜A로부터 받은 직무발명보상금 : 10,000,000원

① 60,400,000원   ② 62,200,000원   ③ 63,400,000원

④ 64,600,000원   ⑤ 68,400,000원

[풀이] ③ 63,400,000원

    (기본급과 상여) 50,000,000 +(시간외근무수당) 8,000,000 +(식사대 비과세 초과) 1,200,000

    +(보육수당) 1,200,000 +(직무발명보상금) 3,000,000

5-8. 총급여계산

다음은 국내 상장법인의 인사과 대리로 근무하고 있는 거주자 갑의 20×1년도 연간 급여와 관련된 명세내역이다. 근로소득 총급여액으로 옳은 것은? (2017 CPA 1차 수정)

(1) 기본급 : 48,000,000원(비과세소득 제외)

(2) 식사대 : 1,800,000원(월 150,000원 × 12개월, 현물식사를 별도로 제공받지 않음)

(3) 자가운전보조금 : 3,600,000원(월 300,000원 × 12개월, 갑의 소유차량을 업무수행에 이용하고 실제 여비를 받는 대신에 회사의 지급기준에 따라 수령한 금액임)

(4) 이익잉여금 처분에 의한 성과배분 상여금의 내역

대상 사업연도	잉여금처분결의일	지급일	금액
20×0.1.1. ~ 20×0.12.31.	20×1.2.25.	20×1.3.22.	5,000,000원
20×1.1.1. ~ 20×1.12.31.	20×2.2.19.	20×2.2.24.	9,000,000원

(5) 6세 이하 자녀의 보육수당 : 3,600,000원(월 300,000원 × 12개월)

(6) 「근로기준법」에 따른 연장근로와 야간근로로 인하여 받은 수당 : 3,000,000원

(7) 회사가 보유하고 있는 사택을 무상으로 제공받음으로 인해 얻은 이익 : 6,000,000원

① 56,600,000원   ② 58,400,000원   ③ 59,000,000원

④ 60,200,000원   ⑤ 63,000,000원

[풀이] ② 58,400,000원

(기본급) 48,000,000 + (자가운전보조금 비과세 초과) 1,200,000 + (성과배분 상여금) 5,000,000 + (자녀보육수당 비과세 초과) 1,200,000 + (연장근로수당 등) 3,000,000

5-9. 총급여계산

다음은 중소기업 ㈜A에 영업사원으로 근무하는 거주자 김경세씨(일용근로자 아님)의 20×1년 귀속 근로소득 내역이다. 비과세 합계액과 총급여액으로 옳은 것은?　　(2021 CPA 수정)

> (1) 급여 : 40,000,000원
> (2) 식사를 제공받고 별도로 받은 식대 : 2,400,000원(월 200,000원씩 수령)
> (3) 「발명진흥법」에 따라 사용자로부터 받은 직무발명보상금 : 12,000,000원
> (4) 주택 취득에 소요되는 자금을 무상제공 받음으로써 얻은 이익 : 5,000,000원
> (5) ㈜A가 김경세씨를 수익자로 하는 단체순수보장성보험의 보험료로 지급한 금액 : 1,000,000원
> (6) 김경세씨가 자기차량을 업무수행에 이용하고 실제여비 대신 회사의 규정에 따라 지급받은 자가운전보조금 : 2,000,000원(10개월간 월 200,000원씩 수령)
> (7) 시간외근무수당 : 2,000,000원

	비과세 합계액	총급여액
①	12,700,000원	49,700,000원
②	12,700,000원	44,000,000원
③	13,900,000원	48,500,000원
④	18,000,000원	49,700,000원
⑤	18,000,000원	44,200,000원

[풀이] ①

구 분	비과세 금액	총급여액
(1) 급여		40,000,000
(2) 식대	식사	2,400,000
(3) 직무발명보상금	5,000,000	5,000,000
(4) 주택취득자금 대여이익	5,000,000	
(5) 단체순수보장성보험 보험료	700,000	300,000
(6) 자가운전보조금	2,000,000	
(7) 시간외근무수당		2,000,000
합 계	12,700,000	49,700,000

5-10. 총급여계산

다음은 벤처기업이 아닌 중소기업 ㈜A에 종업원으로 근무하는 거주자 김경세씨(일용근로자 아님)의 20×1년 근로소득 관련 자료이다. 김경세씨의 20×1년 근로소득 총급여액으로 옳은 것은?

(2020 CPA 수정)

(1) 급여 : 24,000,000원
(2) 상여금 : 10,000,000원
(3) 식사대 : 3,000,000원(월 250,000 × 12개월, 갑은 식사대 외에 별도의 식사를 제공받지 않음)
(4) 자녀보육수당(6세) : 2,400,000원(월 200,000 × 12개월)
(5) ㈜A가 납부한 단체환급부보장성보험의 보험료 : 1,200,000원(월 100,000 × 12개월, 김경세씨의 배우자가 보험의 수익자임)
(6) ㈜A의 사택을 무상제공 받음으로써 얻는 이익 : 5,000,000원
(7) ㈜A로부터 부여받은 주식매수선택권 행사이익(행사일 20×1년 10월 5일) : 20,000,000원

① 43,200,000원   ② 55,100,000원   ③ 56,300,000원
④ 57,100,000원   ⑤ 59,100,000원

[풀이] ② 55,100,000원

구 분	금 액	비 고
(1) 급여	24,000,000	
(2) 상여금	10,000,000	
(3) 식사대	600,000	(250,000 − 200,000)×12
(4) 자녀보육수당	−	6세 이하 자녀의 보육수당 월 20만원 비과세
(5) 단체환급부보장성보험 보험료	500,000	1,200,000 − 700,000(비과세)
(6) 사택 무상제공 이익	−	출자임원이 아니므로 비과세
(7) 주식매수선택권 행사이익*	20,000,000	수입시기 : 주식매수선택권을 행사한 날
합 계	55,100,000	

*(주)A는 벤처기업이 아니므로 주식매수선택권 행사이익을 전액 과세한다. 만약 벤처기업의 임직원인 경우 주식매수선택권 행사이익 중 연간 2억원(총 누적금액 5억원)까지 소득세를 과세하지 않는다(조특법 제16조의2).

VI　연금소득

01　연금[31]소득

과거에는 연금기여금을 불입하는 경우에 소득공제 및 세액공제를 인정하지 않고 나중에 연금을 수령하는 경우에도 이를 과세하지 아니하였다. 이후 국민연금제도 가입자가 증가하고 노령화 시대로 진입함에 따라 소득종류 간 과세형평을 위하여 2000년 말 개정된 「소득세법」에서는 **연금기여금을 불입하는 경우 그 불입액 전액을 소득공제 및 세액공제하고 연금을 수령하는 경우에는 연금소득으로 과세**하도록 하였다. 그 취지는 젊은 시절에 연금보험료 소득공제 및 연금계좌세액공제를 통해 소득세 부담을 덜어주어 연금보험료 납입을 장려하고, 노후에 연금을 수령할 때는 다른 소득과의 과세형평을 위해 연금소득에 대한 소득세를 과세하려는 것이다.

02　연금소득의 범위

연금소득은 해당 과세기간에 발생한 다음의 소득으로 한다.

(1) 공적연금소득

「공적연금 관련법」에 따라 받는 각종 연금으로 2002.1.1. 이후에 납입 된 연금기여금 및 사용자 부담금(국가 또는 지방자치단체의 부담금을 포함)을 기초로 하거나 2002.1.1. 이후 근로의 제공을 기초로 하여 받는 연금소득으로 한다.
  ① 「국민연금법」에 의하여 지급받는 각종 연금
  ② 그 밖의 공적연금소득(공무원연금, 군인연금, 사립학교교직원연금, 별정우체국연금 등)

---

31) 연금이란 노후 보장을 위해 사용자 또는 사용인 등이 연금관리기관에 기여금을 불입하고 퇴직 후 또는 일정한 기간 후부터 계약된 기간 또는 사망할 때까지 사전에 정해진 금액을 정기적으로 지급받는 사회보장제도이다.

공적연금에 대한 과세(2001년 이전 납입 분에 대해서는 과세 제외)

구 분	과세방법
연금형태로 수령	연금소득
연금외수령(연금 이외의 형태로 수령)	퇴직소득

공적연금소득의 계산

공적연금소득은 해당 과세기간에 수령한 공적연금에 대하여 공적연금의 지급자별로 2002.1.1.(과세기준일)을 기준으로 다음의 계산식에 따라 계산한 금액으로 한다.

① 국민연금 및 연계노령연금

$$\text{과세기간 연금수령액} \times \frac{\text{과세기준일 이후 납입기간의 환산소득}^{*1)} \text{누계액}}{\text{총 납입기간의 환산소득 누계액}} - \text{과세 제외 기여금 등}^{*2)}$$

② 그 밖의 공적연금소득(「공무원연금법」, 「군인연금법」, 「사립학교교직원연금법」, 「별정우체국법」에 따른 각종 연금)

$$\text{과세기간 연금수령액} \times \frac{\text{과세기준일 이후 기여금 납입월수}}{\text{총 기여금 납입월수}} - \text{과세 제외 기여금 등}$$

*1) 환산소득이란 국민연금법에 따라 가입자의 가입기간 중 매년의 기준소득월액을 보건복지부장관이 고시하는 연도별 재평가율에 따라 연금수급 개시 전년도의 현재가치로 환산한 금액을 말한다. 이때 기준소득월액은 연금보험료와 급여를 산정하기 위해 가입자의 소득월액(전년도 총소득에서 비과세소득을 뺀 월평균소득)을 의미한다.

*2) 과세 제외기여금 등이란 과세기준일 이후에 연금보험료공제를 받지 않고 납입한 기여금 또는 개인부담금을 말한다. 이때 과세 제외기여금 등이 해당 과세기간의 과세기준금액을 초과하는 경우 초과하는 금액은 그 다음 과세기간부터 과세기준금액에서 뺀다.

※ 공무원연금 등 가입자였던 자가 퇴직일시금을 지급받은 경우 국민연금가입자 자격을 취득한 후 2년 이내 연계신청을 할 수 있으며, 이때 지급받은 퇴직일시금을 반납해야 한다. 이와 같이 퇴직소득에 해당하는 일시금(퇴직소득세가 과세되었거나 비과세소득인 경우만 해당)을 반납하고 공적연금 관련법에 따라 재직기간, 복무기간이나 가입기간을 합산한 경우 과세대상 공적연금소득을 계산할 때 재임용일이나 재가입일을 과세기준일로 보아 계산한다(소령 제40조 제2항).

(2) 사적연금소득

사적연금이란 연금계좌(금융기관에 설정한 연금저축계좌와 퇴직연금계좌)에서 연금형태로 인출하는 경우 그 인출액을 말한다.

① 이연퇴직소득[32]

　퇴직소득이 연금계좌로 지급되었거나(퇴직일 현재 연금계좌에 있는 경우 포함) 지급받은 날부터 60일 이내에 연금계좌에 입금되어, 퇴직당시 퇴직소득세가 원천징수 되지 아니한 퇴직소득

② 연금저축

　연금계좌에 납입한 금액 중 세액 공제받은 금액

③ 연금계좌의 **운용실적**에 따라 증가된 금액

구 분	연금수령	연금외수령 (연금수령한도초과 포함)
이연퇴직소득	연금소득	이연퇴직소득세 (퇴직소득)
연금저축	연금소득	기타소득
운용수익	연금소득	기타소득

※ 연금계좌에서 의료목적, 천재지변이나 그 밖의 부득이한 사유[33]로 인출하는 경우 : 연금소득

---

32) 2020.1.1. 이후 연금수령하는 분부터 장기(연금 실제 수령연차 10년 초과) 연금 수령 시 원천징수하는 세율이 70% 적용에서 60% 적용으로 인하

33) ① 천재지변
　② 연금계좌 가입자의 사망 또는 해외이주
　③ 연금계좌 가입자 또는 그 부양가족이 질병·부상에 따라 3개월 이상의 요양이 필요한 경우
　④ 연금계좌 가입자가 「재난 및 안전관리 기본법」 제66조 제1항 제2호의 재난으로 15일 이상의 입원 치료가 필요한 피해를 입은 경우
　⑤ 연금계좌 가입자가 「채무자 회생 및 파산에 관한 법률」에 따른 파산의 선고 또는 개인회생절차 개시의 결정을 받은 경우

※ 세액공제 받지 않은 연금계좌 납입액 등은 연금수령방법 무관 과세 제외

실무

○ **요양 등 부득이한 사유로 인한 연금수령 시 해당 의료비의 지출 시점과 무관하게 인출 가능 여부**

진단서 작성일로부터 6개월 이내에 제출된 의료비영수증이라면 그 의료비의 지출일은 고려하지 아니하는 것임(서면-2023-원천-0185, 2023.9.11.).

○ **요양 등 부득이한 사유로 인한 연금수령 시 인출 가능 기간 및 한도**

「소득세법 시행령」 제20조의2 제1항 제1호 다목의 사유로 연금계좌에서 인출하는 금액은 동법 시행규칙 제11조의2 제1항 각 호의 금액의 합계액 이내의 금액으로 한정하며 제2호의 금액(200만원)은 인출횟수에 따라 달라지지 아니하는 것임(서면-2023-원천-2254, 2023.9.6.).
→ 인출횟수와 관계없이 시행규칙에서 규정한 한도액을 기준으로 판단할 것

참고 ❶

1. 연금계좌의 범위
① 연금저축계좌 : 다음 중 하나에 해당하는 금융회사 등과 체결한 계약에 따라 "연금저축"이라는 명칭으로 설정하는 계좌
  ㉠ 신탁업자와 체결하는 신탁계약
  ㉡ 인가받은 투자중개업자와 체결하는 집합투자증권 중개계약
  ㉢ 보험계약을 취급하는 기관과 체결하는 보험계약
② 퇴직연금계좌 : 퇴직연금을 지급받기 위하여 가입하여 설정하는 다음 중 하나에 해당하는 계좌
  ㉠ 확정기여형퇴직연금제도에 따라 설정하는 계좌
  ㉡ 개인형퇴직연금제도에 따라 설정하는 계좌
  ㉢ 과학기술인공제회법에 따른 퇴직연금급여를 지급받기 위하여 설정하는 계좌
  ㉣ 근로자퇴직급여 보장법의 중소기업퇴직연금기금제도에 따라 설정하는 계좌

---

⑥ 연금계좌 취급자의 영업정지, 영업 인·허가의 취소, 해산결의 또는 파산선고

참고 ❷

연금보험료 납입요건

연금계좌의 가입자는 다음의 요건을 갖추어 연금보험료를 납입할 수 있다.

① 연간 1,800만원 이내(연금계좌가 2개 이상인 경우에는 그 합계액[*1])의 금액을 납입하면서, 1주택 고령가구주택(기준시가 12억원 이하) 다운사이징 차액(생애누적 최대 1억원) 및 기초연금수급자가 10년 이상 장기보유한 부동산 양도차익[*2] 중 연금계좌로 납입하는 총 누적금액 합계액이 1억원 한도로 납입할 것(해당 과세기간 이전의 연금보험료는 납입할 수 없으나, 보험계약의 경우에는 최종 납입일이 속하는 달의 말일부터 3년 2개월이 경과하기 전에는 그 동안의 연금보험료를 납입할 수 있음)

② 연금수령 개시를 신청한 날(연금수령 개시일을 사전에 약정한 경우에는 약정에 따른 개시일을 말함) 이후에는 연금보험료를 납입하지 않을 것

*1) 연간 1,800만원 + 추가납입액[개인종합자산관리계좌(Individual Savings Account) 연금계좌 전환 시 특례에 따른 전환금액 + 연금주택 양도 시 주택차액 연금계좌 납입금액]
*2) 부부합산 1주택 이하이면서 부부 중 한 명이 기초연금수급자인 것을 대상으로 하며, 납입한도는 "Min(대상부동산 양도차익, 1억원)", 그리고 양도일부터 6개월 이내를 납입기간으로 한다.

참고 ❸

연금수령 요건

"연금수령"이란 연금계좌에서 다음의 요건을 모두 갖추어 인출하거나 의료목적 또는 부득이한 인출의 요건에 따라 인출하는 것을 말한다.

① 가입자가 55세 이후 연금계좌취급자에게 연금수령 개시를 신청한 후 인출

② 연금계좌의 가입일부터 5년이 경과된 후에 인출(다만, 이연퇴직소득이 연금계좌에 있는 경우에는 그러하지 않음)

③ 과세기간 개시일(연금수령 개시를 신청한 날이 속하는 과세기간에는 연금수령 개시를 신청한 날) 현재 다음의 계산식에 따라 계산된 금액이내에서 인출(의료목적·천재지변 등 부득이한 인출의 요건에 따라 인출한 금액은 포함하지 아니함)

$$\text{연금수령한도} = \text{과세기간 개시일 현재} \frac{\text{연금계좌의 평가액}}{(11 - \text{연금수령연차*})} \times 120\%$$

* 최초로 연금수령할 수 있는 날이 속하는 과세기간을 기산연차(1년차)로 하여 그 다음 과세기간을 누적 합산한 연차를 말한다(2013.3.1. 이전에 가입한 연금계좌의 경우 6년차, 배우자가 연금외수령 없이 피상속인의 연금계좌를 승계한 경우 사망일 당시 피상속인의 연금수령연차를 기산연차로 함).

연금계좌의 인출순서

연금계좌에서 일부 금액이 인출되는 경우에는 다음의 금액이 ① → ② → ③의 순서에 따라 인출되는 것으로 본다.

① 과세 제외금액 : 인출 시 과세대상 금액에 해당하지 않은 금액으로 다음의 순서에 따라 인출되는 것으로 봄

　㉠ 인출된 날이 속하는 과세기간에 해당 연금계좌에 납입한 연금보험료

　㉡ 인출된 날이 속하는 과세기간에 해당 연금계좌에 납입한 개인종합자산관리계좌 (Individual Savings Account) 전환금액

　㉢ 해당 연금계좌만 있다고 가정할 때 해당 연금계좌에 납입된 연금보험료로서 연금계좌 세액공제 한도액을 초과하는 금액이 있는 경우 그 초과하는 금액

　㉣ 위 ㉠ ～ ㉢ 외에 해당 연금계좌에 납입한 연금보험료 중 연금계좌 세액공제를 적용받지 않은 금액

② 이연퇴직소득(퇴직소득이 연금계좌로 지급되었거나, 퇴직하여 지급받은 날부터 60일 이내에 연금계좌에 입금되어, 퇴직 당시 퇴직소득세를 원천징수하지 않았던 퇴직소득)

＊

③ 연금계좌 세액공제를 받은 납입액과 운용수익

| 연금계좌의 인출방식에 따른 연금소득 과세체계 |

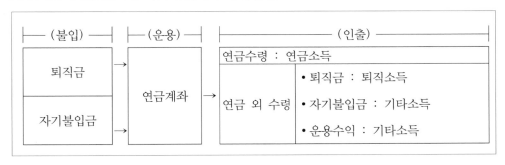

* 과세대상소득

03 비과세 연금소득

① 「공적연금관련법」에 따라 받은 유족연금, 퇴직유족연금, 장애연금, 장해연금, 상이연금, 연계노령유족연금 또는 연계퇴직유족연금
② 「산업재해보상보험법」에 따라 받는 각종 연금
③ 「국군포로의 송환 및 대우 등에 관한 법률」에 따른 국군포로가 받는 연금

04 연금소득금액의 계산

| 연금소득 | (-)비과세소득
(-)분리과세소득 | = | 총 연금액 | (-)연금소득공제 | = | 연금소득
금액 |

연금소득이 있는 거주자에 대해서는 해당연도에 받은 총 연금액(분리과세연금소득 제외)에서 다음의 금액을 공제한다. 다만, 공제액이 900만원을 초과하는 경우에는 900만원을 공제한다.

총 연금액	공제액
350만원 이하	전액 공제
350만원 초과 700만원 이하	350만원 + 350만원 초과액 × 40%
700만원 초과 1,400만원 이하	490만원 + 700만원 초과액 × 20%
1,400만원 초과	630만원 + 1,400만원 초과액 × 10%

05 연금소득의 과세방법

(1) 종합과세

연금소득은 원칙적으로 종합소득에 합산하여 과세한다. 다만, **공적연금소득만이 있는 자는 과세표준 확정신고를 하지 않아도 된다**(즉, 연말정산만으로 과세 종결).

※ 공적연금을 지급하는 자는 연금소득 간이세액표에 의한 세액을 원천징수하고 1월분 연금지급 시 연말정산을 한다.

※ 연금소득이 1,500만원 초과하는 경우 15% 세율의 분리과세와 종합과세 중 유리한 방법을 선택

참고 ❺

연금소득에 대한 세액 계산의 특례

공적연금을 제외한 연금소득 중 분리과세연금소득 외의 연금소득이 있는 거주자의 종합소득 결정세액은 다음의 세액 중 하나를 선택하여 적용(2022.12.31 신설)

1. 종합소득 결정세액
2. 다음의 세액을 더한 금액
   ① 공적연금을 제외한 연금소득 중 분리과세연금소득 외의 연금소득에 100분의 15를 곱하여 산출한 금액
   ② ①외의 종합소득 결정세액

구 분	과세방법	세부담 수준
사적연금소득 중 분리과세연금소득 외의 연금소득이 1,500만원 **이하**	분리과세 및 종합과세 중 선택	① 분리과세 : 사적연금소득 × 5%·4%·3% (연령에 따라 5%·4%·3%, 종신연금 4%)
사적연금소득 중 분리과세연금소득 외의 연금소득이 1,500만원 **초과**	종합과세	② 종합과세 : MIN(㉠, ㉡) ㉠ 사적연금소득 × 기본세율(6~45%) 중 한계세율 ㉡ 사적연금소득 × 15%

(2) 무조건 분리과세

① 이연퇴직소득을 연금 수령하는 연금소득(당초 퇴직소득세를 이연한 것이기 때문에 합산되는 것을 방지하기 위함)

② 의료목적, 천재지변이나 그 밖의 부득이한 사유로 인출하는 연금소득(연금가입 장려를 위해 한도 없이 전액 분리과세)

(3) 선택적 분리과세

공적연금을 제외한 총 연금액(연금소득의 합계액에서 비과세연금소득과 무조건분리과세연금소득을 제외)이 **연 1,500만원 이하인 경우**에는 납세의무자의 **선택**에 따라 해당 연금소득을 종합소득과세표준에 합산하지 않고 분리과세를 적용받을 수 있다.

선택적 분리과세 연금소득을 종합소득과세표준에 합산신고한 이후 분리과세로 경정청구가능여부

「소득세법」 제14조 제3항 제9호에 따른 연금소득을 종합소득과세표준의 계산에 있어 합산하여 신고한 경우, 「국세기본법」 제45조의2에 따라 분리과세로 경정청구 할 수 있는 것임(서면-2017-법령해석소득-1556, 2017.10.27.).

(4) 원천징수

국내에서 거주자나 비거주자에게 연금소득을 지급하는 자는 그 거주자나 비거주자에 대한 소득세를 원천징수하여야 한다.

① 공적연금에 대한 원천징수 : 연금소득 간이세액표에 따라 소득세를 원천징수

② 사적연금소득에 대한 원천징수

　㉠ 세액공제를 받은 연금계좌 납입액과 연금계좌의 운용실적에 따라 증가된 금액을 연금수령한 연금소득에 대해서는 다음의 구분에 따른 세율을 적용하여 원천징수한다(①, ②의 요건을 동시에 충족하는 때에는 낮은 세율을 적용).

구 분	원천징수세율	
① 연금소득자의 나이에 따른 세율	나이(연금수령일 현재)	세율
	70세 미만	5%
	70세 이상 80세 미만	4%
	80세 이상	3%
② 사망할 때까지 연금수령 하는 종신계약에 따라 받는 연금소득	4%	

　㉡ 이연퇴직소득을 연금수령하는 연금소득에 대해서는 다음의 연금외수령시 원천징수하는 세율의 70%(**연금 실제 수령연차 10년 초과 시 60%**)를 적용한다.

$$\text{연금외수령시 원천징수세율} = \frac{\text{연금소득을 연금외수령하였다고 가정할 때의 연금외수령시 원천징수세액}}{\text{연금외수령한 금액}}$$

06 연금소득의 수입시기

연금소득에 대한 수입시기는 **연금을 지급받거나 받기로 한 날**로 한다.

구 분	연금소득의 수입시기
공적연금소득	연금을 지급받기로 한 날
사적연금소득	연금수령한 날
그 밖의 연금소득	해당 연금을 지급받은 날

예제

6-1. 연금소득

연금소득에 관한 설명으로 옳지 않은 것은?   (2016 CTA 1차)

① 연금소득이 있는 거주자의 해당 과세기간에 받은 총연금액(분리과세 연금소득은 제외함)에서 공제하는 연금소득공제액이 900만원을 초과하는 경우에는 900만원을 공제한다.
② 공적연금소득은 받는 사람이 해당 과세기간 중에 사망한 경우 공적연금소득에 대한 원천징수의무자는 그 사망일이 속하는 달의 다음다음 달 말일까지 그 사망자의 공적연금소득에 대한 연말정산을 하여야 한다.
③ 연금계좌세액공제를 받은 연금계좌 납입액과 연금계좌의 운용실적에 따라 증가된 금액을 그 소득의 성격에 불구하고 연금계좌에서 연금수령하면 연금소득으로, 연금외수령하면 퇴직소득으로 과세한다.
④ 연금계좌에서 인출된 금액이 연금수령한도를 초과하는 경우에는 연금수령분이 먼저 인출되고 그 다음으로 연금외수령분이 인출되는 것으로 본다.
⑤ 공적연금소득의 수입시기는 「공적연금관련법」에 따라 연금을 지급받기로 한 날로 한다.

[풀이] ③ 연금외수령하면 이연퇴직소득세를 납부하거나 기타소득으로 과세

6-2. 연금소득

다음 중 「소득세법」상 연금소득에 관한 설명으로 옳은 것을 모두 고르시오. (2015 재경관리사 수정)

> (ㄱ) 국민연금법에 따라 받는 유족연금은 비과세 연금소득이다.
> (ㄴ) 퇴직보험의 보험금을 연금형태로 지급받는 경우에는 연금소득으로 과세한다.
> (ㄷ) 원칙적으로 연금의 불입시 소득공제·세액공제를 인정하는 대신 연금을 수령할 때 연금소득에 대해서 소득세를 과세한다.
> (ㄹ) 사적연금소득은 종합과세하는 것이 원칙이나, 연금계좌 인출액 중 연금소득에 해당하는 금액이 연 1,200만원 이하인 경우에는 납세의무자의 선택에 따라 분리과세를 적용받을 수 있다.

① (ㄱ)　　　　　　② (ㄱ), (ㄴ)　　　　　　③ (ㄴ), (ㄷ)
④ (ㄱ), (ㄴ), (ㄷ)　　　　⑤ (ㄱ), (ㄴ), (ㄷ), (ㄹ)

[풀이] ④ (ㄱ), (ㄴ), (ㄷ)

6-3. 연금소득

연금소득에 대한 설명으로 옳지 않은 것은?

① 연금보험료를 납입하기 위해서는 연금수령 개시를 신청한 날(연금수령 개시일을 사전에 약정한 경우에는 약정에 따른 개시일을 말함) 이후에는 연금보험료를 납입하지 않아야 한다.
② 공적연금소득은 받는 사람이 해당 과세기간 중에 사망한 경우 공적연금소득에 대한 원천징수의무자는 그 사망일이 속하는 달의 다음다음 달 말일까지 그 사망자의 공적연금소득에 대한 연말정산을 하여야 한다.
③ 이연퇴직소득이란 퇴직소득이 연금계좌로 지급되었거나 지급받은 날부터 60일 이내에 연금계좌에 입금되어, 퇴직 당시 퇴직소득세가 원천징수되지 아니한 퇴직소득을 말한다.
④ 공적연금소득의 수입시기는 공적연금관련법에 따라 연금을 지급받기로 한 날로 한다.
⑤ 연금계좌의 인출순서는 과세제외금액, 연금계좌세액을 공제받은 납입액과 운용수익, 이연퇴직소득이다.

[풀이] ⑤ 연금계좌에서 일부 금액이 인출되는 경우에는 과세제외 금액 → 이연퇴직소득 → 연금계좌세액공제를 받은 납입액과 운용수익 순으로 인출되는 것으로 본다.

예제

6-4. 연금소득

연금소득에 대한 설명으로 옳지 않은 것은?

① 공적연금을 연금수령한 경우 분리과세의 선택이 불가능하나 이연퇴직소득을 연금계좌에서 연금수령한 경우 금액에 관계없이 분리과세를 적용한다.

② 연금소득은 공적연금과 사적연금을 연금형태로 수령하는 경우만 해당되고, 연금외수령하는 경우에는 퇴직소득이나 기타소득으로 과세된다.

③ 65세인 거주자가 연금계좌에서 연금수령하는 금액 중 종신계약에 따라 수령하는 연금소득(이연퇴직소득 제외)은 5%의 원천징수세율이 적용된다.

④ 공적연금은 1월분 연금지급시 연말정산이 적용된다.

⑤ 연금소득은 원칙적으로 종합과세대상소득이므로 다른 종합소득에 합산해서 과세표준 확정신고를 해야 하나 공적연금만 있어 연말정산으로 과세가 종결되는 경우나 분리과세를 신청해서 과세가 종결되는 경우에는 확정신고를 할 필요가 없다.

[풀이] ③ 55세 이상 70세 미만인 거주자는 5%의 원천징수세율이 적용되며, 종신계약에 따라 수령하는 연금소득은 4%의 원천징수세율이 적용되나 동시에 해당될 때는 유리한 세율을 적용하므로 4%의 원천징수세율이 적용된다.

예제

6-5. 연금소득

연금소득에 대한 설명으로 옳지 않은 것은?

① 공적연금관련법에 따라 받는 연금(비과세대상 아님)은 가입자 연령과 상관없이 연금소득으로 분류된다.

② 연금계좌에서 연금계좌세액공제를 받은 연금계좌 납입액을 연금수령으로 인출한 경우 가입자가 70세라면 4%의 원천징수세율을 적용한다.

③ 연금계좌에서 법소정 의료비를 인출한 경우(부득이한 사유에 해당하지 않음) 가입자가 50세라면 연금외수령의 인출에 해당한다.

④ 연금계좌에서 사망 등 법소정 부득이한 사유로 인출을 한 경우 가입자가 50세라면 연금수령에 해당한다.

⑤ 연금계좌에서 이연퇴직소득을 연금수령으로 인출한 경우 가입한 자가 70세라면 4%의 원천징수세율을 적용한다.

[풀이] ⑤ 이연퇴직소득을 연금수령한 경우에는 연령과 관계없이 연금외수령한 것으로 가정해서 계산한 이연퇴직소득세 원천징수세액의 70% 또는 60%를 원천징수한다.

6-6. 연금소득

연금소득에 대한 설명으로 옳지 않은 것은? (2020 CTA 수정)

① 공적연금소득을 지급하는 자가 연금소득의 일부 또는 전부를 지연하여 지급하면서 지연지급에 따른 이자를 함께 지급하는 경우 해당 이자는 기타소득으로 본다.

② 「산업재해보상보험법」에 따라 받는 각종 연금은 비과세소득이다.

③ 연금소득이 있는 거주자가 주택담보노후연금 이자비용공제를 신청한 경우 법령상 요건에 해당하는 주택담보노후연금 수령액에서 해당 과세기간에 발생한 이자비용 상당액을 200만원 한도 내에서 공제한다.

④ 연금계좌의 운용실적에 따라 증가된 금액을 그 소득의 성격에도 불구하고 연금저축계좌 또는 퇴직연금계좌에서 법령상 정하는 연금형태로 인출하는 경우의 그 연금은 연금소득에 해당한다.

⑤ 공적연금소득은 2002년 1월 1일 이후에 납입된 연금 기여금 및 사용자 부담금을 기초로 하거나 2002년 1월 1일 이후 근로 제공을 기초로 하여 받는 연금소득으로 한다.

[풀이] ① 공적연금소득을 지급하는 자가 연금소득의 일부 또는 전부를 지연하여 지급하면서 지연지급에 따른 이자를 함께 지급하는 경우 해당 이자는 연금소득으로 본다.

6-7. 연금소득

연금소득에 대한 설명으로 옳지 않은 것은? (2021 CTA 수정)

① 사망할 때까지 연금수령하는 종신계약에 따라 받는 연금소득의 경우 3%의 원천징수세율을 적용한다.

② 국민연금 및 연계노령연금의 과세연금액은 '과세기준일 이후 납입기간의 환산소득 누계액'이 '총납입기간의 환산소득 누계액'에서 차지하는 비율에 따라 계산하고, 국민연금 및 연계노령연금을 제외한 공적연금에 한해서 '과세기준일 이후 기여금 납입월수'가 '총 기여금 납입월수'에서 차지하는 비율에 따라 계산한다.

③ 연금수령요건을 충족한 인출액 중에서도 종합과세되는 인출액에 한하여 연금소득공제를 적용한다. 하지만 퇴직연금계좌에서 인출되거나 의료목적 또는 부득이한 인출의 요건을 충족하여 인출되는 경우에는 분리과세되므로 연금소득공제를 적용하지 않는다.

④ 연금계좌에서 일부 금액이 인출되는 경우 과세제외 금액 → 이연퇴직소득 → 연금계좌세액공제를 받은 납입액과 운용수익 순으로 인출되는 것으로 본다.

⑤ 이연퇴직소득을 연금수령하는 경우로서 실제수령연차가 10년을 초과하는 경우 원천징수세율은 연금외수령 원천징수세율의 60%가 된다.

예제

6-8. 연금소득금액

다음은 거주자 김경세씨의 2024년도 「국민연금법」에 의한 연금 20,000,000원과 연금계좌에서 52,000,000원을 인출하였다. 김경세씨의 종합과세 되는 연금소득금액은 얼마인가? (2005 CPA 수정)

(1) 과세기준일 이후 국민연금 납입기간 동안의 환산소득 누계액 : 40,000,000원
(2) 국민연금 총납입기간 동안의 환산소득 누계액 : 100,000,000원
(3) 거주자 김경세씨가 과세기준일 이후 납입한 국민연금은 전액 연금보험료 소득공제를 적용받았음
(4) 연금계좌에서 인출한 금액에는 연금계좌 본인불입액 중 세액공제를 받지 못한 금액 10,000,000원이 포함되어 있고, 이연퇴직소득을 인출한 금액은 없음
(5) 연금계좌 인출액은 연금수령의 요건을 충족하였고, 의료목적의 인출에 해당하는 금액은 2,000,000원(세액공제 받은 금액에서 인출한 것으로 가정)이 있음

① 29,300,000원　　　② 38,300,000원　　　③ 39,000,000원
④ 42,600,000원　　　⑤ 43,900,000원

[풀이] ③ 39,000,000원
(1) 총연금액

$$20,000,000 \times \frac{40,000,000}{100,000,000} + (52,000,000 - 10,000,000 - 2,000,000^*)$$

$$= 48,000,000$$

*의료목적의 인출은 분리과세되므로 종합과세 되는 총연금액에서 제외
(2) 연금소득공제 : MIN(ⓐ, ⓑ) = 9,000,000
　ⓐ 6,300,000 + (48,000,000 - 14,000,000) × 10% = 9,700,000
　ⓑ 한도 9,000,000
(3) 연금소득금액 : 48,000,000 - 9,000,000 = 39,000,000

6-9. 총연금액

다음은 거주자 김경세씨(60세)가 2024년에 수령한 국민연금과 연금계좌에 대한 자료이다. 「소득세법」상 김경세씨의 2024년도 종합과세 되는 총연금액은 얼마인가?(단, 김경세씨가 종합과세와 분리과세 중 선택할 수 있는 경우에는 종합과세를 선택한 것으로 가정) (2017 CTA 수정)

(1) 2024년도 국민연금 수령액은 30,000,000원이고, 국민연금 환산소득누계액과 국민연금보험료 누계액 자료는 다음과 같다.

> ① 2002.1.1. 이후 국민연금 납입기간의 환산소득 누계액 : 450,000,000
> ② 2001.12.31. 이전 국민연금 납입기간의 환산소득 누계액 : 900,000,000
> ③ 2002.1.1. 이후 납입한 국민연금보험료 누계액 : 60,000,000(소득공제 받지 않은 금액 3,000,000)

(2) 2024년도 연금계좌(가입일 2018.3.10., 수령시작일 2024.3.10.)에서 연금으로 수령한 금액은 25,000,000원이고, 연금수령 개시 신청일인 2024.3.10. 현재 연금계좌평가액 50,000,000원의 내역은 다음과 같다.

> ① 김경세씨가 납입한 연금보험료 합계액 : 33,000,000(세액공제 받지 않은 금액 : 2,000,000)
> ② 연금계좌 운용수익 : 10,000,000
> ③ 이연퇴직소득 : 7,000,000

① 7,000,000원   ② 10,000,000원   ③ 11,000,000원
④ 12,000,000원   ⑤ 13,000,000원

[풀이] ② 10,000,000원

(1) 국민연금 : $30,000,000 \times \dfrac{450,000,000}{1,350,000,000} - 3,000,000 = 7,000,000$

(2) 사적연금

① 연금수령한도	$\dfrac{50,000,000}{(11-6^*)} \times 120\% = 12,000,000$ * 2013.3.1. 이후에 가입한 연금제도에 이연퇴직소득이 있으므로 나이요건 (55세 이후)만 충족하면 되므로 2019년(55세)이 기산연차(1년차)가 되어 2024년은 6년차이다.

② 연금수령	(1순위) 과세제외금액 2,000,000 (2순위) 이연퇴직소득 7,000,000 → 분리과세 연금소득 (3순위) 그 외 금액 3,000,000 → 연금소득 종합과세 선택(문제의 가정) = 12,000,000
③ 연금외수령	25,000,000 − 12,000,000 = 13,000,000(분리과세 기타소득)

(3) 종합과세 되는 총연금액 : 7,000,000+3,000,000 = 10,000,000

예제

6-10. 총연금액

다음은 거주자 김경세씨의 국민연금과 관련된 자료이다. 이를 이용하여 거주자 김경세씨의 2024년 과세대상 총연금액을 계산한 것으로 옳은 것은?

(1) 거주자 김경세씨(60세)는 2024년에 「국민연금법」에 의한 연금으로 18,000,000원을 수령하였다.

(2) 거주자 김경세씨가 국민연금에 납입한 연금보험료 누계액과 환산소득의 누계액은 다음과 같다.

구 분	납입한 연금보험료 누계액	환산소득의 누계액
2001.12.31.까지	45,000,000	600,000,000
2002.1.1. 이후	75,000,000	900,000,000

(3) 과세기준일인 2002.1.1. 이후 납입한 연금보험료 누계액 75,000,000 중 납입한 과세기간에 연금보험료 소득공제를 받은 금액의 누계액은 70,000,000원(관할 세무서장으로부터 연금보험료 소득공제확인서를 발급받고 원천징수의무자에게 제출하여 확인받음)이다.

① 0원   ② 1,750,000원   ③ 2,200,000원
④ 5,800,000원   ⑤ 6,250,000원

[풀이] ④ 5,800,000원

$$\text{총수령액} \times \frac{\text{2002.1.1. 이후 환산소득누계액}}{\text{총납입기간의 환산소득누계액}} - \text{과세제외기여금} = \text{총연금액}$$

$$18,000,000 \times \frac{900,000,000}{1,500,000,000(600,000,000+900,000,000)}$$

$$-(75,000,000 - 70,000,000) = 5,800,000$$

Ⅶ 기타소득

01 기타소득의 범위

  기타소득은 이자소득·배당소득·사업소득·근로소득·연금소득·퇴직소득 및 양도소득 외의 소득으로서 「소득세법」에서 기타소득으로 열거하고 있는 다음과 같은 소득을 말한다. 대부분 일시적 또는 우발적으로 발생한 소득이고 기타소득과 다른 소득이 동시에 해당될 경우 다른 소득으로 먼저 구분한다.

(1) 상금·당첨금 등

① 상금·현상금·포상금·보로금 또는 이에 준하는 금품
② 복권, 경품권, 그 밖의 추첨권에 당첨되어 받는 금품
③ 「사행행위 등 규제 및 처벌특례법」에서 규정하는 행위(적법 또는 불법 여부는 고려하지 아니함)에 참가하여 얻은 재산상의 이익
④ 「한국마사회법」에 따른 승마투표권, 「경륜·경정법」에 따른 승자투표권, 「전통 소싸움 경기에 관한 법률」에 따른 소싸움경기투표권 및 「국민체육진흥법」에 따른 체육진흥투표권의 구매자가 받는 환급금(발생 원인이 되는 행위의 적법 또는 불법 여부는 고려하지 아니함)
⑤ 슬롯머신(비디오게임 포함) 및 투전기, 그 밖에 이와 유사한 기구를 이용하는 행위에 참가하여 받는 당첨금품·배당금품 또는 이에 준하는 금품

(2) 양도·대여 또는 사용의 대가

① **저작자 또는 실연자·음반제작자·방송사업자 외의 자(저작권 또는 저작인접권을 상속·증여 또는 양도받은 자)**가 저작권 또는 저작인접권의 양도 또는 사용의 대가로 받는 금품
② 영화필름·라디오·텔레비전방송용 테이프 또는 필름 기타 이와 유사한 자산이나 권리의 양도·대여 또는 사용의 대가로 받는 금품(사업적으로 대여·양도한 경우에는 사업소득)
③ 광업권·어업권·산업재산권·산업정보, 산업상 비밀, 상표권·**영업권(점포 임차권**

포함), 토사석의 채취허가에 따른 권리, 지하수의 개발·이용권, 그 밖에 이와 유사한 자산이나 권리를 양도하거나 대여하고 그 대가로 받는 금품

※ 영업권의 양도 중 **사업용 고정자산을 함께 양도하는 영업권**은 양도소득으로 분류한다.

④ 물품(유가증권을 포함) 또는 장소를 일시적으로 대여[34]하고 사용료로서 받는 금품 (유가증권의 경우, 주식 또는 채권의 대차거래시 빌려준 자가 받는 금품)

⑤ 「전자상거래 등에서의 소비자보호에 관한 법률」에 따라 통신판매중개를 하는 자를 통하여 물품 또는 장소를 대여하고 연간 수입금액 500만원 이하의 사용료로서 받은 금품

⑥ **공익사업과 관련**하여 지역권·지상권(지하 또는 공중에 설정된 권리를 포함)을 설정하거나 대여함으로써 발생하는 소득

구 분	소득의 분류
① 일반적인 지역권·지상권을 설정 또는 대여로 인한 소득	사업소득
② **공익사업과 관련**하여 지역권·지상권을 설정하거나 대여함으로써 발생하는 소득	기타소득

※ 공익사업 외 지역권·지상권을 설정 또는 대여하고 받는 금품은 사업소득
※ 지상권을 양도하고 받은 금액은 양도소득

(3) 일시적인 인적용역의 대가

① **고용관계 없이**[35] 다수인에게 강연을 하고 강연료 등 대가를 받는 용역

실무

강사료의 소득구분

고용관계나 이와 유사한 계약에 의하여 근로를 제공하고 지급받는 대가는 「소득세법」 제20조의 규정에 의한 근로소득에 해당하고, 고용관계 없이 독립된 자격으로 계속적으로 용역을 제공하고 일의 성과에 따라 지급받는 수당·기타 유사한 성질의 금액은 동법 제19조에 의하여 사업소득에 해당하는 것이며, 일시적으로 용역을 제공하고 지급받는 수당·기타 유사한 성질의 금액은 동법 제21조에 의한 기타소득에 해당하는 것임(서면-2019-소득-2658, 2019.8.21.).

---

② 라디오·텔레비전방송 등을 통하여 해설·계몽 또는 연기의 심사 등을 하고 보수 또는 이와 유사한 성질의 대가를 받는 용역

---

34) 통신판매중개업자를 통해 대여하는 일정규모(연 수입금액 500만원) 이하 물품·장소의 대여(2019.1.1. 이후 발생하는 소득분부터 적용)
35) 고용관계 있는 경우 근로소득

③ 변호사, 공인회계사, 세무사, 건축사, 측량사, 변리사, 그 밖에 전문적 지식 또는 특별한 기능을 가진 자가 그 지식 또는 기능을 활용하여 보수 또는 그 밖의 대가를 받고 제공하는 용역

④ 그 밖에 **고용관계 없이** 수당 또는 이와 유사한 성질의 대가를 받고 제공하는 용역

⑤ **일시적인 문예창작소득**(문예·예술·미술·음악 또는 사진에 속하는 창작품에 대한 원작자가 일시적인 문예창작활동에 의하여 받는 원고료·저작권사용료인 인세·창작품대가 단, 직업작가가 받는 인세는 사업소득)

(4) 기타

① **계약의 위약 또는 해약으로 인하여 받는 위약금**, 배상금, 부당이득 반환 시 지급받는 이자(주택입주지체상금 등)
- 재산권에 관한 계약의 위약 또는 해약으로 받는 손해배상으로서 그 명목 여하에 불구하고 본래 계약의 내용이 되는 지급 자체에 대한 손해를 넘는 손해에 대하여 배상하는 금전 또는 그 밖의 물품의 가액을 말함. 이 경우 계약의 위약 또는 해약으로 반환받은 금전 등의 가액이 계약에 따라 당초에 지급한 총금액을 넘지 않는 경우에는 '지급 자체에 대한 손해를 넘는 금전 등의 가액'으로 보지 않음(소령 제41조의8).

② 유실물의 습득 또는 매장물의 발견으로 인한 보상금

③ 소유자가 없는 물건의 점유로 소유권을 취득하는 자산

④ 재산권에 관한 알선수수료

⑤ 사례금(종교관련종사자가 소속 종교단체로부터 받는 금품 포함)

⑥ 소기업·소상공인 공제부금의 해지일시금 : 폐업 등 사유[36]가 발생하기 전에 소기업·소상공인공제계약이 해지(해외이주 등의 사유로 해지된 경우 제외)된 경우에는 다음의 금액을 기타소득으로 본다.

---

36) 폐업 등의 사유는 다음 중 어느 하나에 해당하는 것이다.
　㉠ 소기업·소상공인이 폐업 또는 해산(법인만 해당)한 때
　㉡ 공제가입자가 사망한 때
　㉢ 법인의 대표자 지위에서 공제에 가입한 자가 그 지위를 상실한 때
　㉣ 만 60세 이상으로 공제부금 불입월수가 120개월 이상인 공제 가입자가 공제금의 지급을 청구한 때
　㉤ 「중소기업협동조합법 시행령」 제37조 제1항 제5호~제8호까지 어느 하나에 해당하는 때

> 공제부금의 해지일시금
>
> = 해지로 인하여 받은 환급금 – 실제 소득공제받은 금액을 초과하여 납입한 금액의 누
>   계액
>
> [참고]
> ㉠ 공제부금 납입시점 : 종합소득공제(요건에 따라 200~600만원 한도*)
> ㉡ 공제부금 수령시점
>   • 법소정사유(폐업 또는 해산, 공제 가입자의 사망 등 요건 충족) : 퇴직소득
>   • 법소정사유 발생 전 계약 해지 : 기타소득

* 사업소득금액(법인의 대표자는 근로소득금액)이 4,000만원 이하는 600만원 한도, 4,000만원 초과 1억원 이하는 400만원 한도, 1억원 초과는 200만원 한도

⑦ 「법인세법」에 따라 기타소득으로 처분된 소득

⑧ 퇴직 전에 부여받은 주식매수 선택권을 퇴직 후에 행사하거나 고용관계 없이 주식매수선택권을 부여받아 이를 행사함으로써 얻는 이익

⑨ 종업원등 또는 대학의 교직원이 **퇴직한 후에 지급받는 직무발명보상금**

⑩ 뇌물

⑪ 알선수재 및 배임수재에 의하여 받는 금품

실무

○ **뇌물을 받고 반환하지 않는 경우**

배임수재죄로 유죄판결 및 '추징금' 확정되고, 원귀속자에게 '반환합의'하고 근저당권 설정해 주었더라도 '원귀속자에게 환원'된 것으로 볼 수 없어, 범죄행위로 인한 위법소득에 대해 '기타소득'으로 과세함은 정당함(대법원 – 2002 – 두 – 431, 2022.5.10.).

○ **뇌물 등 위법소득을 몰수당한 경우**

몰수당하였다고 하더라도 원귀속자에 대한 환원조치와 같이 볼 수 없다고 판단한 원심은 소득세의 과세대상인 위법소득과 몰수에 관한 법리를 오해한 위법이 있음(알선수재로 인하여 얻은 소득에 대하여 형사사건에서 몰수와 같은 추징판결이 확정되어 집행된 경우 위법소득에 내재되어 있던 경제적 이익의 상실가능성이 현실화되는 후발적 사유가 발생하여 과세처분이 위법함) (대법원 – 2012 – 두 – 8885, 2015.7.23.).

---

⑫ 개당·점당 또는 조(두 개 이상의 물건이 갖추어 한 벌을 이룰 때, 그 한 벌의 물건을 세는 단위)당 6천만원 이상인 법 소정 서화·골동품[37](양도일 현재 생존해 있는 국내

원작자의 작품은 제외)의 양도로 발생하는 소득

⑬ 종교인 소득(종교인이 근로소득으로 원천징수하거나 과세표준 확정신고를 한 경우 근로소득)

⑭ 연금계좌 가입자가 납입한 연금보험료로서 연금계좌세액공제를 받은 금액과 연금계좌의 운용실적에 따라 증가된 금액을 그 소득의 성격에도 불구하고 연금외수령한 금액

⑮ 가상자산을 양도하거나 대여함으로써 발생하는 소득(2027년 1월 1일 이후 가상자산을 양도하거나 대여하는 분부터 과세)

실무

양도 시 기타소득으로 과세되는 서화골동품 범위에 "비디오 아트"가 포함되는지 여부

양도 시 양도로 발생하는 소득이 기타소득으로 과세되는 서화·골동품의 범위에 "비디오 아트"는 포함되지 아니함(기획재정부 소득세제과-26, 2024.1.10.).

참고 ❶

1. 종교인소득의 범위

종교인소득이란 종교관련종사자가 종교의식을 집행하는 등 종교관련종사자로서의 활동과 관련하여 종교단체로부터 받은 소득을 말한다. 여기서 종교관련종사자란 성직자(목사, 신부, 승려 등)와 기타 종교관련종사자(수사, 수녀, 전도사 등)를 말한다. 또한 종교단체란 다음 중 어느 하나에 해당하는 자 중 종교의 보급 기타 교화를 목적으로 설립된 단체(그 소속 단체 포함)로서 해당 종교관련종사자가 소속된 단체를 말한다(소령 제41조 제15항).

① 「민법」 제32조에 따라 설립된 비영리법인
② 「국세기본법」 제13조에 따른 법인으로 보는 단체
③ 「부동산등기법」 제49조 제1항 제3호에 따라 부동산 등기용 등록번호를 부여받은 법인 아닌 사단·재단

2. 종교인소득의 구분

종교인소득은 원칙적으로 기타소득*으로 구분하되 종교인소득에 대하여 근로소득으로 원천징수하거나 과세표준확정신고를 한 경우에 한하여 해당 소득을 근로소득으로 본다

---

37) 다음 중 어느 하나에 해당하는 경우에 서화 및 골동품의 양도로 발생하는 소득은 사업소득으로 구분(2021년 1월 1일 이후 양도하는 분부터 적용)
　① 서화·골동품의 거래를 위하여 사업장 등 물적시설(인터넷 등 정보통신망을 이용하여 서화·골동품을 거래할 수 있도록 설정된 가상의 사업장 포함)을 갖춘 경우
　② 서화·골동품을 거래하기 위한 목적으로 사업자등록을 한 경우

(소법 제21조 제1항 제26호 및 제21조 제4항). 한편 종교관련종사자가 현실적인 퇴직을 원인으로 종교단체로부터 지급받는 소득은 퇴직소득으로 구분한다.

* 기타소득에는 종교관련종사자가 그 활동과 관련하여 현실적인 퇴직 이후에 종교단체로부터 정기적이나 부정기적으로 지급받는 소득으로서 현실적인 퇴직을 원인으로 종교단체로부터 지급받는 소득에 해당하지 않는 소득을 포함한다.

02 비과세 기타소득

① 「국가유공자 등 예우 및 지원에 관한 법률」 또는 「보훈보상대상자 지원에 관한 법률」에 따라 받는 보훈급여금·학습보조비 및 「북한이탈주민의 보호 및 정착지원에 관한 법률」에 따라 받는 정착금·보로금과 그 밖의 금품
② 「국가보안법」에 따라 받는 상금과 보로금
③ 「상훈법」에 따른 훈장과 관련하여 받는 부상, 기타 법률에 의하거나 국가 또는 지방자치단체(외국정부·국제단체 포함)로부터 받는 상금과 부상

실무

외국정부로부터 받는 포상금의 기타소득 과세여부

법규의 준수 및 사회질서의 유지를 위하여 신고 또는 고발한 사람이 외국 법령에서 정하는 바에 따라 외국정부로부터 받는 포상금은 「소득세법 시행령」 제18조 제1항 제2호 및 제11호에 따른 비과세 기타소득에 해당하지 않는 것임(서면-2022-법규소득-1444, 2023.6.8.).

---

④ 종업원 등 또는 대학의 교직원이 퇴직한 후에 지급받거나 대학의 학생이 소속 대학에 설치된 산학협력단으로부터 받는 직무발명보상금으로서 연간 700만원 이하의 금액(해당 과세기간에 근로소득에서 비과세되는 금액이 있는 경우에는 700만원에서 해당 금액을 차감한 금액으로 함) 단, 직무발명보상금을 지급한 사용자 등이나 산학협력단과 일정한 특수관계에 있는 자가 받는 직무발명보상금 제외
⑤ 「국군포로의 송환 및 대우 등에 관한 법률」에 따라 국군포로가 받는 위로지원금과 그 밖의 금품
⑥ 「문화재보호법」에 따라 국가지정문화유산(2024.5.16.까지 국가지정문화재에 해당)으로 지정된 서화·골동품의 양도로 발생하는 소득

⑦ 서화·골동품을 박물관 또는 미술관에 양도함으로써 발생하는 소득

⑧ 종교인 소득 중 다음에 해당하는 소득

> ※ 종교관련 교육기관 수강료, 현물식사 또는 월 20만원 이하 식사대, 월 20만원 이하 자가운전보조금 및 기타 실비변상 성격의 금액(종교관련종사자가 소유하거나 본인 명의로 임차한 차량을 종교관련 종사자가 직접 운전하여 소속 종교단체의 종교관련종사자로서의 활동에 이용하고, 소요된 실제여 비 대신 해당 종교단체의 규칙 등에 정해진 지급기준에 따라 받는 금액 중 월 20만원 이내의 금액 포함), 종교관련 의복 및 기타 물품, 천재지변 등 재해로 받은 지급액, 출산보육수당, 사택제공이익

⑨ 법령·조례에 따른 위원회 등의 보수를 받지 않는 위원(학술원 및 예술원의 회원 포함) 등이 받는 수당

실무

○ **비거주자가 퇴직 후 지급받는 직무발명보상금의 「소득세법」상 소득구분**

「소득세법」상 비거주자가 「소득세법」 제12조 제3호 어목에 따른 직무발명보상금을 퇴직 후 지급받는 경우 해당 직무발명보상금은 「소득세법」 제119조 제12호 다목에서 정하는 국내원천 기타소득에 해당하며, 이 경우 「소득세법」 제12조 제5호에 따른 비과세는 적용하지 않는 것임(서면 -2023-법규국조-0122, 2023.10.18.).

○ **상속 개시 후 지급된 직무발명보상금이 상속인의 기타소득 과세대상인지 여부**

상속개시 후 추가 배분 결정되어 상속인에게 지급하는 직무발명보상금 중 상속세가 과세되지 않은 부분은 「소득세법」 제21조의 규정에 따른 기타소득에 해당하는 것임(기획재정부 소득세제 과-715, 2023.8.9.).

○ **직무발명보상금의 소득구분**

종업원 등이 재직 중의 「발명진흥법」 제2조 제2호에 따른 직무발명에 따른 보상금(직무발명보 상금)을 퇴직 후 동일한 사용자와 다시 근로관계를 맺은 상태에서 지급받은 경우 해당 직무발명 보상금은 「소득세법」 제20조 제1항 제5호에 따른 근로소득에 해당하는 것임(서면-2022-법규소 득-5504, 2023.6.14.).

참고 ❷

비과세 종교인소득

종교인소득 중 다음의 소득에 대해서는 소득세를 과세하지 않는다.
① 종교관련종사자가 종사하는 종교단체의 종교관련종사자로서의 활동과 관련 있는 교육·훈련을 위하여 받는 학자금*
② 종교관련종사자가 받는 다음의 식사나 식사대

    ⊙ 종교관련종사자에게 소속 종교단체가 제공하는 식사나 그 밖의 음식물

    ⓒ 위의 식사나 그 밖의 음식물을 제공받지 않은 종교관련종사자가 받는 월 20만원 이하의 식사대

③ 종교관련종사자가 받는 다음의 실비변상적 성질의 지급액

    ⊙ 일직료·숙직료 및 그 밖의 이와 유사한 성격의 급여

    ⓒ 여비로서 실비변상정도의 금액(종교관련종사자가 소유하거나 본인 명의로 임차한 차량을 종교관련종사자가 직접 운전하여 소속 종교단체의 종교관련종사자로서의 활동에 이용하고 소요된 실제 여비 대신 해당 종교단체의 규칙 등에 정하여진 지급기준에 따라 받는 금액 중 월 20만원 이내의 금액을 포함)

    ⓒ 종교관련종사자가 소속 종교단체의 규약이나 소속 종교단체의 의결기구의 의결·승인 등을 통하여 결정된 지급기준에 따라 종교활동을 위하여 통상적으로 사용할 목적으로 지급받은 금액 및 물품

    ⓔ 종교관련종사자가 천재·지변이나 그 밖의 재해로 인하여 받는 급여

④ 종교관련종사자 또는 그 배우자의 출산이나 6세 이하(해당 과세기간 개시일을 기준으로 판단) 자녀의 보육과 관련하여 종교단체로부터 받는 금액으로서 월 20만원 이내의 금액

⑤ 종교관련종사자가 사택을 제공받아 얻는 이익

* 학자금이란 「초·중등교육법」 및 「고등교육법」에 따른 학교(외국에 있는 이와 유사한 교육기관 포함), 「평생교육법」에 따른 평생교육시설의 입학금·수업료·수강료·그 밖의 공납금을 말한다.

03 기타소득금액의 계산

(1) 필요경비

'필요경비'란 해당 과세기간의 기타소득을 얻기 위해 투입된 비용으로서 적정한 증빙을 갖추어야만 적정비용으로 인정되지만, 다음의 경우에는 정확한 경비계산이 어렵고 필요경비의 증빙을 갖추기가 현실적으로 어려우므로 증빙이 없더라도 예외적으로 총수입금액의 일정 부분을 비용으로 인정하여 준다.

구 분	필요경비
① 공익법인이 주무관청의 승인을 받아 시상하는 상금 및 부상과 다수가 순위 경쟁하는 대회에서 입상자가 받는 상금 및 부상 ② 위약금과 배상금 중 주택입주 지체상금	필요경비 산입액 = MAX[①, ②] ① 해당 기타소득 수입금액의 80% ② 실제 발생된 필요경비 금액
① 인적용역의 일시제공으로 인한 대가 ② 일시적인 문예창작소득 ③ 공익사업과 관련된 지역권·지상권의 설정 또는 대여로 인한 금품 ④ 산업재산권 등의 양도 및 대여소득 ⑤ 통신판매중개업자를 통한 연 수입금액 500만원 이하 물품·장소의 대여소득	필요경비 산입액 = MAX[①, ②] ① 해당 기타소득 수입금액의 60% ② 실제 발생된 필요경비 금액

종교인소득 행:

① 필요경비가 확인된 경우 : 실제 필요경비
② 필요경비가 확인되지 않은 경우 및 의제필요경비에 미달하는 경우

종교인소득 (비과세 제외)	의제필요경비
2천만원 이하	받은 금액의 80%
2천만원 초과 4천만원 이하	1,600만원+2천만원 초과액의 50%
4천만원 초과 6천만원 이하	2,600만원+4천만원 초과액의 30%
6천만원 초과	3,200만원+6천만원 초과액의 20%

구 분	필요경비
승마투표권·승자투표권 구매자가 받는 환급금	적중자가 구입한 해당 승마(승자)투표권·소싸움경기투표권·체육진흥투표권의 합계액을 필요경비
법 소정 서화·골동품 양도소득 (점당 양도가액 6천만원 미만은 과세 제외)	① 취득가액이 확인된 경우 : 해당 금액 ② 취득가액이 확인되지 않은 경우 및 거주자가 받은 수입금액이 1억원 이하인 경우 : 90% ③ 취득가액이 확인되지 않은 경우 및 거주자가 받은 수입금액이 1억원 초과하는 경우 : 1억원 이하는 90%를 적용하고 초과하는 금액에 대해서는 80%를 적용(단, 보유기간이 10년 이상인 경우 90%)

구 분	필요경비
가상자산소득[1]	그 양도되는 가상자산의 실제 취득가액 및 부대비용(2027년 1월 1일 전에 이미 보유하고 있던 가상자산의 취득가액은 2024년 12월 31일 당시의 시가와 그 가상자산의 취득가액 중에서 큰 금액으로 함)

*1) 2025년 이후 과세

 ## 04 기타소득의 과세방법

기타소득은 종합과세 하는 것이 원칙이나 다음의 경우에는 분리과세한다.

과세방법	해당 기타소득
무조건 종합과세	뇌물, 알선수재 및 배임수재에 의하여 받는 금품
무조건 분리과세	① 연금계좌 및 연금계좌 운용실적에 따라 증가된 금액을 연금 외 수령하는 경우(15%) ② 서화 골동품의 양도로 인한 소득(20%) ③ 복권기금법에 의한 복권당첨금 등(20%, 3억원 초과분은 30%) − 복권당첨소득이 3억원을 초과하는 경우, 그 초과분에 대해서는 30%로 원천징수한다.
선택적 분리과세	연 300만원 이하의 기타소득금액은 **거주자의 선택**에 의하여 분리과세하거나 종합과세한다. (무조건 종합과세 되는 소득이었던 계약의 위약 또는 해약으로 인하여 계약금이 대체되는 위약금·배상금과 종업원 등이 퇴직 후 지급받는 직무발명보상금이 분리과세 선택으로 변경)

05 기타소득의 수입시기

구 분	기타소득의 수입시기
일반적인 기타소득	원칙적으로 지급을 받은 날(현금주의)
광업권·어업권 등 각종 권리의 양도에 따른 기타소득	그 대금을 청산한 날, 자산을 인도한 날 또는 사용·수익일 중 빠른 날(다만, 그 대금을 청산하기 전에 해당 자산을 인도하거나 사용·수익하였으나 대금이 확정되지 아니한 경우에는 그 대금 지급일로 한다)
「법인세법」에 의해 기타소득으로 처분된 금액(인정기타소득)	법인의 해당사업연도 결산확정일
계약금이 위약금·배상금으로 대체되는 경우	계약의 위약 또는 해약이 확정된 날
연금계좌에서 연금 외 수령한 기타소득	연금 외 수령한 날

06 과세최저한

구 분	과세최저한
일반적인 기타소득	건별로 5만원 이하인 경우
승마투표권 등의 구매자가 받는 환급금	건별로 승마투표권 등의 권면에 표시된 금액의 합계액이 10만원 이하이고 다음 중 어느 하나에 해당하는 경우 ① 적중한 개별투표당 환급금이 10만원 이하 ② 단위투표금액당 환급금이 단위투표금액의 100배 이하이면서 적중한 개별투표당 환급금이 200만원 이하인 경우
복권당첨금, 슬롯머신 및 투전기, 그 밖에 이와 유사한 기구를 이용하는 행위에 참가하여 받는 당첨금품·배당금품	당첨금품 등이 건별로 200만원 이하인 경우

7-1. 기타소득

「소득세법」상 기타소득에 관한 설명으로 옳지 않은 것은? (2019 CTA 1차 수정)

① 법령에 기타소득으로 열거된 항목이라 하더라도 사업소득으로 과세하는 것이 가능한 경우가 있을 수 있다.

② 10년 이상 보유 또는 양도가액 1억원 이하 서화의 양도로 발생하는 소득이 기타소득으로 구분되는 경우, 최소한 당해 거주자가 받은 금액의 100분의 90에 상당하는 금액을 필요경비로 인정받을 수 있다.

③ 정신적 피해를 전보하기 위하여 받는 배상금은 기타소득으로 과세되지 아니한다.

④ 퇴직 전에 부여받은 주식매수선택권을 퇴직 후에 행사함으로써 얻은 이익은 기타소득에 해당한다.

⑤ 특정한 소득이 기타소득의 어느 항목에 해당하는지 여부는 세액에 영향이 없다.

[풀이] ⑤ 기타소득의 필요경비는 실제 필요경비를 원칙으로 하지만 특정 기타소득은 필요경비를 의제한다. 따라서 기타소득의 어느 항목에 해당하는지에 따라 소득금액이 변동되어 세액에 영향을 미치게 된다.

7-2. 기타소득

「소득세법」상 기타소득에 관한 설명으로 옳지 않은 것은? (2021 CPA 수정)

① 「공익사업을 위한 토지 등의 취득 및 보상에 관한 법률」에 따른 공익사업 관련 지역권의 설정 대가는 기타소득이다.

② 법령에 따른 위원회의 보수를 받지 않은 위원이 받는 수당은 비과세 기타소득이다.

③ 뇌물, 알선수재 및 배임수재에 의하여 받는 금품은 기타소득이다.

④ 퇴직 전에 부여받은 주식매수선택권을 퇴직 후에 행사함으로써 얻는 이익은 기타소득이다.

⑤ 공무원이 국가 또는 지방자치단체로부터 공무수행과 관련하여 받는 상금과 부상은 비과세 기타소득이다.

[풀이] ⑤ 공무원이 국가 또는 지방자치단체로부터 공무수행과 관련하여 받는 상금과 부상은 근로소득에 해당하고, 연 240만원까지 비과세한다.

7-3. 기타소득

다음 중 기타소득으로 과세되는 것이 아닌 것은? (2018 CPA 1차)

① 저작자가 저작권의 양도 또는 사용의 대가로 받는 금품
② 노동조합의 전임자가 「노동조합 및 노동관계조정법」을 위반하여 사용자로부터 지급받은 급여
③ 퇴직 전에 부여받은 주식매수선택권을 퇴직 후에 행사하거나 고용관계 없이 주식매수선택권을 부여받아 이를 행사함으로써 얻는 이익
④ 「발명진흥법」에 따라 종업원 또는 대학의 교직원이 퇴직한 후에 지급받는 직무발명보상금으로서 비과세한도를 초과하는 소득
⑤ 유실물의 습득 또는 매장물의 발견으로 인하여 보상금을 받거나 새로 소유권을 취득하는 경우 그 보상금 또는 자산

[풀이] ① 저작자 외의 자가 저작권의 양도 또는 사용의 대가로 받는 금품

7-4. 기타소득

「소득세법」상 과세되는 기타소득을 모두 고른 것은?(다툼이 있으면 판례에 따름)

(ㄱ) 근로계약을 체결한 근로자가 퇴직시 퇴직금지급채무의 이행지체로 인해 수령하는 지연 손해금
(ㄴ) 교통재해를 직접적인 원인으로 신체상의 상해를 입었음을 이유로 보험회사로부터 수령한 보험금
(ㄷ) 지역권·지상권의 설정·대여소득
(ㄹ) 「전자상거래 등에서의 소비자보호에 관한 법률」에 따라 통신판매중개를 하는 자를 통하여 물품 또는 장소를 대여하고 연간 수입금액 500만원 이하의 사용료로서 받은 금품
(ㅁ) 알선수재 및 배임수재에 따라 받은 금품

① (ㄱ), (ㄷ)   ② (ㄴ), (ㄷ)   ③ (ㄱ), (ㄴ), (ㄷ)
④ (ㄱ), (ㄹ), (ㅁ)   ⑤ (ㄹ), (ㅁ)

[풀이] ④ (ㄱ), (ㄹ), (ㅁ)

예제

7-5. 기타소득

다음은 거주자 김경세씨의 20×1년 귀속 소득 관련 자료이다. 「소득세법」상 종합소득에 합산되는 소득금액에 대해 원천징수되는 소득세액은?(단, 모두 국내에서 지급받은 것으로 일시 · 우발적으로 발생하였으며, 필요경비는 확인되지 않고 주어진 자료 외의 사항은 고려하지 않음)   (2020 CTA 수정)

> (1) 계약의 위약으로 인해 받은 위약금 중 주택입주 지체상금(계약금이 위약금으로 대체되지 않음) 10,000,000원
> (2) 영업권을 기계장치와 함께 양도함에 따라 받은 대가 5,000,000원
> (3) 「공익사업을 위한 토지 등의 취득 및 보상에 관한 법률」 제4조에 따른 공익사업과 관련하여 지상권을 설정함으로써 발생하는 소득 3,000,000원
> (4) 부동산매매계약의 해약으로 계약금이 위약금으로 대체된 금액 12,000,000원

① 640,000원   ② 1,040,000원   ③ 1,440,000원
④ 2,640,000원   ⑤ 3,202,000원

[풀이] ② 1,040,000원

구 분	금 액
(1) 주택입주 지체상금	10,000,000 × (1−80%) × 20% = 400,000원
(2) 영업권	5,000,000 × (1−60%) × 20% = 400,000원
(3) 공익사업과 관련된 지상권 설정의 대가	3,000,000 × (1−60%) × 20% = 240,000원
(4) 계약금이 위약금으로 대체된 금액	원천징수 대상 ×
합 계	1,040,000

예제

7-6. 기타소득

다음은 ㈜한국에 근무하는 거주자 김경세씨의 20×1년도 소득자료이다. 김경세씨의 기타소득으로 원천징수될 소득세액은 얼마인가?(단, 다음 소득은 일시 · 우발적으로 발생하였고 소득과 관련된 필요경비는 확인되지 않음)   (2017 CTA 수정)

> (1) 상가입주 지체상금 1,500,000원
> (2) 차량대여료(통신판매중개업자를 통해 대여한 것이며, 기타소득으로 원천징수) 1,000,000원

(3) 지상권 설정대가(공익사업과 관련 없음) 2,000,000원

(4) 서화를 미술관에 양도하고 받은 대가 10,000,000원

(5) ㈜세무의 입사시험 출제수당 120,000원

(6) 복권당첨금 1,500,000원

(7) 배임수재로 받은 금품 5,000,000원

① 300,000원 ② 360,000원 ③ 380,000원

④ 389,000원 ⑤ 680,000원

[풀이] ③ 380,000원

구 분	금 액
(1) 상가입주 지체상금	1,500,000 × 20%* = 300,000 * 주택입주 지체상금에 한해서 80%의 필요경비 의제규정을 적용하며, 상가입주 지체상금은 적용대상이 아님.
(2) 차량대여료	1,000,000 × (1 − 60%) × 20% = 80,000
(3) 공익사업과 관련 없는 지상권 설정대가	사업소득으로 과세
(4) 서화를 미술관에 양도하고 받은 대가	비과세소득
(5) ㈜세무의 입사시험 출제수당	120,000 × (1 − 60%) = 48,000원 → 과세최저한인 50,000원 이하에 해당하므로 원천징수 하지 않음.
(6) 복권당첨금	과세최저한인 200만원 이하에 해당하여 원천징수 하지 않음.
(7) 배임수재로 받은 금품	원천징수대상소득에 해당하지 않음.
합 계	380,000

7-7. 기타소득

다음은 거주자 김경세씨의 20×1년 기타소득 관련 자료이다. 원천징수대상 기타소득금액으로 옳은 것은?(단, 제시된 금액은 원천징수세액을 차감하기 전의 금액이며, 기타소득의 실제 필요경비는 확인되지 않음)

(2022 CPA 수정)

> (1) 계약금이 위약금으로 대체된 경우의 위약금 4,000,000원
> (2) 고용관계 없이 받은 일시적인 외부 강연료 3,000,000원
> (3) 배임수재에 따라 받은 금품 6,000,000원
> (4) 상표권을 대여하고 대가로 받은 금품 1,000,000원
> (5) 주택입주 지체상금 2,000,000원
> (6) 슬롯머신 당첨금품 1,500,000원

① 1,000,000원   ② 1,500,000원   ③ 2,000,000원
④ 4,000,000원   ⑤ 6,000,000원

[풀이] ③ 2,000,000원

구 분	금 액
(1) 계약금이 위약금으로 대체된 경우의 위약금	원천징수대상 ×
(2) 고용관계 없이 받은 일시적인 외부 강연료	3,000,000 × (1−60%) = 1,200,000원
(3) 배임수재에 따라 받은 금품	원천징수대상 ×
(4) 상표권을 대여하고 대가로 받은 금품	1,000,000 × (1−60%) = 400,000원
(5) 주택입주 지체상금	2,000,000 × (1−80%) = 400,000원
(6) 슬롯머신 당첨금품	200만원 이하의 슬롯머신 당첨금은 과세최저한에 해당하므로 원천징수대상 소득금액 없음.
합 계	2,000,000

7-8. 기타소득

다음은 거주자 **甲**씨가 20x1년도 중에 받은 소득자료이다. 이 자료에 의하여 과세되는 기타소득 중에서 분리과세를 포함하여 기타소득금액에 대한 원천징수세액을 계산하면 얼마인가?

> ㉠ 국가유공자로서 받은 보훈급여금 200,000,000원
> ㉡ 집안에서 내려오던 700년 된 고려청자를 국립중앙박물관에 양도하고 받은 100,000,000원
> ㉢ 일시적으로 대학주보에 단편 시를 기재하여 받은 1회성 1,000,000원
> ㉣ 주택계약이 취소되면서 계약금이 위약금으로 대체된 경우의 위약금 50,000,000원
> ㉤ 법정 외의 사유로 소기업, 소상공인 공제부금의 해지일시금으로 받은 3,000,000원

[풀이] 530,000원

㉠과 ㉡의 경우 비과세 되는 기타소득이기 때문에 원천징수세액이 없다.
㉢은 일시적 인적용역으로 최소 필요경비 60%를 적용하여 계산 후 20% 원천징수한다.
㉢ : 1,000,000 × (1-0.6) = 80,000원
㉣은 원천징수를 하지 않는 항목이므로 조건부분리과세임에도 원천징수세액이 없다.
㉤ : 3,000,000 × 15% = 450,000원
따라서 80,000 + 450,000 = 530,000원이 원천징수세액이다.

7-9. 기타소득금액

㈜A에 근무하는 거주자 갑의 20×1년 소득내역의 일부이다. 거주자 갑의 종합소득금액 중 기타소득금액은 얼마인가? 기타소득을 제외한 거주자 갑의 종합소득에 대한 한계세율은 15%이다.

(2019 CPA 1차 수정)

구 분	금액	실제 필요경비
(1) 지역권을 설정하고 받은 대가	2,000,000원	1,000,000원
(2) 대학에 한 학기(4개월) 출강하고 받은 시간강사료	2,500,000원	
(3) B신문에 기고하고 받은 원고료	500,000원	
(4) 산업재산권의 양도로 인해 수령한 대가	3,500,000원	1,500,000원
(5) 퇴직한 전 회사로부터 수령한 직무발명보상금	4,000,000원	
(6) 공익법인이 주최하는 발명경진대회에서 입상하여 받은 상금	3,000,000원	
(7) 「법인세법」에 의해 기타소득으로 처분된 금액	1,000,000원	

① 2,6000,000원   ② 3,200,000원   ③ 3,800,000원

④ 4,000,000원   ⑤ 5,100,000원

[풀이] ② 3,200,000원

    (1) 부동산업에서 발생하는 소득으로 사업소득에 해당함.

       (공익사업과 관련한 지역권 설정만 기타소득에 해당)

    (2) 계속, 반복적인 소득으로 사업소득에 해당함.

    (3) 500,000 - 300,000(필요경비 60%) = 200,000

    (4) 3,500,000 - 2,100,000(필요경비 60%) = 1,400,000

    (5) 비과세 금액 5,000,000 미달

    (6) 3,000,000 - 2,400,000(필요경비 80%) = 600,000

    (7) 1,000,000

예제

7-10. 기타소득의 과세방법

기타소득의 과세방법에 대해 옳은 것은?

① 무조건 종합과세에 해당하는 기타소득은 뇌물, 알선수재 및 배임수재에 의해 받는 금품이다.

② 무조건 분리과세에 해당하는 기타소득은 연 300만원 이하의 기타소득금액을 거주자의 선택에 의해 분리과세하거나 종합과세한다.

③ 선택적 분리과세에 해당하는 기타소득은 서화·골동품의 양도로 인한 소득을 기타소득으로 처리한다.

④ 선택적 분리과세는 복권기금법에 의한 복권당첨금 등을 해당 기타 소득으로 처분한다.

⑤ 무조건 분리과세는 계약의 위약 또는 해약으로 인해 계약금이 대체되는 위약금, 배상금과 종업원 등이 퇴직 후 지급받는 직무발명보상금이다.

[풀이] ①

01 부당행위계산의 부인

부당행위계산의 부인은 배당소득(단, 출자공동사업자), 사업소득, 기타소득, 양도소득이 있는 거주자의 행위나 계산이 그 거주자와 특수관계인과 거래로 인해 그 소득에 대한 조세부담을 부당하게 감소시킨 것으로 인정되는 때 거주자의 행위나 계산에 관계없이 해당 과세기간의 소득금액을 계산하는 것을 의미한다.

(1) 요건

특수관계인과의 거래	「국세기본법」에 따른 다음의 특수관계인을 말한다(소령 제98조 제1항). ① 본인과 친족관계 : 6촌 이내의 혈족, 4촌 이내의 인척, 배우자(사실혼 포함), 친생자로서 다른 사람에게 친양자 입양된 자 및 그 배우자·직계비속 ② 경제적 연관관계 : 임원 그 밖의 사용인, 본인의 금전이나 그 밖의 재산으로 생계를 유지하는 자, 위의 자와 생계를 함께하는 친족 ③ 경영지배관계 : 　㉠ 본인이 직접 또는 그와 친족관계 및 경제적 연관관계에 있는 자를 통하여 법인의 경영에 대하여 지배적인 영향력을 행사하고 있는 경우 그 법인 　㉡ 본인이 직접 또는 그와 친족관계, 경제적 연관관계 또는 ㉮의 관계에 있는 자를 통하여 법인의 경영에 대하여 지배적인 영향력을 행사하고 있는 경우 그 법인
대상소득	배당(단, 출자공동사업자)·사업·기타·양도소득일 것*
부당거래	조세의 부담을 부당히 감소시키는 거래(「법인세법」 규정 준용), 예를 들어 저가양도, 고가매입, 저율대여, 고율차입, 저가임대, 고가임차, 저가용역 제공, 고가용역매입, 무수익자산의 매입이 있음

* 이자·배당소득(출자공동사업자의 배당소득 제외)·근로·연금·퇴직소득은 부당행위계산의 부인대상이 아니다.

(2) 중요성 기준

시가와 거래가액의 차액이 3억원 이상이거나 시가의 5% 이상인 경우만 적용한다. 이때, 무수익자산을 매입하여 그 자산에 대한 비용을 부담하는 경우는 제외한다.

(3) 부당행위계산의 부인규정 적용 배제

직계존비속에게 주택을 무상으로 사용하게 하고 직계존비속이 해당 주택에서 실제로 거주한 경우는 부당행위계산의 부인대상이 아니며, 주택 관련 비용은 가사 관련 비용으로 본다.

(4) 부인효과

거주자의 소득금액을 재계산함에 따라 조세부담이 증가한다.

예제

8-1. 부당행위계산 부인

다음 중 「소득세법」상 부당행위계산 부인에 대한 설명으로 옳지 않은 것은? (2021 CTA 수정)

① 필요경비의 크기에 대해 입증을 요구하지 않는 소득인 근로소득과 연금소득은 부당행위계산 부인의 대상이 되는 소득으로 규정되어 있지 않다.

② 배당소득 및 이자소득은 필요경비가 인정되지 않는 소득이므로 배당소득과 이자소득 전체는 부당행위계산 부인의 대상이 되는 소득으로 규정되어 있지 않다.

③ 과세표준의 계산과정이 세법의 규정대로 이루어지는 퇴직소득은 부당행위계산 부인의 대상이 되는 소득으로 규정되어 있지 않다.

④ 제조업 영위 개인사업자가 여유자금을 인출해 부친에게 무상으로 대여한 경우는 부당행위계산 부인의 대상이 되지 않지만 부친으로부터 높은 이자율(시가의 2배)로 사업자금을 차입하여 그 이자를 필요경비에 산입한 경우는 부당행위계산 부인의 대상이 된다.

⑤ 직계존비속에게 주택을 무상으로 사용하게 하고 직계존비속이 그 주택에 실제로 거주하는 경우는 부당행위계산 부인의 대상에서 제외된다.

[풀이] ② 배당소득의 경우 원칙적으로는 부당행위계산 부인의 대상이 되는 소득으로 규정되어 있지 않지만 출자공동사업자의 배당소득은 부당행위계산 부인의 대상이 되는 소득으로 규정하고 있다.

8-2. 부당행위계산 부인

다음 중 「소득세법」상 부당행위계산 부인에 대한 설명으로 옳은 것을 모두 고르시오. (2015 CTA 수정)

> ㄱ. 부당행위계산의 부인에 의해 총수입금액에 산입하거나 필요경비에 불산입한 금액은 사기·기타 부정한 행위에 의해 조세를 포탈한 것으로 간주하여 「조세범 처벌법」의 적용대상이 된다.
>
> ㄴ. 거주자 A가 형으로부터 사업자금을 연 이자율 20%(자금대여 시 이자율의 시가는 연 8%)의 조건으로 10억원을 차입한 경우 부당행위계산의 부인대상이 된다.
>
> ㄷ. 거주자 B가 운영자금을 마련하기 위해 사무실로 사용하고 있던 상가건물을 시가의 절반 가격으로 사촌동생에게 매각하였다면 부당행위계산의 부인대상이 된다.
>
> ㄹ. 대금업을 영위하지 않는 거주자 C가 아버지에게 연 이자율 4%(자금대여 시 이자율의 시가는 연 8%)의 조건으로 10억원을 대여한 경우 부당행위계산의 부인대상이 된다.
>
> ㅁ. 사업소득이 있는 거주자 D가 사업자인 형으로부터 시가 1,000만원의 재고자산을 2,000만원에 구입하여 전부 판매한 경우 사업소득금액을 계산할 때 D의 필요경비는 1,000만원, 형의 총수입금액은 2,000만원으로 계산한다.

① ㄱ, ㄴ   ② ㄱ, ㄴ, ㄷ   ③ ㄴ, ㄷ, ㅁ

④ ㄴ, ㄷ, ㄹ   ⑤ ㄷ, ㄹ, ㅁ

[풀이] ③

ㄱ. 부당행위계산의 부인에 의해 총수입금액에 산입하거나 필요경비에 불산입한 금액은 사기·기타 부정한 행위에 의해 조세를 포탈한 건으로 간주되지 않는다.

ㄹ. 대금업을 영위하지 않는 거주자 C의 금전대여소득은 이자소득에 해당한다. 이때 이자소득(비영업대금의 이익)에 대해서는 부당행위계산 부인 규정을 적용하지 않는다.

02 결손금 및 이월결손금의 공제

(1) 결손금의 공제

'결손금'이란 사업소득이 있는 자의 소득금액 계산 시 해당 연도에 속하거나 속하게 될 필요경비가 해당 과세기간에 속하거나 속하게 될 총수입금액을 초과하는 경우의 그 초과금액을 말한다. 결손금은 본래 실제의 필요경비가 인정되는 부동산임대소득·사업소득·기타소득 및 양도소득에서 발생할 수 있다. 현행 「소득세법」에서 기타소득에 대해서는 결손금 제도를 두고 있지 않고, 양도소득금액을 계산함에 있어서 발생하는 자산별 양도차손은 별도로 학습한다. 한편, 사업소득에는 일반사업소득과 부동산임대소득(일반 부동산임대소득과 주거용 건물임대소득)이 있다.

일반 사업소득의 결손금[*1]	부동산임대업에서 발생한 결손금	
해당 과세기간의 종합소득과세표준 계산 시 다음의 순서로 다른 종합소득에서 공제하며, 남은 결손금은 다음 과세기간으로 이월한다. ① 근로소득 ↓ ② 연금소득 ↓ ③ 기타소득 ↓ ④ 이자소득 ↓ ⑤ 배당소득 ↓ 다음 과세기간으로 이월	일반 부동산임대업의 결손금	해당 과세기간의 다른 소득금액에서 공제하지 아니하며 다음 과세기간으로 이월
	주거용 건물임대업의 결손금[*2]	해당 과세기간의 종합소득과세표준 계산 시 다음의 순서로 다른 종합소득에서 공제하며, 남은 결손금은 다음 과세기간으로 이월한다. ① 근로소득 ↓ ② 연금소득 ↓ ③ 기타소득 ↓ ④ 이자소득 ↓ ⑤ 배당소득 ↓ 다음 과세기간으로 이월

*1) 일반 사업소득의 결손금의 경우 해당 과세기간에 부동산임대업에서 발생한 소득금액이 있는 경우 일반 사업소득에서 발생한 결손금을 부동산임대업의 소득금액에서 우선 공제하고 남은 결손금이다.

*2) 주거용 건물임대업의 경우 해당 과세기간에 일반적인 사업에서 발생한 소득금액이 있는 경우 주거용 건물임대업에서 발생한 결손금을 일반 사업소득에서 발생한 소득금액(일반 부동산임대업의 소득금액 포함)에서 우선 공제하고 남은 결손금이다.

(2) 이월결손금의 공제

'이월결손금'이란 결손금공제규정에 의하여 해당 과세기간의 종합소득과세표준의 계산에 있어서 공제하고 남은 결손금을 말한다. 이러한 이월결손금은 발생연도 종료일부터 15년 내(2020년 1월 1일 이전 개시한 과세기간에 발생한 결손금은 10년 이내)에 종료하는 과세기간의 소득금액을 계산함에 있어서 먼저 발생한 연도의 이월결손금부터 순차로 해당 과세기간 소득별로 이를 공제한다. 한편, 중소기업을 운영하는 거주자가 사업소득금액을 계산할 때 해당 과세기간의 이월결손금(부동산임대업에서 발생한 이월결손금 제외)이 발생한 경우에는 이를 소급하여 직전 과세기간의 사업소득에 대한 종합소득세액을 환급신청할 수 있다.

일반 사업소득의 이월결손금	부동산임대업에서 발생한 이월결손금	
해당 과세기간의 사업소득금액(부동산임대업의 소득금액 포함)에서 먼저 공제하고, 남은 금액은 결손금공제순서에 따라 다른 종합소득에서 공제한다. ① 근로소득 ↓ ② 연금소득 ↓ ③ 기타소득 ↓ ④ 이자소득 ↓ ⑤ 배당소득	일반 부동산임대업의 이월결손금	해당 과세기간의 부동산임대업의 소득금액에서만 공제하며, 다른 소득금액에서 공제할 수 없다.
	주거용 건물임대업의 이월결손금	해당 과세기간의 사업소득금액(부동산임대업의 소득금액 포함)에서 먼저 공제하고, 남은 금액은 결손금공제순서에 따라 다른 종합소득에서 공제한다. ① 근로소득 ↓ ② 연금소득 ↓ ③ 기타소득 ↓ ④ 이자소득 ↓ ⑤ 배당소득

※ 사업소득(부동산임대업 제외, 주택임대업 포함)에서 결손금이 발생하였다면 해당 연도의 결손금을 종합소득 합산되는 다른 소득에서 공제한다. 다른 소득에서 공제 후 남은 이월결손금은 사업소득(결손이 아닌 경우)에서 먼저 공제하고 남은 결손금은 다른 종합소득에서 공제한다.

※ 해당 과세기간의 소득금액에 대해서 추계신고(비치·기록한 장부와 증명서류에 의하지 아니한 신고)를 하거나 추계조사 결정하는 경우에는 적용하지 아니한다. 다만, 천재지변이나 그 밖의 불가항력으로 장부나 그 밖의 증명서류가 멸실되어 추계신고를 하거나 추계조사결정을 하는 경우에는 그러하지 아니하다.

※ 금융소득에 대한 사업소득의 결손금·이월결손금의 공제는 원천징수세율 적용분의 경우 공제할 수 없고, 기본세율 적용분만 공제여부 및 금액이 선택 가능하다.

예제

8-3. 결손금과 이월결손금

다음 중 소득세 소득금액 계산에 있어 결손금과 이월결손금에 대한 설명으로 옳지 않은 것은?

① 해당 과세기간의 소득금액에 대해서 추계신고를 하거나 추계조사 결정하는 경우(천재지변이나 그 밖의 불가항력으로 장부나 그 밖의 증명서류가 멸실된 경우는 제외)에는 이월결손금을 공제하지 아니한다.

② 해당 과세기간에 주거용 건물 임대업에서 발생한 수입금액의 합계액이 2천만원 이하

인 사업자가 장부를 기장한 경우 주거용 건물 임대업에서 발생한 결손금은 다른 종합소득금액에서 공제할 수 있다.

③ 결손금 및 이월결손금을 공제할 때 해당 과세기간에 결손금이 발생하고 이월결손금이 있는 경우에는 그 과세기간의 결손금을 먼저 소득금액에서 공제한다.

④ 부동산임대업에서 발생한 결손금은 종합소득 과세표준을 계산할 때 그 과세기간의 다른 종합소득금액에서 공제하지 아니하나 주거용 건물임대업의 경우에는 그러하지 아니하다.

⑤ 지역권과 지상권(지하 또는 공중에 설정된 권리 포함)을 대여하는 사업에서 발생하는 결손금은 종합소득 과세표준을 계산할 때 공제한다.

[풀이] ⑤

예제

8-4. 결손금과 이월결손금

다음 중 「소득세법」상 결손금과 이월결손금에 대한 설명으로 옳지 않은 것은? (2021 CTA 수정)

① 사업소득금액을 계산할 때 발생한 결손금(주거용 건물 임대업이 아닌 부동산임대업에서 발생한 결손금 제외)은 근로소득금액·연금소득금액·기타소득금액·이자소득금액·배당소득금액에서 순서대로 공제한다.

② 부동산임대업(주거용 건물 임대업 제외)에서 발생한 결손금은 종합소득 과세표준을 계산할 때 공제하지 않는다.

③ 부동산임대업을 제외한 일반업종 사업소득에서 발생한 결손금은 부동산임대업에서 발생한 소득금액이 있는 경우에는 그 부동산임대업의 소득금액에서 공제한다.

④ 소득금액을 추계신고하는 경우에는 이월결손금 공제규정을 적용하지 않는다. 다만, 천재지변으로 장부가 멸실되어 추계신고를 하는 경우라면 이월결손금 공제규정을 적용한다.

⑤ 해당 과세기간 중 발생한 결손금과 이월결손금이 모두 존재하는 경우에는 이월결손금을 먼저 소득금액에서 공제한다.

[풀이] ⑤

03 중소기업의 결손금소급공제에 따른 환급금

중소기업을 경영하는 거주자가 그 중소기업의 사업소득금액을 계산할 때 해당 과세기간의 이월결손금(부동산임대업에서 발생한 이월결손금은 제외)이 발생한 경우에는 직전 과세기간의 그 중소기업의 사업소득에 부과된 종합소득 결정세액을 한도로 하여 환급신청할수 있다. 이 경우 소급 공제한 이월결손금에 대해서 이월공제를 적용할 때에는 그 이월결손금을 공제받은 금액으로 본다.

(1) 환급세액

> 환급세액 = MIN[①, ②]
> ① 환급대상액 = 직전연도 종합소득산출세액 – 소급공제 후 직전연도 종합소득산출세액
> ② 환급한도 = 직전연도의 종합소득결정세액

(2) 환급신청

결손금 소급공제세액을 환급받으려는 자는 과세표준확정신고기한까지 납세지 관할 세무서장에게 환급을 신청하여야 하며, 이러한 환급신청을 받은 납세지 관할 세무서장은 지체 없이 환급세액을 결정하여 환급하여야 한다.

04 공동사업자의 소득금액 계산 특례

(1) 공동사업장의 소득금액 계산

공동사업장[38]을 1거주자로 보아 공동사업장별로 소득금액을 계산한다. 이때 공동사업장을 1거주자로 보기에 접대비 한도액의 기초금액도 공동사업장 단위로 12,000,000원, 중소기업은 36,000,000원으로 하고, 그 금액에 공동사업자의 인원수를 곱하지 아니한다.

---

[38] 사업소득이 발생하는 사업을 공동으로 경영하고 그 손익을 분배하는 공동사업(출자공동사업자가 있는 경우 포함)의 경우 해당 사업을 경영하는 장소를 말한다.

(2) 공동사업장의 소득금액 분배

1) 원칙

공동사업장의 소득금액은 공동사업자(출자공동사업자[39] 포함) 간에 약정된 손익분배비율[40]에 따라 각 공동사업자에게 분배한다. 또한 공동사업장에서 발생한 결손금도 손익분배비율에 따라 분배하여 각 공동사업자가 분배된 결손금을 각자의 소득에서 공제한다. 다만, 출자공동사업자의 분배된 소득은 배당소득이므로 배당소득에서 발생한 결손금은 공제할 수 없다.

> 각 공동사업자의 소득금액 = 공동사업장의 소득금액 × 손익분배비율

2) 특례

공동사업의 소득을 동거가족에게 분산하여 소득세를 회피하는 것을 방지하기 위해 공동사업자인 동거가족의 소득을 **주된 공동사업자**[*1]에게 **합산하여 과세**[*2]한다.

*1) 주된 공동사업자는 다음의 순서에 따라 판단한다.
   ① 손익분배비율이 가장 큰 공동사업자
   ② 손익분배비율이 같으면 공동사업소득 이외의 종합소득금액이 많은 자
   ③ 공동사업소득 이외의 종합소득도 같으면 직전 과세기간의 종합소득금액이 많은 자
   ④ 직전 과세기간의 종합소득금액이 같은 경우에는 해당 사업에 대한 종합소득 과세표준을 신고한 자
   ⑤ 종합소득 과세표준을 신고하지 않은 경우에는 관할 세무서장이 정하는 자

*2) 합산과세 요건은 다음의 요건을 모두 갖춘 경우에 해당한다.
   ① 합산대상자 : 과세기간 말 현재 거주자 1인과 생계를 같이하는 「국세기본법」상 특수관계인인 공동사업자
   ② 합산대상소득 : 공동사업의 사업소득(공동사업의 이자 및 배당소득 등 사업소득 이외의 소득은 합산대상소득이 아님)
   ③ 조세회피 목적 : '공동사업자가 제출한 신고서와 첨부서류에 기재한 내용이 사실과 현저히 다른 경우' 또는 '공동사업자의 경영참가, 거래관계, 손익분배비율 및 재무상태 등을 보아 조세를 회피하기 위해 공동사업을 경영하는 것으로 확인되는 경우

---

39) 출자공동사업자는 공동사업의 경영에 참여하지 않고 출자만 한 자로서 다음에 해당하지 않는 자를 의미한다.
   ① 공동사업에 성명 또는 상호를 사용하게 한 자
   ② 공동사업에서 발생한 채무에 대해 무한책임을 부담하기로 약정한 자
40) 손익분배비율이 없으면 지분비율

(3) 공동사업자의 소득금액 계산 및 신고 및 납부

공동사업자는 배분된 소득금액을 자신의 소득금액에 합하여 종합소득금액, 종합소득 과세표준 및 세액을 계산하여 자신의 주소지 관할 세무서장에게 신고 및 납부하여야 한다.

참고

공동사업장에 대한 기타규정

1) 원천징수세액 배분 : 공동사업장에서 발생한 소득금액에 대해 원천징수된 세액은 각 공동사업자의 손익분배비율에 따라 배분함.
2) 가산세 배분 : 공동사업장에 관련된 가산세는 각 공동사업자의 손익분배비율에 따라 배분함.
3) 기장의무와 사업자등록 : 공동사업장에 대해서는 공동사업장을 1사업자로 보아 기장의무 규정을 적용하며 사업자등록도 공동사업장 단위별로 함.
4) 공동사업장에 대한 소득금액 결정 : 공동사업장에 대한 소득금액 결정·경정은 대표공동사업자의 주소지 관할 세무서장이 하지만 국세청장이 특히 중요하다고 인정하는 경우 사업장 관할 세무서장이나 주소지 관할 지방국세청장이 결정·경정함.
5) 과세표준확정신고 : 공동사업자가 과세표준확정신고를 하는 때에 과세표준확정신고서와 함께 당해 공동사업장에서 발생한 소득과 그 외 소득을 구분한 계산서를 제출해야 하며, 이때 대표공동사업자는 당해 공동사업장에서 발생한 소득금액과 가산세액 및 원천징수된 세액의 각 공동사업자별 분배명세서를 제출해야 함.
6) 부당행위계산 부인규정 적용 : 공동사업장의 소득금액을 계산할 때 부당행위계산의 부인규정을 적용하는 경우 공동사업자를 거주자로 봄.

예제

8-5. 공동사업장

다음 중 「소득세법」상 공동사업장 및 출자공동사업자에 대한 설명으로 옳지 않은 것은?

(2020 CPA 수정)

① 공동사업자 간 특수관계가 없는 경우 공동사업에서 발생한 소득금액은 공동사업을 경영하는 각 거주자 간에 손익분배비율에 의해 분배되었거나 분배될 소득금액에 따라 각 공동사업자별로 분배한다.
② 공동사업에서 발생한 채무에 대해 무한책임을 부담하기로 약정한 자는 출자공동사업자에 해당한다.
③ 공동사업장은 해당 공동사업장을 1사업자로 보아 사업자등록을 해야 하며, 사업자등

록을 할 때는 공동사업자(출자공동사업자 해당 여부에 관한 사항 포함), 약정한 손익분배비율 등을 사업장 소재지 관할 세무서장에게 신고하여야 한다.

④ 출자공동사업자의 배당소득 수입시기는 과세기간 종료일이다.

⑤ 출자공동사업자의 배당소득 원천징수세율은 25%이다.

[풀이] ② 공동사업에서 발생한 채무에 대해 무한책임을 부담하기로 약정한 자는 출자공동사업자에 해당하지 않는다.

예제

8-6. 공동사업

「소득세법」상 공동사업에 대한 소득금액 계산의 특례에 관한 설명으로 옳지 않은 것은?

(2013 CTA 수정)

① 사업소득이 발생하는 사업을 공동으로 경영하고 그 손익을 분배하는 공동사업의 경우에는 공동사업장을 1거주자로 보아 공동사업장별로 그 소득금액을 계산한다.

② 공동사업에서 발생한 소득금액은 해당 공동사업을 경영하는 각 공동사업자 간에 약정된 손익분배비율(약정된 손익분배비율이 없는 경우 지분비율)에 의해 분배되었거나 분배될 소득금액에 따라 각 공동사업자별로 분배한다.

③ 공동사업에 성명 또는 상호를 사용하게 한 자로서 당해 공동사업의 경영에 참여하지 않고 출자만 하는 자는 출자공동사업자에 해당한다.

④ 공동사업자에 출자공동사업자가 포함되어 있는 경우 공동사업에서 발생한 소득금액 중 출자공동사업자의 손익분배비율에 해당하는 금액은 배당소득이다.

⑤ 거주자 1인과 그와 생계를 같이하는 특수관계인이 공동사업자에 포함되어 있는 경우로서 조세를 회피하기 위해 공동으로 사업을 경영하는 것이 확인된 경우 그 특수관계인의 소득금액은 주된 공동사업자의 소득금액으로 본다.

[풀이] ③ 공동사업에 성명 또는 상호를 사용하게 하지 않으면서 해당 공동사업의 경영에 참여하지 않고 출자만 하는 자는 출자공동사업자에 해당한다. 하지만, 공동사업에 성명 또는 상호를 사용하게 하는 자는 출자공동사업자가 아니다.

05 채권 등에 대한 소득금액 계산과 원천징수 특례

(1) 채권 등의 소득금액 계산 특례

채권에서 발생하는 이자와 할인액은 채권의 상환기간 중에 보유한 개인(거주자 또는 비거주자)에게 그 보유기간의 이자상당액이 각각 귀속되는 것으로 본다.

(2) 채권 등의 보유기간 이자상당액 계산방법

개인의 보유기간 이자상당액은 매수일(채권발행일 또는 직전 원천징수일)의 다음날부터 매도일까지의 보유기간에 대해 약정된 이자 계산방식에 따라 다음의 이자율을 적용하여 계산한 금액[41]을 의미한다.

> ① 국채, 산업금융채권, 정책금융채권, 예금보험기금채권, 예금보험기금채권상환기금채권 및 한국은행통화안정증권을 공개시장에서 통합발행하는 경우는 표면이자율
> ② 그 이외의 채권은 채권의 표면이자율에 발행 시 할인율을 더하고 할증률을 뺀 율

(3) 채권 등의 보유기간 이자상당액에 대한 원천징수

1) 채권 등을 중도에 매매

매도자 (소득수령자)	매수자 (소득지급자)	원천징수의무자	원천징수 내용
법인	법인	매도법인(대리)	매도법인이 자신의 보유기간 이자 등 상당액에 대해 원천징수
	개인	매도법인(대리)	
개인	법인	매수법인	매수법인이 개인의 보유기간 이자 등 상당액에 대해 원천징수
	개인	–	원천징수 ×

2) 발행법인이 채권 등의 이자를 지급

발행법인이 법인 또는 개인의 보유기간 이자 등에 대해 원천징수한다.

---

41) 물가연동국고채의 경우 원금증가분 포함한다.

06 기타의 소득금액 계산 특례

(1) 상속의 경우 소득금액 구분계산

상속의 경우 피상속인의 소득과 상속인의 소득을 구분하여 각각 소득세를 계산해야 한다. 다만, 연금계좌의 가입자가 사망하였으나 그 배우자가 연금외수령 없이 해당 연금계좌를 상속으로 승계하는 경우에는 해당 연금계좌에 있는 피상속인의 소득금액은 상속인의 소득금액으로 보아 소득세를 계산한다.

(2) 신탁소득의 귀속

신탁재산에 귀속되는 소득은 그 신탁의 이익을 받을 수익자(수익자가 사망하는 경우 그 상속인)에게 귀속되는 것으로 본다. 다만, 다음 중 어느 하나에 해당하는 신탁의 경우 그 신탁재산에 귀속되는 소득은 위탁자에게 귀속되는 것으로 본다.

① 수익자가 특별히 정해지지 아니하거나 존재하지 아니하는 신탁
② 다음 어느 하나의 요건을 충족하는 신탁
  ㉠ 위탁자가 신탁을 해지할 수 있는 권리, 수익자를 지정하거나 변경할 수 있는 권리, 신탁 종료 후 잔여재산을 귀속 받을 권리 등을 보유하는 등 신탁재산을 실질적으로 지배 및 통제할 것
  ㉡ 신탁재산 원본을 받을 권리에 대한 수익자는 위탁자로, 수익을 받을 권리에 대한 수익자는 배우자 또는 같은 주소 또는 거소에서 생계를 같이하는 직계존비속(배우자의 직계존비속 포함)으로 설정하였을 것

(3) 중도해지로 인한 이자소득금액 계산의 특례

종합소득과세표준 확정신고 후 예금이나 신탁계약의 중도해지로 이미 지난 과세기간에 속하는 이자소득금액이 감액된 경우 그 중도 해지일이 속하는 과세기간의 종합소득금액에 포함된 이자소득금액에서 그 감액된 이자소득금액을 뺄 수 있다. 다만, 경정청구를 한 경우에는 그러하지 아니하다.

8-7. 소득금액 계산의 특례

「소득세법」상 소득금액 계산의 특례에 관한 설명으로 옳지 않은 것은?　　　(2022 CPA 수정)

① 직계존비속에게 주택을 무상으로 사용하게 하고 직계존비속이 그 주택에 실제 거주하는 경우는 부당행위계산 부인의 대상이 아니다.

② 거주자가 채권을 내국법인에게 매도하는 경우에는 해당 거주자가 자신의 보유기간 이자 등 상당액을 이자소득으로 보아 소득세를 원천징수해야 한다.

③ 피상속인의 소득금액에 대한 소득세로서 상속인에게 과세할 것과 상속인의 소득금액에 대한 소득세는 구분하여 계산해야 한다.

④ 부동산임대업(주거용 건물 임대업 제외)에서 발생하는 결손금은 종합소득 과세표준을 계산할 때 다른 소득금액에서 공제하지 않는다.

⑤ 종합소득과세표준 확정신고 후 예금 또는 신탁계약의 중도해지로 이미 지난 과세기간에 속하는 이자소득금액이 감액된 경우 그 중도해지일이 속하는 과세기간의 종합소득금액에 포함된 이자소득금액에서 그 감액된 이자소득금액을 뺄 수 있다.

[풀이] ② 거주자가 채권을 내국법인에게 매도하는 경우에는 그 거주자로부터 채권을 매수한 내국법인이 거주자의 보유기간 이자 등 상당액을 이자소득으로 보아 소득세를 원천징수해야 한다.

8-8. 소득금액 계산의 특례

「소득세법」상 거주자의 소득금액 계산의 특례에 관한 설명으로 옳지 않은 것은? (2013 CTA 수정)

① 근로소득과 연금소득에 대해서는 부당행위계산 부인을 적용하지 않는다.

② 피상속인의 소득금액에 대한 소득세로서 상속인에게 과세할 것과 상속인의 소득금액에 대한 소득세는 구분하여 계산해야 한다.

③ 연금계좌의 가입자가 사망하였으나 그 배우자가 연금외수령 없이 해당 연금계좌를 상속으로 승계하는 경우에는 해당 연금계좌에 있는 피상속인의 소득금액은 상속인의 소득금액으로 보아 소득세를 계산한다.

④ 종합소득과세표준 확정신고 후 예금 또는 신탁계약의 중도해지로 이미 지난 과세기간에 속하는 이자소득금액이 감액된 경우 이와 관련하여 과세표준 및 세액경정을 청구하지 않았다면 그 중도해지일이 속하는 과세기간의 종합소득금액에 포함된 이자소득금액에서 그 감액된 이자소득금액을 뺄 수 있다.

⑤ 국세부과의 제척기간이 지난 후에 그 제척기간 이전 과세기간의 이월결손금이 확인된 경우 그 이월결손금은 경정청구를 통해 공제받을 수 있다.

[풀이] ⑤ 국세부과의 제척기간이 지난 후 그 제척기간 이전 과세기간의 이월결손금이 확인된 경우 그 이월결손금은 공제하지 않는다.

IX 종합소득과세표준 및 세액의 계산

공제구분		공제대상 및 공제금액
기본공제	1. 본인 공제	• 공제대상 : 본인 / 공제금액 : 150만원
	2. 배우자 공제	• 공제대상 : 근로자의 배우자가 연간 **소득금액의 합계액이 100만원**(근로소득만 있는 자는 총급여 500만원) 이하인 경우(종합소득금액, 퇴직소득금액, 양도소득금액을 포함) • 공제금액 : **150만원**
	3. 부양가족 공제	• 공제대상 : 근로자와 생계를 같이하는 부양가족으로 연간 소득금액의 합계액이 100만원(근로소득만은 총급여 500만원) 이하인 경우(종합소득금액 + 퇴직소득금액 + 양도소득금액) 거주자의 직계 존·비속, 동거입양자, 위탁아동, 기초생활수급자, 형제자매 및 배우자의 직계존속, 형제자매 ＊ 연령의 제한(장애인 : 연령제한 없음), 남·여 60세 이상, 20세 이하(20세가 되는 날과 그 이전 기간, **위탁아동의 경우 18세 미만**) • 공제금액 : **1인당 150만원**
추가공제	1. 경로우대자 공제	• 공제대상 : 기본공제대상자가 12월 31일 현재 만 70세 이상인 경우 • 공제금액 : **1인당 100만원**
	2. 장애인 공제	• 공제대상 : 기본공제대상자가 장애인에 해당하는 경우(연령제한 없음) • 공제금액 : **1인당 200만원**
	3. 부녀자 공제	• 공제대상 : 본인이 **여성**으로 **종합소득금액이 3천만원 이하**로서 다음에 해당하는 경우 ① 배우자가 없고 기본공제대상 부양가족이 있는 세대주 또는 ② 배우자가 있는 여성 • 공제금액 : **50만원**
	4. 한부모가족 공제	• 공제대상 : 본인이 배우자가 없는 근로자로서 기본공제대상자인 직계비속 또는 입양자가 있는 경우 • 공제금액 : **1인당 100만원** ＊ 부녀자공제와 한부모공제 요건이 동시에 적용되는 경우 한부모공제만 적용한다.
연금보험료 공제		• 공제대상 : 「공적연금 관련법」에 따른 기여금 또는 개인부담금(연금보험료)을 불입액
	1. 건강보험료 등 공제	• 공제대상 : 국민건강보험료, 노인장기요양보험료, 고용보험료(본인 것만 해당)

공제구분		공제대상 및 공제금액
특 별 소 득 공 제	2. 주택자금 공제	1) **주택청약종합저축 소득공제 MIN(저축납입액, 300만원)×40%** 해당 과세기간 총급여액이 7천만원 이하이며, 해당 과세기간 중 무주택 세대의 세대주가 2025.12.31.까지 해당 과세기간에 청약저축 또는 주택 청약종합저축에 납입한 금액이 있는 경우 －주택당첨 외의 사유로 중도 해지한 경우 과세연도에 납입한 금액은 공제 안 됨.
		2) **주택임차차입금 원리금상환액 공제(원리금상환액×40%), 400만원 한도(주택청약종합저축 포함)** ① 무주택 세대주 또는 주택자금공제를 세대주가 받지 않은 경우 기타 요건을 충족한 세대원 ② 국민주택규모(85㎡ 이하) 주택(주거용 오피스텔 포함)의 임차를 위 하여 ③ 대출기관 등으로부터 차입한 일정 요건의 주택임차자금차입금의 원 리금 상환액(본인명의) －대부업을 경영하지 아니하는 거주자로부터 차입한 경우(총급여 5 천만원 이하 근로자만 해당) ＊ 2007.12.31. 이전 차입한 주택임차자금의 경우 당해 주택마련 저축기 관에서 차입한 것에 한함.
		3) **장기주택저당차입금 이자상환액 공제, 1)+2)+3)을 공제, 600~2,000만원 한도** ① <u>무주택 또는 1주택소유 세대주(거주여부 상관없음)</u> 또는 주택자금 공제를 세대주가 받지 않은 경우에는 <u>세대원인 근로자(실제거주에 한함)</u> ② 취득당시 기준시가가 6억원 이하인 주택을 취득하기 위한 차입금 (2014.1.1. 이후 장기주택저당차입금부터는 국민주택규모를 초과하 는 주택도 공제 가능) ③ 채무자와 저당권 설정된 주택의 소유자가 동일인일 것 ④ 주택소유권 이전등기일(보존등기일)로부터 3월 이내에 차입한 것일 것 ⑤ 차입금의 상환기간이 10년 이상일 것(고정금리 또는 비거치식 분할 상환) ＊ 비거치식 분할상환 : 상환기간 동안 이자만 상환하는 기간이 1년 이내이 고, 거치기간 종료일이 속하는 과세기간부터 차입금 상환기간 말일이 속 하는 과세기간까지 매년 (차입금의 70% ÷ 상환기간 연수) × (해당 과세 기간의 차입금 상환월수 ÷ 12) 이상의 차입금을 상환하는 경우를 말함.
	개인연금저축 소득공제	• 공제대상 : 2000년 12월 31일 이전에 가입한 개인연금저축(본인 명의) • 공제금액 : **개인연금저축 연간불입액 × 40%(72만원 한도/불입액 기 준 180만원 한도)**

공제구분	공제대상 및 공제금액

공제구분	공제대상 및 공제금액		
신용카드사용 금액공제	• 공제대상 : 근로자 본인(일용근로자 제외) 및 배우자(연간 소득금액이 100만원 이하 또는 총급여액 500만원 이하의 근로소득만 있는 자), 직계 존·비속(배우자의 직계존속 포함), 동거입양자 연간소득금액이 100만원(근로소득만 있는 자는 총급여 500만원) 이하인 자의 신용카드, 직불카드, 기명식 선불카드, 현금영수증(형제자매 사용분은 안됨) ㅡ연령제한 없음. • 한도액 = 기본한도액 + 추가한도액		

총급여액	기본한도액	추가한도액
7천만원 이하	연간 300만원	MIN(①, ②) ① 기본한도초과액 ② MIN[(전통시장사용분 × 40% + 대중교통이용분 × 40% + 도서·신문 및 체육시설 등 사용분 × 30%), 연간 300만원]
7천만원 초과	연간 250만원	MIN(①, ②) ① 기본한도초과액 ② MIN[(전통시장사용분 × 40% + 대중교통이용분 × 40%), 연간 200만원]

공제구분	공제대상 및 공제금액
자녀세액공제	• 기본공제대상 자녀 및 손자녀로서 8세 이상(8세 미만의 취학아동 포함) • 8세 미만 자녀에 대해 보편적 아동수당을 지급하기 때문에 중복혜택 배제 ㅡ공제금액 : 자녀 1인(25만원), 2인(55만원), 3인 이상(55만원 + 2인 초과 1명당 40만원) • 출생·입양세액공제 : 1명당 30만원(첫째 30만원, 둘째 50만원, 셋째 이상 70만원)
연금계좌 세액공제	• 공제대상 : 근로자가 연금저축계좌, 퇴직연금계좌에 납입한 금액(확정기여형 사용자부담금 제외) • 공제금액 : MIN(①, ②) × 12%(15%[*1])

① 연금계좌 납입액
② 한도 : MIN 【[MIN(연금계좌 납입액, 600만원)+퇴직연금계좌 납입액], 900만원] + 전환금액이 있는 경우의 추가한도[MIN (전환금액 × 10%, 300만원[*2])】

[*1] 종합소득금액 4,500만원 이하(근로소득만 있는 경우는 총급여액 5,500만 원 이하)인 거주자
[*2] 직전 과세기간과 해당 과세기간에 걸쳐 납입한 경우 300만원에서 직전 과세기간에 적용된 금액 차감

공제구분		공제대상 및 공제금액
특별세액공제	1. 보험료	• 공제대상 : 근로자가 기본공제대상자(연령, 소득금액 제한 있음)를 피보험자로 하는 장애인전용보장성보험료와 일반보장성보험료를 지급한 경우 • 공제금액 : (보험료납입액, 100만원 한도)×12% 또는 15%(장애인전용보장성보험료, 100만원 한도)
	2. 의료비 세액공제 (실손의료비 보전금액 제외)	• 공제대상 : 근로자가 기본공제대상자(연령, 소득금액 제한 없음)를 위하여 의료비를 지급한 경우 * 공제대상의료비 : 진찰·진료·질병예방을 위하여 의료기관에 지급하는 비용, 치료·요양을 위한 의약품(한약포함) 구입, 보정용 안경·콘텍트렌즈 구입(50만원 이내), 보청기 구입, 장애인 보장구 구입 및 임차비용(미용. 성형수술 비용, 건강증진을 위한 의약품 구입비용 제외) • 공제금액 : ① + ② [①(본인, 6세가 되는 날과 그 이전 기간에 해당하는 6세 이하 부양가족, 65세 이상 자, 장애인 의료비 지급액 − ②의 의료비 지급액이 총급여액의 3%에 미달하는 경우 그 미달금액)×15%(미숙아 및 선천성이상아를 위한 치료비는 20%, 난임시술비는 30%) ② 그 밖의 부양가족 의료비 지급액 − **총급여액×3%, 700만원 한도**)]×15%
	3. 교육비 세액공제	• 공제대상 : 본인 및 기본공제대상자(연령 제한 없음, 소득금액 제한 있음)를 위하여 교육기관에 지급한 금액(직계존속 교육비는 대상 아님) * 공제대상교육비 : 수업료, 입학금, 보육비용, 수강료 및 그 밖의 공납금, 급식비, 교과서 대금(초·중·고), 중·고등학생 교복(체육복)구입비(1명당 50만원 한도), 방과 후 학교 수업료 및 특별활동비(학원 및 체육시설은 취학 전 아동만 해당), 재활교육을 위한 지급비용, 체험학습비(1명당 30만원)·근로자가 상환하는 학자금 대출 원리금 • 공제금액 −취학전 아동, 초·중·고등학생의 교육비 : (지급액, 300만원 한도)×15% −대학생 교육비 : (지급액, 900만원 한도)×15% −본인 및 장애인 특수교육비 : 지급액 전액×15%
	4. 기부금 세액공제	• 공제대상 : 근로자 및 기본공제 적용받는 부양가족(나이제한 없음)이 기부금을 지급한 경우(정치기부금은 본인명의 만) • 공제금액 : ① 1천만원까지의 공제대상 기부금×15% + 1천만원 초과분 공제대상 기부금×30% * 정치자금기부금은 10만원까지는 기부금의 110분의 100을, 10만원을 초과한 금액에 대해서는 15%, 3천만원 초과분은 25%를 공제 ② 종합소득산출세액−[종합소득 산출세액×(사업소득금액 + 원천징수세율을 적용 받는 이자소득·배당소득금액)/종합소득금액]

공제구분		공제대상 및 공제금액

특별세액공제	4. 기부금 세액공제	• 세액공제 대상 한도
		① **정치자금기부금·고향사랑기부금·특례기부금** : **기준소득금액** × 100%
		② 우리사주조합기부금 : (**기준**소득금액 – 한도 내의 ① 기부금) × 30%
		③ 일반기부금
		  – 종교단체기부금 있는 경우 : (**기준**소득금액 – 한도 내의 ①, ② 기부금) × 10% + <u>MIN[(**기준**소득금액 – 한도 내의 ①, ② 기부금) × 20%, 종교단체 외에 기부한 일반기부금]</u>
		  – 종교단체기부금 없는 경우 : (**기준**소득금액 – 한도 내의 ①, ② 기부금) × 30%
		    * 특례(일반)기부금이 각각의 한도액을 초과하는 경우 10년 동안 이월하여 공제
		    * 기준소득금액 = 종합소득금액 + 필요경비에 산입한 기부금 – 원천징수세율을 적용받는 금융소득금액

월세 세액공제		• 공제대상 ① 무주택 세대주 또는 월세세액공제·주택자금공제를 세대주가 받지 않은 경우 기타 요건을 충족한 세대원(법 소정의 외국인 포함) ② **총급여액이 8천만원 이하**인 근로자(종합소득금액 7천만원 초과자 제외) ③ 국민주택규모 또는 기준시가 4억원 이하 주택(주거용 오피스텔, 고시원 포함)(임대차계약증서의 주소지와 주민등록표 등본의 주소지가 같아야 함) • 세액공제액 월세 세액공제액 – MIN[주택을 임차하기 위하여 지급한 월세액, 1,000만원] × 15%(17%*) * 총급여액 5,500만원 이하인 근로자의 경우 17%(해당 과세기간에 종합소득 과세표준을 계산할 때 합산하는 종합소득금액이 4,500만원을 초과하는 자는 제외)
혼인에 대한 세액공제		• 거주자가 2026년 12월 31일 이전에 혼인신고를 한 경우에는 1회에 한정하여 혼인신고를 한 날이 속하는 과세기간의 종합소득산출세액에서 50만원을 공제

01 종합소득과세표준의 계산

종합소득에 대한 과세표준은 종합과세 되는 이자소득금액·배당소득금액·사업소득금액·근로소득금액·연금소득금액 및 기타소득금액의 합계액에서 종합소득공제를 한 금액으로 한다.

> 종합소득과세표준 = 종합소득금액 - 종합소득공제 - 「조세특례제한법」상 소득공제

구 분		구체적인 내용
인적공제	기본공제	대상자 1인당 150만원
	추가공제	① 장애인 공제(200만원) ② 경로우대공제(100만원) ③ 부녀자공제(50만원) ④ 한 부모공제(100만원)
물적공제	특별소득공제 (근로소득자)	① 보험료공제 ② 주택자금공제
	주택담보노후연금 이자비용 공제	MIN[200만원, 이자비용]
	연금보험료 공제	공적연금보험료 납부액
	신용카드 등 사용금액에 대한 소득공제 (「조세특례제한법」 제126조의2)	기본공제액 + 추가공제금액

* 「조세특례제한법」에 따른 산식에 의한다.

02 종합소득공제

(1) 인적공제

'인적공제'란 납세의무자의 인적사항에 따른 최저생계비를 보장하기 위해 부양가족의 상황에 따라 세부담에 차별을 두는 제도이다. 이러한 인적공제에는 기본공제, 추가공제가 있으며, 인적공제의 합계액이 종합소득금액을 초과하는 경우 그 초과하는 금액은 없는 것으로 본다.

1) 기본공제

종합소득이 있는 거주자(자연인에 한함)는 다음의 기본공제대상자(소득금액, 연령, 생계요건을 충족) **1명당 연 150만원을 곱하여** 계산한 금액을 그 거주자의 해당 과세기간의 종합소득금액에서 공제한다. 이때 근무월수가 1년 미만인 경우에도 월할 계산을 하지 아니한다.

구 분		공제요건	
		나이요건	소득요건[*1]
① 본 인		–	–
② 배우자		–	100만원 이하
③ 생계를 같이하는 부양가족	직계존속[*2]	만 60세 이상	100만원 이하
	직계비속	만 20세 이하(20세가 되는 날과 그 이전 기간)	100만원 이하
	형제자매	만 20세 이하 만 60세 이상	100만원 이하
	국민기초생활 보장법에 따른 생계급여 등의 수급자	–	100만원 이하
	위탁아동 (해당과세기간 6개월 이상 직접 양육)	만 18세 미만[*3]	100만원 이하

*1) 종합소득금액, 퇴직소득금액(퇴직급여 및 명예퇴직수당 등의 합계액), 양도소득금액
*2) 직계존속이 재혼한 경우 배우자 포함(직계존속이 재혼한 배우자를 직계존속 사후에도 부양하는 경우 포함)
*3) 보호기간이 연장된 위탁아동 포함(20세 이하인 경우)
※ 장애인의 경우 나이 제한을 받지 아니하나 연간소득금액의 합계액이 100만원(근로소득만 있는 자는 총급여 500만원)을 초과하는 경우 기본공제대상에 해당되지 않는다.
※ 총급여 500만원 이하의 근로소득만 있는 경우에는 소득금액의 요건을 충족한 것으로 한다.
※ 공제대상의 판정기준이 되는 소득금액은 「소득세법」상 종합과세 되는 종합소득·퇴직소득·양도소득금액임에 주의하며 분리과세소득이나 비과세·비열거소득은 포함하지 않는다.
※ 생계를 같이하는 부양가족이란 주민등록표상의 동거가족으로서 해당 거주자의 주소 또는 거소에서 현실적으로 생계를 같이하는 자를 말하며, 배우자의 직계존속·형제자매를 포함한다. 다만, 여기에는 다음의 예외사항이 있다.
　① 직계비속과 입양자는 항상 생계를 같이하는 부양가족으로 본다.
　② 거주자 또는 직계비속을 제외한 동거가족이 취학·질병의 요양·근무상 또는 사업상의 형편 등으로 본래의 주소·거소를 일시 퇴거한 경우에도 생계를 같이하는 자로 본다.
　③ 거주자(그 배우자 포함)의 직계존속이 주거의 형편에 따라 별거하고 있는 경우에는 이를 생계를 같이하는 자로 한다.
※ 기본공제대상자가 직계비속 또는 입양자인 경우 해당 직계비속 또는 입양자와 그 배우자가 모두 장애인에 해당하는 경우에는 그 배우자도 기본공제 대상자에 포함한다.

※ 비거주자의 경우에는 기본공제 및 추가공제 중 근로자 본인에 대한 공제만 가능하다. 비거주자가 12월 31일 현재 거주자에 해당되는 때에는 거주자로 본다.
※ 해당 과세기간에 6개월 이상 직접 양육한 위탁아동(보호기간이 연장된 경우 20세 이하인 위탁아동)에 해당되는 경우 기본공제 대상이다. 다만, 직전 과세기간에 소득공제를 받지 못한 경우에는 해당 위탁아동에 대한 직전 과세기간의 위탁기간을 포함하여 계산한다(소령 제106조). 그리고 '가정위탁'이란 보호대상아동(18세 미만의 사람)의 보호를 위하여 성범죄, 가정폭력, 아동학대, 정신질환 등의 전력이 없는 적합한 가정에 보호대상아동을 일정 기간 위탁하는 것을 말한다.

참고

소득종류		연간 소득금액 100만원 이하인 경우
종합소득	이자, 배당소득 (금융소득)	• 금융소득이 2천만원 이하인 경우(분리과세대상)
	사업소득	• 사업소득이 결손이 발생한 경우 • 소규모주택임대소득 분리과세 선택한 경우
	근로소득	• 근로소득만 있는 경우에 총급여액이 500만원 이하인 경우 • 일용근로소득(금액 무관)만 있는 경우(분리과세대상) • 육아휴직급여 및 출산전후휴가급여만 받은 경우(비과세) • 실업급여 소득만 있는 경우(비과세)
	연금소득	• 공적연금액 516만원, 사적연금액이 1,500만원 이하로서 분리과세 선택한 경우 • 2001년 이전 불입액을 기초로 수령하는 공적연금 등(과세 제외)
	기타소득	• 복권당첨소득(무조건 분리과세대상) • 기타소득금액(총수입금액 − 필요경비)이 300만원 이하로 종합과세 선택 안한 경우
퇴직소득		• 퇴직금이 100만원 이하
양도소득		• 양도세 비과세대상인 경우

2) 추가공제

기본공제대상자가 다음의 어느 하나에 해당하는 경우 거주자의 해당 과세기간 종합소득금액에서 기본공제 외에 다음에서 정해진 금액을 추가로 공제한다.

구 분	적용요건	1명당 공제금액
① 경로우대공제	만 70세 이상인 경우	연 100만원
② 장애인공제	장애인인 경우	연 200만원

구 분	적용요건	1명당 공제금액
③ 부녀자공제	해당 과세기간의 종합소득금액이 3천만원 이하인 거주자가 다음 중 어느 하나에 해당하는 경우 ① 배우자가 없는 여성으로서 기본공제대상자인 부양가족이 있는 세대주 ② 배우자가 있는 여성 (배우자 유무, 부양가족이 있는 세대주 여부는 해당과세기간 종료일(12.31.) 현재의 주민등록표등본 또는 가족관계부에 의해서 판단)	연 50만원
④ 한부모소득공제	배우자가 없는 사람으로서 기본공제대상자인 직계비속 또는 입양자가 있는 경우 (위탁아동은 해당사항 없음)	연 100만원

※ 부녀자 공제와 한부모소득공제가 모두 해당되는 경우 한부모소득공제를 적용한다.

참고 ●

거주자 여부에 따른 세법상의 주요 취급내용(2014 CTA 2차)

Q. 거주자가 소득이 없는 장인(만 72세), 장모(만 71세)를 실제 부양하다가 연도 중에 장인이 사망한 경우 장인·장모에 대한 기본공제(부양가족공제)와 추가공제(경로우대자공제) 금액은?

A. 기본공제 : 300만원(2인 × 150만원)
추가공제 : 200만원(2인 × 100만원)

3) 인적공제 판정

① 판정시기

㉠ 공제대상자에 해당하는지의 여부에 대한 판정은 **해당 과세기간의 과세기간 종료일 현재**의 상황에 의한다. 다만 과세기간 종료일 전에 사망한 사람 또는 장애가 치유된 사람에 대해서는 사망일 전날 또는 치유일 전날의 상황에 따른다.

㉡ 해당 과세기간의 과세기간 중에 해당 나이에 해당되는 날이 있는 경우에 공제대상자로 본다.

② 둘 이상 거주자의 인적공제대상자에 해당되는 경우

㉠ 거주자의 공제대상자가 동시에 다른 거주자의 공제대상가족에 해당되는 경우에는 해당 과세기간의 과세표준 확정 신고서, 근로소득자 소득·세액 공제신고서에 기재된 바에 따라 그 중 1인의 공제대상가족으로 한다.

ⓒ 둘 이상의 거주자가 공제대상가족을 서로 자기의 공제대상가족으로 하여 신고서에 적은 경우 또는 누구의 공제대상가족으로 할 것인가를 알 수 없는 경우에는 다음과 같이 처리한다.

ⓐ 거주자의 공제대상배우자가 다른 거주자의 공제대상부양가족에 해당하는 때에는 공제대상배우자로 한다.

ⓑ 거주자의 공제대상부양가족이 다른 거주자의 공제대상부양가족에 해당하는 때에는 직전 과세기간에 부양가족으로 인적공제를 받은 거주자의 공제대상부양가족으로 한다. 다만, 직전 과세기간에 부양가족으로 인적공제를 받은 사실이 없는 때에는 해당 과세기간의 종합소득금액이 가장 많은 거주자의 공제대상부양가족으로 한다.

ⓒ 거주자의 추가공제대상자가 다른 거주자의 추가공제대상자에 해당하는 때에는 위 규정에 의하여 기본공제를 하는 거주자의 추가공제대상자로 한다.

(2) 연금보험료공제

① **종합소득이 있는 거주자가** 공적연금 관련법에 따른 기여금 또는 개인부담금을 납입한 경우에는 해당 과세기간의 종합소득금액에서 그 과세기간에 납입한 연금보험료를 전액 공제한다. 다만, 연금보험료 공제의 합계액이 종합소득금액을 초과하는 경우 그 초과하는 공제액은 없는 것으로 한다.

② 연금기여금을 불입할 때에는 소득공제혜택을 주지만 나중에 연금을 수령한 때에는 연금소득으로 과세한다.

참고 ●

소득공제 한도

다음의 공제금액 합계액이 종합소득금액을 초과하는 경우 그 초과하는 금액을 한도로 연금보험료공제를 받지 아니한 것으로 본다. 이는 연금보험료 공제를 받지 않은 금액이 과세 제외 기여금 등에 해당되어 연금 수령시 과세되지 않기 때문에 연금가입자에게 유리하도록 적용한 규정이다.

① 인적공제(기본공제, 추가공제)
② 연금보험료공제
③ 주택담보노후연금 이자비용공제

④ 특별소득공제(건강·고용보험료공제, 주택자금공제)
⑤ 「조세특례제한법」에 따른 소득공제

(3) 주택담보노후연금에 대한 이자비용공제

연금소득이 있는 거주자가 법 소정의 요건에 해당하는 주택담보노후연금을 받은 경우에는 그 받은 연금에 대해서 해당 과세기간에 발생한 이자비용 상당액을 해당 과세기간 연금소득금액에서 공제한다. 주택담보노후연금 이자비용공제는 해당 거주자가 **신청**한 경우에 적용한다.

주택담보노후연금 이자비용공제액 : MIN [①, ②, ③]
① 해당과세기간에 발생한 이자비용
② **한도 200만원**
③ 연금소득금액

※ 주택의 기준시가 12억원 이하 / 「한국주택금융공사법」에 따른 주택담보노후연금보증을 받아 지급받거나, 위 법에 따른 금융기관의 주택담보노후연금일 것

(4) 특별소득공제

특별소득공제란 세제 혜택으로 사회보장제도를 지원하기 위해 <u>근로소득자인 납세의무자</u>가 지출한 보험료와 주택 관련 저축액이나 원리금상환액 등의 특정 지출액을 소득에서 공제해주는 제도를 말한다. 공제액이 그 거주자의 해당 과세기간의 합산과세 되는 종합소득금액을 초과하는 경우 그 초과하는 금액은 없는 것으로 한다(소법 제52조의8).

1) 보험료공제

근로소득이 있는 거주자(일용근로자는 제외)가 해당 과세기간에 「국민건강보험법」, 「고용보험법」 또는 「노인장기요양보험법」에 따라 근로자가 부담하는 보험료를 지급한 경우 그 금액을 해당 과세기간의 근로소득금액에서 공제한다.

구 분	공제금액
① 국민건강보험료	근로자 부담분* 보험료 (본인 명의만 적용)
② 고용보험료	
③ 노인장기요양보험료	

* 건강보험료 중 사용자 부담분은 공제대상 아님

2) 주택자금공제

- 근로소득이 있는 거주자로서 세대주가 ① 주택청약통장에 납입한 금액, ② 주택임차차입금의 원리금상환액, ③ 장기주택저당차입금의 이자상환액(취득시 기준시가 6억원 이하)이 있는 경우에는 일정한 조건하에 그 금액을 종합소득과세표준에서 공제한다. 이때 ①과 ②를 합한 금액의 40%를 공제하며, 400만원을 한도로 하고, ③이 있는 경우 ①과 ②를 합한 금액의 40%에 ③을 합한 금액을 공제하며, 다음의 요건을 충족한 경우 최대 2,000만원을 한도로 한다.
- 만기 15년 이상 &(고정금리 & 비거치식) : 2,000만원
- 만기 15년 이상 &(고정금리 or 비거치식) : 1,800만원
- 만기 15년 이상인 그 외 차입금(기타차입금) : 800만원
- 만기 10년 이상 &(고정금리 or 비거치식) : 600만원

구 분	공제대상자	공제대상 주택자금
① 주택청약종합저축 납입액 소득공제[1]	해당 과세기간 총급여액이 7천만원 이하이며, 무주택세대의 세대주 또는 그 배우자가 2025년 12월 31일까지 공제	해당과세기간에 **청약종합저축 또는 주택청약종합저축**[2]에 납입한 금액(**연 300만원**을 납입 한도) 다만, 과세기간 중에 주택당첨외의 사유로 중도 해지한 경우에는 해당과세기간에 납입한 금액은 공제하지 않음
② 주택임차차입금의 원리금상환액 소득공제	과세기간 종료일 현재 무주택세대의 세대주(세대주인 근로자가 주택자금소득공제(주택마련저축공제 포함)를 받지 않는 경우에는 세대구성원인 근로자를 말함)	국민주택규모의 주택(주거용 오피스텔 포함)을 임차하기 위하여 지급하는 대출기관 등으로부터 차입한 일정요건의 **주택임차자금 차입금**[3]의 원리금상환액
③ 장기주택 저당차입금 이자상환액 소득공제	취득당시 무주택세대 또는 1주택을 보유한 세대의 세대주[4](세대주가 주택자금소득공제를 받지 않는 경우에는 세대구성원 중 근로소득이 있는 자[5]를 말함)로서, 세대구성원이 보유한 주택을 포함하여 과세기간 종료일 현재 1주택을 보유한 경우	취득당시 주택의 기준시가가 6억원 이하인 주택을 취득하기 위하여 그 주택에 저당권을 설정하고 차입한 **장기주택저당차입금의 이자**를 지급하였을 때 해당 과세기간에 지급한 **이자상환액**(국민주택규모 여부 불문)

*1) 주택마련저축 소득공제는 「조세특례제한법」에 규정되어 있는 그 밖의 소득공제에 해당하지만 「소득세법」상의 주택자금공제화 한도계산을 같이한다.
*2) 기 가입자 중 총급여 7,000만원 초과자에 대해서는 기존 한도(연 120만원)로 2017년 납입분까지 소득공제

*3) 주택임차자금차입금 요건
    ① 대출기관으로부터 차입(임대차계약증서상 입주일과 주민등록등본상 전입일 중 빠른 날로부터 전후 3개월 이내에 차입[42])하고 차입금이 대출기관에서 임대인의 계좌로 직접 입금될 것[43]
    ② 대부업을 경영하지 아니하는 거주자로부터 차입(해당 과세기간의 총급여액이 5천만원 이하인 사람만 해당) 입주일과 전입일 중 빠른 날로부터 1개월 이내에 법정이율(1.8%) 이상으로 차입한 금액
*4) 거주 여부 불문하고 공제
*5) 실제 거주(과세기간 중 계속 거주)하는 경우에 한해 공제대상

- 소득공제액

다음의 금액을 근로소득금액에서 공제한다.

구 분	소득공제액	공제한도	
주택청약종합저축납입액	(A) 저축 불입액 × 40%	MIN(①, ②) ① (A)+(B) ② 연 400만원	MIN(①, ②) ① (A)+(B)+(C) ② 연 600만원, 800만원, 1,800만원, 2,000만원
주택임차차입금 원리금 상환액	(B) 원리금상환액 × 40%		
장기주택 저당차입금 이자상환액	(C) 이자상환액		

> **실무**
>
> 장기주택저당차입금 차입자가 해당 주택에 저당권을 설정하여 다른 금융기관으로부터 차입한 장기주택저당차입금으로 기존 장기주택저당차입금을 차입자가 즉시 상환하는 경우에도 소득공제 가능함. 단, 회신일 이후 신고하거나 연말정산하는 분부터 적용(기획재정부 소득세제과－6, 2024.1.3.)

03 「조세특례제한법」상 공제

(1) 신용카드 등 사용금액에 대한 소득공제

1) 개요

근로소득이 있는 거주자(일용근로자 제외)가 법인 또는 사업자로부터 2025년 12월 31일

---

42) 종전 주택임차자금 차입금을 다른 대출기관으로부터 받은 주택임차자금 차입금으로 상환하는 경우에는 종전 주택임차자금을 차입한 날을 기준으로 판단한다.

43) 다른 대출기관으로부터 주택임차자금을 차입하여 이전에 대출기관에서 임대인의 계좌로 직접 입금한 주택임차자금 차입금을 상환하는 경우를 포함한다.

까지 재화나 용역을 제공받고 지급한 **신용카드 등 사용금액의 연간합계액**(국외에서 사용한 금액 제외)**이 총급여액의 25%**(이하 "**최저사용금액**"이라 함)를 **초과**하는 경우에 일정 금액을 소득공제 받을 수 있다(조특법 제126조의2).

(1) 용도에 따른 구분 및 소득공제율

용도에 따른 구분	내 용	소득공제율
① 전통시장 사용분	전통시장과 전통시장 구역 안의 법인 또는 사업자*에게 사용분	40%
② 대중교통 이용분	노선버스, 도시철도, 철도 등 대중교통수단을 이용한 대가	40%
③ 도서·신문·공연·박물관·미술관·영화상영관 및 체육시설(수영장 및 체력단련장(PT 제외), 2025.7.1. 시행) 사용분	해당 과세연도의 총급여액 7천만원 이하인 경우만 적용됨.	30%
④ 현금영수증, 직불·선불카드 사용분	직불카드, 기명식선불카드, 직불전자지급수단, 기명식선불전자지급수단, 기명식전자화폐, 현금영수증 사용분(①, ②, ③에 사용분 제외)	30%
⑤ 신용카드 사용분	신용카드 사용분(①, ②, ③에 사용분 제외)	15%

* 다음의 법인 또는 사업자는 제외
  ㉠ 「유통산업발전법」에 따른 준대규모점포
  ㉡ 사업자 단위 과세 사업자로서 전통시장 구역 안의 사업장과 밖의 사업장의 신용카드 사용금액이 구분되지 않는 사업자
  ※ 신용카드 등 사용금액이 ①, ② 및 ③의 금액에 중복하여 해당하는 경우 그 중 하나에 해당하는 것으로 보아 소득공제 적용

(2) 소득공제액

구 분	사용액 (A)	최저사용금액[1] (B)	공제대상사용액 (C=A-B)	공제율 (D)	공제액(C×D)
① 전통시장 사용분			①	40%	공제액
② 대중교통 이용분			②	40%	공제액
③ 도서·신문·공연 및 체육시설 등 사용분			③	30%	공제액
④ 직불카드 사용분			④	30%	공제액
⑤ 신용카드 사용분			⑤	15%	공제액
합 계		총급여액×25%			소득공제 합 계[2]

[1] 최저사용금액은 '총급여액 × 25%'이며, 이는 신용카드 사용분 → 직불카드 사용분 → 도서·신문·공연 및 체육시설 등 사용분 → 대중교통 이용분 및 전통시장 사용분 순으로 사용한 것으로

보아 계산한다.

*2) 신용카드 등 공제합계액 + 2024년 신용카드 등 사용금액 증가분의 공제액 [2024년 신용카드 등 사용금액 증가분(2023년 과세연도의 신용카드 등 사용금액의 105%를 초과하는 사용금액) × 10%]

(3) 한도액

총급여액	기본한도액	추가한도액
7천만원 이하	연간 300만원	MIN(㉠, ㉡) ㉠ 기본한도 초과액 ㉡ MIN[(전통시장 사용분 × 40% + 대중교통 이용분 × 40% + 도서·신문·공연 및 체육시설 등 사용분 × 30%), 연간 300만원]
7천만원 초과	연간 250만원	MIN(㉠, ㉡) ㉠ 기본한도 초과액 ㉡ MIN[(전통시장사용분 × 40% + 대중교통 이용분 × 40%), 연간 200만원]

2) 공제대상 신용카드 등 사용금액

해당 과세기간의 근로제공기간에 사용한 신용카드 등 사용금액의 합계액으로 한다.

① 신용카드를 사용하여 그 대가로 지급하는 금액

② 현금영수증(현금거래사실을 확인받은 것을 포함)에 기재된 금액

③ 직불카드·기명식 선불카드·직불전자지급수단·기명식 선불전자지급수단·기명식 전자화폐

④ 제로페이사용분

⑤ 연간 소득금액 합계액이 100만원(근로소득만 있는 자는 총급여 500만원) 이하인 배우자(혼인 전 사용금액 제외) 또는 직계존비속 명의(연령제한 없음)의 신용카드 등 사용금액은 포함

⑥ 형제자매의 신용카드 등 사용금액은 기본공제대상자라 하더라도 포함하지 않음.

3) 신용카드 등 사용금액 중 소득공제대상에서 제외되는 경우

구 분	소득공제가 배제되는 신용카드 등 사용금액
사업관련비용	사업소득과 관련된 비용 또는 법인의 비용을 근로자의 신용카드 등으로 결제한 경우
비정상적사용액	물품의 판매 또는 용역의 제공을 가장한 사용액

구 분	소득공제가 배제되는 신용카드 등 사용금액
자동차구입비용	신규로 출고되는 자동차 구입비용(다만, 중고자동차를 신용카드 등으로 구입한 경우 구입금액의 10%는 사용금액에 포함)
자동차 리스료	자동차대여사업의 자동차대여료를 포함한 리스료
보험료 및 공제료	「국민건강보험법」 또는 「노인장기요양보험법」, 「고용보험법」에 따라 부담하는 보험료, 「국민연금법」에 의한 연금보험료 및 각종 보험계약(생명보험 등)의 보험료 또는 공제료
교육비	「유아교육법」, 「초·중등교육법」, 「고등교육법」 또는 「특별법」에 의한 학교(대학원 포함) 및 「영유아 보육법」에 의한 어린이집에 납부하는 수업료·입학금·보육비용, 기타 공납금
공과금	정부·지방자치단체에 납부하는 국세·지방세, 전기료·수도료·가스료·전화료(인터넷 포함)·아파트관리비 및 도로통행료
유가증권구입	상품권 등 유가증권 구입비
자산의 구입비용	취득세 또는 등록면허세가 부과되는 재산의 구입비용(주택 등)
금융용역관련 수수료	차입금 이자상환액, 증권거래 수수료 등
정치자금·고향사랑 기부금	신용카드 등으로 결제하여 기부하는 정치자금 및 고향사랑 기부금(세액공제적용받은 경우에 한함)
월세액 세액공제	월세 세액공제를 적용받은 월세액
면세점 사용금액 등	면세점 사용액(시내, 출국장면세점, 기내면세점, 지정면세점) 및 해외에서 사용한 신용카드 등의 사용액
가상자산 수수료	가상자산사업자에게 지급하는 가상자산의 매도·매수 등에 따른 수수료

4) 신용카드 등 사용금액 소득공제와 특별세액공제 중복 적용 여부

구 분		특별세액공제항목	신용카드공제
신용카드로 결제한 의료비		의료비 세액공제 가능	신용카드공제 가능
신용카드로 결제한 보장성보험료		보험료 세액공제 가능	신용카드공제 불가
신용카드로 결제한 학원비	취학 전 아동	교육비 세액공제 가능	신용카드공제 가능
	그 외	교육비 세액공제 불가	
신용카드로 결제한 교복구입비		교육비 세액공제 가능	신용카드공제 가능
신용카드로 결제한 기부금		기부금 세액공제 가능	신용카드공제 불가

9-1. 신용카드소득공제

다음 중 소득공제가 배제되는 신용카드 등의 사용금액이 아닌 것은?

① 사업소득과 관련된 비용 또는 법인의 비용을 근로자의 신용카드 등으로 결제한 경우
② 취학 후 아동에 대한 학원 수강료
③ 자동차대여사업의 자동차 대여료를 포함한 리스료
④ 상품권 등 유가증권 구입비
⑤ 신용카드로 결제한 보장성보험료

[풀이] ② 취학 후 아동에 대한 학원 수강료는 교육비 세액공제는 불가하지만 신용카드공제는 가능하다.

(2) 벤처투자조합 출자 등에 대한 소득공제

1) 개요

거주자가 다음 중 어느 하나에 해당하는 출자 또는 투자를 하는 경우에는 2025년 12월 31일까지 출자 또는 투자한 금액을 그 출자일 또는 투자일이 속하는 과세연도의 종합소득금액에서 공제(거주자가 출자일 또는 투자일이 속하는 과세연도부터 출자 또는 투자 후 2년이 되는 날이 속하는 과세연도까지 1과세연도를 선택하여 공제시기 변경을 신청하는 경우에는 신청한 과세연도의 종합소득금액에서 공제)한다. 다만, 타인의 출자지분이나 투자지분 또는 수익증권을 양수하는 방법으로 출자하거나 투자하는 경우에는 그러하지 아니하다.

① 벤처투자조합, 민간재간접벤처투자조합, 신기술사업투자조합 또는 전문투자조합에 출자하는 경우
② 벤처기업투자신탁의 수익증권에 투자하는 경우
③ 개인투자조합에 출자한 금액을 벤처기업 또는 이에 준하는 창업 후 3년 이내의 중소기업으로서 벤처기업 등에 투자하는 경우
④ 「벤처기업육성에 관한 특별조치법」에 따라 벤처기업 등에 투자하는 경우
⑤ 창업·벤처전문사모집합투자기구에 투자하는 경우
⑥ 온라인소액투자중개의 방법으로 모집하는 창업 후 7년 이내의 중소기업으로서 지분증권에 투자하는 경우

2) 공제율

다음의 구분에 따라 출자 또는 투자한 금액에 일정률을 곱하여 소득공제를 적용한다.

다만, 해당 과세연도의 종합소득금액의 50%를 한도로 한다.

구 분	공제율
① 벤처투자조합, 민간재간접벤처투자조합, 신기술사업투자조합 또는 전문투자조합에 출자하는 경우 ② 벤처기업투자신탁의 수익증권에 투자하는 경우 ③ 창업 · 벤처전문사모집합투자기구에 투자하는 경우	10%
④ 개인투자조합에 출자한 금액을 벤처기업 또는 이에 준하는 창업 후 3년 이내의 중소기업으로서 벤처기업 등에 투자하는 경우 ⑤ 「벤처기업육성에 관한 특별조치법」에 따라 벤처기업 등에 투자하는 경우 ⑥ 온라인소액투자중개의 방법으로 모집하는 창업 후 7년 이내의 중소기업으로서 지분증권에 투자하는 경우	3천만원 이하 : 100% 3천만원 초과분부터 5천만원 이하 분까지 : 70% 5천만원 초과분 : 30%

(3) 소기업 · 소상공인 공제부금에 대한 소득공제

1) 개요

거주자가 「중소기업협동조합법」에 따른 소기업 · 소상공인 공제에 가입하여 납부하는 공제부금에 대해서는 해당 연도의 공제부금 납부액에 해당 과세연도의 사업소득금액(법인의 대표자로서 해당 과세기간의 총급여액이 8천만원 이하인 거주자의 경우에는 근로소득금액으로 한다)에서 해당 과세연도의 사업소득금액에서 공제한다. 다만, 사업소득금액에서 공제하는 금액은 사업소득금액에서 부동산임대업의 소득금액을 차감한 금액을 한도로 한다.

2) 한도

거주자가 납부한 공제금액에 대하여 다음의 금액을 한도로 소득공제를 적용한다.
① 해당 과세연도의 사업소득금액이 4천만원 이하인 경우 : 600만원
② 해당 과세연도의 사업소득금액이 4천만원 초과 1억원 이하인 경우 : 400만원
③ 해당 과세연도의 사업소득금액이 1억원 초과인 경우 : 200만원

(4) 우리사주조합 출자에 대한 소득공제

우리사주조합원이 우리사주를 취득하기 위하여 우리사주조합에 출자하는 경우에는 해당 연도의 출자금액과 400만원(벤처기업등의 우리사주조합원의 경우에는 1,500만원) 중 적은 금액을 해당 연도의 근로소득금액에서 공제한다.

(5) 고용유지중소기업 상시근로자에 대한 소득공제

고용유지중소기업에 근로를 제공하는 상시근로자에 대하여 2026년 12월 31일이 속하는 과세연도까지 다음의 금액을 해당 과세연도의 근로소득금액에서 공제할 수 있다.

> 소득공제액 = (직전 과세연도의 해당 근로자 연간 임금총액 − 해당 과세연도의 해당 근로자 연간 임금총액) × 50%(한도 : 1,000만원)

(6) 청년형 장기집합투자증권저축 소득공제

대통령령으로 정하는 청년으로 다음의 <u>소득기준</u>을 충족하는 거주자가 청년형 장기집합투자증권저축에 2025년 12월 31일까지 가입하는 경우, '계약기간 동안 각 과세기간에 납입한 금액 × 40%'의 금액을 해당 과세기간의 종합소득금액에서 공제한다.

① 직전 과세기간의 총급여액이 5,000만원 이하일 것(직전 과세기간에 근로소득만 있거나 근로소득과 종합소득과세표준에 합산되지 않는 종합소득만 있는 경우로 한정하고 비과세소득만 있는 경우 제외)

② 직전 과세기간의 종합소득과세표준에 합산되는 종합소득금액이 3,800만원 이하일 것(직전 과세기간의 총급여액이 5,000만원을 초과하는 근로소득이 있는 경우 및 비과세소득만 있는 경우 제외)

(7) 주택청약종합저축 소득공제

근로소득이 있는 거주자(일용근로자 제외)로 해당 과세기간의 총급여액이 7천만원 이하이며, 해당 과세기간 중 주택을 소유하지 않은 세대의 세대주 또는 그 배우자가 2025년 12월 31일까지 해당 과세기간에 주택청약종합저축에 납입하는 경우 아래의 금액을 근로소득에서 공제한다(단, 과세기간 중 주택 당첨 및 주택청약종합저축 가입자가 청년우대형 주택청약종합저축에 가입하는 것 외의 사유로 중도 해지한 경우에는 해당 과세기간에 납입한 금액은 소득공제하지 않음).

> 주택청약종합저축 소득공제액[1] = MIN(저축납입액, 300만원) × 40%

[1] 「소득세법」상 주택자금공제와 합해서 공제한도 적용

04 소득공제 종합한도

(1) 공제한도 : 2,500만원

(2) 공제한도 소득공제

① 「소득세법」상 특별소득공제의 주택자금공제. 다만, 보험료공제는 적용하지 않는다.
② 「조세특례제한법」상 소득공제 등

　㉠ 벤처투자조합 출자 등에 대한 소득공제(10% 공제율이 적용되지 않는 부분은 제외)
　㉡ 소기업·소상공인 공제부금에 대한 소득공제
　㉢ 청약저축 등에 대한 소득공제
　㉣ 우리사주조합 출자에 대한 소득공제
　㉤ 장기집합투자증권저축 소득공제
　㉥ 신용카드 등 사용금액에 대한 소득공제

05 공동사업에 대한 소득공제 등 특례

　공동사업에 대한 소득금액 계산의 특례[44]에 따라 소득금액이 주된 공동사업자의 소득금액에 합산과세되는 특수관계인이 지출·투자 등을 한 금액이 있는 경우 :

　주된 공동사업자의 소득에 합산과세되는 소득금액의 한도에서 주된 공동사업자가 지출·투자 등을 한 금액으로 보아 주된 공동사업자의 합산과세되는 종합소득금액 또는 종합소득산출세액을 계산할 때에 소득공제 또는 세액공제[45]를 받을 수 있다.

---

44) p151. '(2) 공동사업장의 소득금액 분배, 2) 특례' 참조
45) 연금보험료 공제, 「조세특례제한법」에 따른 소득공제 및 연금계좌세액공제

※ 예시

1) 사실관계

사업자	손익분배비율	소득금액	비 고
A(본인)	80%	800만원	A와 B는 생계를 같이하고 있으며, 조세회피 목적
B(여동생)	20%	200만원	으로 공동사업

2) 소득공제 관련 지출금액

사업자	소득공제지출금액	비 고
A(본인)	500만원	
B(여동생)	300만원	연금보험료 지출

3) A 소득공제 금액

500만원(본인 지출) + 200만원(여동생 지출)[*1)] = 800만원

*1) MIN(①, ②) = 200만원

① B가 지출한 300만원

② A의 소득에 B의 합산과세되는 소득금액 200만원(한도)

06 종합소득세의 계산

(1) 종합소득세의 계산구조

	종합소득과세표준	
(×)	기본세율	
	종합소득산출세액	
(−)	세액감면·공제	… 「소득세법」, 「조세특례제한법」상 세액감면·공제
	종합소득결정세액	
(+)	가산세	
(+)	감면분추가납부세액	
	종합소득총결정세액	
(−)	기납부세액	… 중간예납세액, 원천징수세액, 수시부과세액
	자진납부할세액	

(2) 세율

과세표준	세 율
1,400만원 이하	6%
1,400만원 초과 5,000만원 이하	84만원 + 1,400만원 초과분의 15%
5,000만원 초과 8,800만원 이하	624만원 + 5,000만원 초과분의 24%
8,800만원 초과 1.5억원 이하	1,536만원 + 8,800만원 초과분의 35%
1.5억원 초과 3억원 이하	3,706만원 + 1.5억원 초과분의 38%
3억원 초과 5억원 이하	9,406만원 + 3억원 초과분의 40%
5억원 초과 10억원 이하	1억 7,406만원 + 5억원 초과분의 42%
10억원 초과	3억 8,406만원 + 10억원 초과분의 45%

07 금융소득 종합과세시 세액계산 특례(= 비교과세)

　종합소득과세표준에 금융소득(이자소득과 배당소득)이 포함된 경우 종합소득산출세액은 다음과 같이 계산한다. 이를 비교과세라 한다. 비교과세의 산출세액 계산방법은 종합소득에 합산되는 금융소득이 2천만원을 초과하는 경우에는 다음의 종합과세시 세액과 분리과세시 세액 중 큰 금액을 종합소득산출세액으로 하며, 2천만원 이하인 경우에는 분리과세시 세액을 종합소득산출세액으로 한다.

종합소득에 합산되는 금융소득이 2천만원 초과	MAX [①, ②] ①(종합소득과세표준 − 2천만원) × 기본세율 + 　(2천만원 × 14%) ②(종합소득과세표준 − 금융소득금액) × 기본세율 + 　(금융소득총수입금액 × 14%)
종합소득에 합산되는 금융소득이 2천만원 이하	(종합소득과세표준 − 금융소득금액) × 기본세율 + (금융소득 총수입금액 × 14%)

※ '금융소득 총수입금액'에는 귀속법인세(Gross − up금액)를 포함하지 않는다.
※ 비영업대금의 이익은 25%

08 부동산매매업자에 대한 세액계산의 특례

(1) 부동산매매업

한국표준산업분류에 따른 비주거용 건물건설업(건물을 자영건설하여 판매하는 경우만 해당)과 부동산 개발 및 공급업을 말한다. 다만, 한국표준산업분류에 따른 주거용 건물 개발 및 공급업(구입한 주거용 건물을 재판매하는 경우는 제외)은 제외한다.

부동산매매업 등의 업종구분(소득 집행기준 19-0-9)

① 부동산매매업의 범위는 다음과 같다.
  ㉠ 자기의 토지 위에 상가 등을 신축하여 판매할 목적으로 건축 중인 「건축법」에 따른 건물과 토지를 제3자에게 양도한 경우
  ㉡ 토지를 개발하여 주택지·공업단지·상가·묘지 등으로 분할판매하는 경우(「공유수면 관리 및 매립에 관한 법률」 제46조에 따라 소유권을 취득한 자가 그 취득한 매립지를 분할하여 양도하는 경우를 포함)
② 부동산매매·저당·임대 등에 따라 행하는 부동산 감정업무를 수행하는 사업은 부동산 감정평가업으로 본다.
③ 부동산매매업의 구분에 있어 토지의 개발이라 함은 일정한 토지를 정지·분합·조성·변경 등을 함으로써 해당 토지의 효용가치가 합리적이고 효율적으로 증진을 가져오게 되는 일체의 행위를 말한다.
④ 근린생활시설과 주택이 함께 있는 건물을 상속받아 그 건물 전체를 다세대주택으로 증·개축하여 판매함으로써 발생하는 소득은 부동산매매업에서 발생하는 소득에 해당한다.

---

(2) 특례 적용대상 자산

다음과 같은 자산에 한하여 세액계산의 특례를 적용한다.
① 분양권
② 비사업용 토지
③ 미등기양도자산
④ 「주택법」에 따른 조정대상지역에 있는 주택으로서 대통령령으로 정하는 1세대 2주택에 해당하는 주택[46]

---

46) 다만, 보유기간이 2년 이상인 주택을 2022.5.10.부터 2026.5.9.까지 양도하는 경우 그 해당 주택과 그 밖에 대통령령으로 정하는 주택은 제외한다.

(3) 세액계산

부동산매매업자가 특례 적용대상 자산에 대한 종합소득산출세액은 다음의 산식에 따라 계산한 세액 중 큰 금액으로 한다.

MAX[①, ②]
① 종합소득산출세액
② (해당 자산의 매매가액 − 필요경비 − 장기보유특별공제 − 양도소득 기본공제) × 양도소득세 세율 + (종합소득과세표준 − 주택등매매차익*) × 종합소득세 세율

---

* 해당 자산의 매매가액 − 필요경비 − 장기보유특별공제 − 양도소득 기본공제

실무

조정대상지역 외의 지역에 소재한 주택을 단기양도한 부동산매매업자의 종합소득세 확정신고 시 세율적용방법

부동산매매업자로서 종합소득금액에 같은 법 제104조 제1항 제1호(분양권에 한정)·제8호·제10호 또는 같은 조 제7항 각 호의 어느 하나에 해당하는 자산의 매매차익이 없는 경우에는 해당 연도의 종합소득과세표준에 「소득세법」 제55조 제1항의 세율을 적용(사전−2023−법규소득−0816, 2024.1.15.)

→ 비조정대상지역에 2년 미만 보유한 자산을 단기양도할지라도 부동산매매업자에 대한 세액 계산의 특례를 적용하지 않는다.

예제

9−2. 종합소득공제

「소득세법」상 종합소득공제에 대한 다음 설명 중 옳지 않은 것은?

① 근로소득에 대한 연말정산시 원천징수 의무자에게 신고누락으로 소득공제를 받지 못한 부분에 대하여도 해당 근로소득 귀속연도의 다음연도 5월에 확정신고를 하는 경우에는 공제받을 수 있다.

② 과세표준 확정신고 여부에 관계없이 인적공제 및 특별소득공제 증명서류를 나중에 제출한 경우에도 종합소득공제를 적용받을 수 있다.

③ 종합소득에서 공제받지 못한 소득공제액은 퇴직 양도소득에서 공제받을 수 없다.

④ 인적공제, 특별소득공제, 연금보험료 공제는 종합소득공제의 한도 2,500만원을 적용하지 않지만 이외 조특법에 의한 소득공제는 종합소득공제의 한도 2,500만원을 적용받는다.

⑤ 수시부과결정의 경우에는 기본공제 중 거주자 본인에 대한 분(150만원)만을 공제한다.

[풀이] ④ 특별소득공제 중 주택자금공제는 종합소득공제한도의 적용대상 소득공제이다.

예제

9-3. 인적공제

다음 자료를 이용하여 거주자 乙(여성)씨의 인적공제액을 계산하시오.

(1) ㈜A의 대표이사로 근무하는 乙씨의 20×1년 총급여액은 100,000,000이고, 비영업대금 이익 6,000,000이 있으며, 이외의 소득은 없다.

(2) 乙씨와 생계를 같이하는 부양가족현황은 다음과 같다.

관 계	연 령	비 고
본인	46세	-
부친	79세	장애인, 총급여 5,000,000
모친	74세	사업소득금액 2,000,000
장녀	19세	장애인, 양도소득금액 1,100,000
장남	13세	기계장치 양도소득 20,000,000 (간편장부대상자에 해당)
위탁아동	9개월	20x0년 10월부터 20x1년 5월까지 양육

[풀이] 10,000,000

인적공제액 : (1) + (2) = 10,000,000

(1) 기본공제 : 4인(본인, 부친, 장남, 위탁아동) X 1,500,000 = 6,000,000

(2) 추가공제 : 4,000,000

경로자우대공제 : 1인(부친) X 1,000,000 = 1,000,000

장애인공제 : 1인(부친) X 2,000,000 = 2,000,000

한부모소득공제 = 1,000,000

모친과 장녀는 소득금액이 100만원을 초과하여 기본공제대상자에서 제외된다.

위탁아동의 양육기간은 20x0년에 6개월 미만이므로 20x1년 양육기간에 포함하여 계산하는 바, 20x1년 양육기간은 8개월에 해당한다.

9-4. 종합소득공제

다음은 「소득세법」상 종합소득공제에 관한 것이다. 다음 내용 중 옳은 것의 개수를 고르시오.

가. 8세 이상의 자녀가 2명인 갑은 15만원의 자녀세액공제를 받았다.

나. 사업자 을은 과세기간에 천재지변으로 자산총액의 10%에 해당하는 자산을 상실하여 재해손실세액공제를 받았다.

다. 일용근로자인 병은 산출세액에서 근로소득 산출세액의 55%를 공제받았다.

라. 기본공제대상자 정은 만 72세이다. 경로우대공제로 연 100만원의 추가공제를 받았다.

---

① 0개   ② 1개   ③ 2개   ④ 3개   ⑤ 4개

[풀이] ③

가. 옳지 않다. 갑은 55만원의 자녀세액공제를 받아야 한다.

나. 옳지 않다. 자산총액의 20% 이상에 해당하는 자산을 상실해야 공제받을 수 있다.

다. 옳다.

라. 옳다. 경로우대공제는 만 70세 이상부터 적용되므로 만 72세인 병은 이에 해당한다.

01 배당세액공제

「소득세법」에서는 배당소득에 대한 이중과세문제를 조정하기 위하여 지급받은 배당소득에 법인단계에서 이에 과세된 법인세상당액을 가산하고 이를 다시 종합소득산출세액에서 공제하는 Gross-up 제도를 채택하고 있다. 따라서 거주자의 종합소득금액에 이중과세조정 대상 배당소득이 합산되어 있는 경우에는 다음의 금액을 종합소득산출세액에서 공제한다.

배당세액공제액 : Gross-up금액(배당소득의 10%)
한도 : 종합소득산출세액 − 분리과세시 세액

한도가 있는 이유는 배당세액공제를 적용할 경우 최소한 분리과세시 세액만큼은 부담하라는 논리이다.

실무

무신고자에 대한 배당세액공제 적용 여부 등
① 과세표준 확정신고를 하지 아니하여 결정하는 때에 종합소득과세표준에 배당세액 공제대상이 되는 배당소득이 포함되어 있는 것이 확인되는 경우에는 배당세액공제를 적용한다.
② 배당소득에 대해 확정신고를 누락한 경우에도 경정청구에 의하여 배당세액공제가 가능하다(소득 집행기준 56-116의2-3).

---

02 기장세액공제

간편장부대상자(기장능력이 부족한 소규모사업자)가 종합소득 과세표준확정신고를 할 때 **복식부기에 따라** 장부를 작성(기장)하여 소득금액을 계산하고, 기업회계기준을 준용하여 작성한 재무상태표, 손익계산서와 그 부속서류 및 합계잔액시산표와 조정계산서를 제출하는 경우에 다음의 금액(MIN[①, ②])을 종합소득산출세액에서 공제한다.

$$① \ \text{종합소득산출세액} \times \frac{\text{기장된 사업소득금액}}{\text{종합소득금액}} \times 20\%$$

② 한도 : 100만원

그러나 다음 중 어느 하나에 해당하는 경우 기장세액공제를 적용하지 아니한다.

① 비치·기록한 장부에 의하여 신고하여야 할 소득금액의 20% 이상을 누락하여 신고한 경우(누락신고)

② 기장세액공제와 관련된 장부 및 증명서류를 해당 과세표준 확정신고기간 종료일부터 5년간 보관하지 아니한 경우. 다만, 천재지변 등 부득이한 사유에 해당하는 경우에는 그러하지 아니하다.

실무

○ 경정 등으로 수입금액이 증가된 경우의 기장세액공제

① 종합소득세과세표준 확정신고 시 간편장부대상자로서 복식부기에 따라 기장 신고하였으나, 경정·결정 또는 수정신고로 직전연도의 수입금액이 증가하여 해당연도에 복식부기의무자로 전환된 경우에는 해당연도의 기장세액공제는 적용되지 않는다.

② 경정·결정 또는 수정신고 시 가공매입세금계산서 수취금액의 필요경비불산입으로 인하여 종합소득금액이 증가한 경우 '장부에 의하여 계산한 사업소득금액'이란 비치·기장한 장부에 의해 당초 신고기한 내 신고한 종합소득금액을 말한다(소득 집행기준 56의2 – 116의3 – 4).

○ 수정신고로 소득금액 증가 시 기장세액공제 계산방법

간편장부대상자가 복식부기에 따라 기장하여 소득금액(A)을 계산하고 종합소득과세표준 확정신고한 후 과소신고한 소득금액(B)이 발견되어 수정신고하는 경우, 기장세액공제액은 당초 신고기한 내 신고한 종합소득금액(A)이 전체 소득금액(A+B)에서 차지하는 비율을 종합소득산출세액에 곱하여 계산한 금액의 100분의 20에 해당하는 금액을 말하는 것임(소득세과 – 850, 2012.11.26.).

① 거주자의 종합소득금액에 국외원천소득이 합산되어 있는 경우 그 국외원천소득에 대하여 국외에서 외국소득세액[47]을 납부하였거나 납부할 것이 있을 때에는 외국납부세액공제를 적용받을 수 있다(소법 제57조의1).

② 외국납부세액공제 : 세액공제액 MIN[㉠, ㉡]

$$㉠ \text{ 종합소득산출세액} \times \frac{\text{국외원천소득금액}}{\text{종합소득금액}} \text{ (한도액)}$$
$$㉡ \text{ 외국납부세액}$$

③ 필요경비산입 방법을 적용할 경우 이월공제가 불가하나, 외국납부세액공제 방법을 적용할 경우 한도초과액은 해당 과세기간의 다음 과세기간 개시일부터 10년 이내에 끝나는 과세기간으로 이월하여 공제한도 범위내에서 공제받을 수 있다.

실무

○ **외국납부세액공제 한도 계산시 국외에서 과세된 국내원천소득의 국외근로소득 해당 여부**

거주자의 국외원천소득에 대하여 외국에서 외국소득세액을 납부하였거나 납부할 것이 있는 때에는 외국납부세액공제를 하는 것이며 국외원천소득에는 국내에서 지급받는 국외근로소득을 포함하는 것임(원천세과-4, 2010.1.4.).

○ **국외소재 법인이 파견직원의 외국소득세액을 대신 납부한 경우 외국납부세액공제와 국외근로소득 해당 여부**

거주자가 국외소재 법인에 파견근무를 하고 국내소재 외국법인으로부터 받은 급여와 국외소재 법인으로부터 받은 급여, 차량지원비, 사택지원비 중 국외근로 비과세소득을 제외한 금액은 국외원천소득에 해당하는 것이나, 조세조약에 따라 타방체약국 조세로부터 면제됨에도 국외소재 법인이 그 거주자의 외국소득세액을 대신 납부한 경우 해당 외국소득세액은 외국납부세액공제를 적용받을 수 없으며 국외근로소득 수입금액에도 해당하지 아니하는 것임(기준-2011-법규과

---

47) 외국정부에 납부하였거나 납부할 다음의 세액(가산세는 제외)을 말한다. 다만, 해당 세액이 조세조약에 따른 비과세·면제·제한세율에 관한 규정에 따라 계산한 세액을 초과하는 경우 그 초과하는 세액은 제외한다(소령 제117조의1).
① 개인이 소득금액을 과세표준으로 하여 과세된 세액과 그 부가세액
② 이와 유사한 세목에 해당하는 것으로서 소득 외의 수입금액 또는 그 밖에 이에 준하는 것을 과세표준으로 하여 과세된 세액

-1306, 2011.9.30.).

○ **타인 명의로 납부한 외국납부세액의 공제 여부**

자문대상자가 외국납부세액으로 공제를 주장하는 중국에서 납부된 세액은 독립된 권리·의무 주체인 명의대여자가 납부한 것일 뿐이고 이를 자문대상자가 직접 납부하였거나 납부한 것과 동일하게 평가할 수 없으므로 실질귀속자의 종합소득세에서 중국에서의 납부세액이 공제될 수 없음(기준-2018-법령해석국조-0060, 2018.5.15.).

04 재해손실세액공제

① 사업자가 해당 과세기간에 천재지변이나 그 밖의 재해로 **자산총액(토지는 제외)의 20% 이상**에 해당하는 자산을 상실하여 납세가 곤란하다고 인정되는 경우에는 다음의 금액을 산출세액에서 공제한다.

재해손실세액공제액 = MIN[㉠, ㉡]

㉠ 공제대상소득세액 × 재해상실비율
㉡ 한도액 : 상실된 자산가액

② 재해손실세액공제를 받으려는 자는 다음의 기한까지 재해손실세액공제신청서를 납세지 관할 세무서장에게 제출(국세정보통신망에 의한 제출을 포함)해야 한다.
　㉠ 재해발생일 현재 과세표준확정신고기한이 경과되지 않은 소득세의 경우는 그 신고기한. 다만, 재해발생일부터 신고기한까지의 기간이 3개월 미만인 경우는 재해발생일부터 3개월
　㉡ 재해발생일 현재 미납부된 소득세와 납부해야 할 소득세의 경우는 재해발생일부터 3개월
③ 재해손실세액공제금액을 계산할 때 배당세액공제·기장세액공제·외국납부세액공제가 있는 경우에는 이를 공제한 후의 세액을 소득세액으로 하여 계산한다(소득 집행기준 58-118-1).

재해상실비율의 계산방법

① 재해상실비율*의 계산은 사업자별로 자산총액을 기준으로 하여 사업자의 소득별로 계산하는 것이므로 1사업장 단위로 계산하지 않는다.

  * 재해상실비율 = 상실자산가액 / 상실 전 자산가액

② 1과세기간 중에 2회 이상의 재해를 입은 경우에 재해상실비율의 계산은 다음과 같다.

$$\text{재해상실비율} = \frac{\text{재해로 상실된 자산가액의 합계액}}{\text{최초재해 전 자산가액} + \text{최종재해 전까지의 증가된 자산가액}}$$

③ 재해발생의 비율은 재해발생일 현재 장부가격에 의하고 장부가 소실 또는 분실되어 장부가액을 알 수 없는 경우에는 납세지 관할 세무서장이 조사확인한 재해발생일 현재의 가격에 의하여 계산한다(소득 집행기준 58 – 118 – 3).

05 근로소득세액공제

(1) 일반근로자

근로소득이 있는 거주자에 대해서는 그 근로소득에 대한 종합소득산출세액에서 다음의 금액을 공제한다. 다만, 세액공제액이 한도금액을 초과하는 경우에는 그 초과하는 금액은 없는 것으로 한다.

근로소득에 대한 종합소득산출세액	공제액
130만원 이하	근로소득산출세액 × 55%
130만원 초과	715,000원 + MIN[① (근로소득산출세액 – 130만원) × 30%, ② 한도액 : 총급여액 구간별 한도액]

※ 근로소득산출세액 = 종합소득산출세액 × 근로소득금액 / 종합소득금액
※ 총급여별 한도금액
  ① 3,300만원 이하 : 74만원
  ② 3,300만원 초과 ~ 7천만원 이하 : MAX[① 74만원 – (총급여 – 3,300만원) × 0.8%, ② 66만원]
  ③ 7천만원 초과~1억2천만원 이하 : MAX[① 66만원 – (총급여 – 7,000만원) × 1/2, ② 50만원]
  ④ 1억2천만원 초과~ : MAX[① 50만원 – (총급여 – 1억2천만원) × 1/2, ② 20만원]

(2) 일용근로자

일용근로자의 근로소득에 대하여 원천징수를 하는 경우에는 근로소득에 대한 산출세액의 55%를 그 산출세액에서 공제한다.

06 자녀세액공제

종합소득이 있는 거주자의 기본공제대상자에 해당하는 자녀(입양자 및 위탁아동 포함) 및 손자녀에 대해서는 다음의 금액을 종합소득산출세액에서 공제한다. 다만 아동수당의 지급으로 인하여 **8세 이상의 자녀**에 한한다.

(1) 일반공제

기본공제대상자에 해당하는 자녀의 수	세액공제금액
1명	연 25만원
2명	연 55만원
3명 이상	연 55만원 + 초과인원당 연 40만원

(2) 출산입양세액공제 : 첫째 30만원, 둘째 50만원, 셋째 이상 70만원

07 연금계좌세액공제

1) 종합소득이 있는 거주자가 연금계좌에 납입한 금액에 대하여 다음의 금액을 해당 과세기간의 종합소득산출세액에서 공제한다.

세액공제액 : MIN [①, ②] × 12%(15%[*1])

① 연금계좌 납입액
② 한도 : MIN 【[MIN(연금계좌 납입액, 600만원)+퇴직연금계좌 납입액], 900만원】 + 전환금액이 있는 경우의 추가한도[MIN(전환금액 × 10%, 300만원[*2])]

*1) 종합소득금액 4,500만원 이하(근로소득만 있는 경우는 총급여액 5,500만원 이하)인 거주자
*2) 직전 과세기간과 해당 과세기간에 걸쳐 납입한 경우 300만원에서 직전 과세기간에 적용된 금액 차감

2) '연금계좌납입액'이란 거주자가 연금계좌에 납입한 금액 중 다음의 금액을 제외한 금액을 말하며, 연금계좌세액공제액의 합계액이 종합소득산출세액을 초과하는 경우 그 초과하는 공제액은 없는 것으로 한다.
① 소득세가 원천징수되지 아니한 퇴직소득(과세이연퇴직소득)
② 연금계좌에서 다른 연금계좌로 계약을 이전함으로써 납입되는 금액

08 특별세액공제

(1) 표준세액공제

특별소득공제와 특별세액공제는 기본적으로 근로소득이 있는 자로 신청을 한 경우 적용하며 신청하지 않는 경우 표준세액공제를 적용하는 바 내용을 요약하면 다음과 같다. 이 경우 합산과세되는 종합소득산출세액이 표준세액공제액에 미달하는 경우에는 당해 종합소득산출세액을 한도로 한다.

① 근로소득이 있는 자(일용근로자는 제외)
  (특별소득공제, 특별세액공제 및 월세 세액공제를 신청하지
  아니한 자)
	연 13만원*

② 성실사업자로서 「조세특례제한법」에 따라 의료비 세액공제, 교육비세액공제, 월세세액공제를 신청하지 않은 사업자	연 12만원
③ 근로소득이 없는 거주자로서 종합소득이 있는 사람	연 7만원

* 표준세액공제를 적용받는 경우에도 기부금 세액공제 중 정치자금기부금 세액공제 및 우리사주조합기부금 세액공제는 중복하여 적용 가능

(2) 특별세액공제 공통적용요건

요건	보장성보험료		의료비	교육비		기부금
	일반	장애인		일반	장애인	
연령요건	○	×	×	×	×	×
소득요건	○	○	×	○	×	○
세액공제	12%, 15%		15%	15%(20%)		15% (30%)

(3) 보장성보험료세액공제

① 근로소득자가(일용근로자 제외) 지출한 보장성보험료의 12%(장애인전용보장성 보험은 15%)를 해당 과세기간의 종합소득산출세액에서 공제한다.

> 공제대상보험료 × 12%(장애인전용보장성 보험 15%)

② 공제대상보험료

구 분	세액공제대상 보험료	공제대상금액
일반 보장성보험료	기본공제대상자를 피보험자로 하는 보장성보험	MIN(보험료, 100만원)
장애인전용 보장성보험료	기본공제대상자 중 장애인을 피보험자 또는 수익자로 하는 보장성보험	MIN(보험료, 100만원)

(4) 의료비세액공제

① 근로소득이 있는 거주자(일용근로자 제외) 및 법 소정 성실사업자(「조세특례제한법」상 성실사업자와 성실신고확인대상사업자로서 성실신고확인서를 제출한 자)가 기본공제대상자(**연령 및 소득금액의 제한을 받지 않음**)를 위하여 지급한 공제대상의료비에 대하여 다음의 금액을 해당 과세기간의 종합소득산출세액에서 공제한다.

> 공제대상 의료비 × 15%
> (단, 미숙아 및 선천성 이상아를 위한 치료비[48]는 20%, 난임시술비는 30%)

② 공제대상 의료비 계산(실손의료보험금을 지급받은 경우 제외)

> 공제대상 의료비 = ㉠ + ㉡
> ㉠ 본인·6세가 되는 날과 그 이전 기간에 해당하는 6세 이하 부양가족·65세 이상인 자·장애인·중증질환자·희귀난치성질환자 또는 결핵환자를 위한 의료비, 미숙아·선천성이상아를 위해 지급한 의료비, 난임시술비
> ㉡ MIN*[기타 의료비 − 총급여액 × 3%, 700만원]

* 금액이 부(−)인 경우에는 의료비공제액계산시 ㉠의 금액에서 차감한다.

---

48) ① 「모자보건법」에 따른 미숙아의 경우: 보건소장 또는 의료기관의 장이 미숙아 출생을 원인으로 미숙아가 아닌 영유아와는 다른 특별한 의료적 관리와 보호가 필요하다고 인정하는 치료를 위하여 지급한 의료비
② 「모자보건법」에 따른 선천성이상아의 경우: 해당 선천성이상 질환을 치료하기 위하여 지급한 의료비

③ 공제대상 의료비 범위

㉠ 진찰·치료·질병예방을 위하여 「의료법」에 따른 의료기관에 지급한 비용

㉡ 치료·요양을 위하여 「약사법」에 따른 의약품(한약을 포함)을 구입하고 지급하는 비용

㉢ 장애인 보장구 및 의사·치과의사·한의사 등의 처방에 따라 의료기기를 직접 구입하거나 임차하기 위하여 지출한 비용

㉣ 시력보정용 안경 또는 콘택트렌즈를 구입하기 위하여 지출한 비용으로서 기본공제대상자(연령 및 소득금액의 제한을 받지 아니한다) 1명당 연 50만원 이내의 금액

㉤ 보청기를 구입하기 위하여 지출한 비용

㉥ 「노인장기요양보험법」에 따른 장기요양급여에 대한 비용으로서 실제 지출한 본인일부부담금

㉦ 「장애인활동 지원에 관한 법률」에 따라 수급자에게 제공되는 활동보조, 방문목욕, 방문간호 등의 서비스(장애인활동지원급여) 비용 중 실제 지출한 본인부담금

㉧ 임신관련비용(초음파검사, 인공수정을 위한 검사, 시술비), 출산관련분만비용(의료기관)

㉨ 보철비, 임플란트와 스케일링비, 예방접종비, 의료기관에 지출한 식대, 건강검진비

㉩ 라식 수술비 및 근시교정시술비

㉪ 산후조리원에 산후조리 및 요양의 대가로 지급하는 비용으로서 출산 1회당 200만원 이내의 금액

㉫ 위의 비용에는 미용·성형수술을 위한 비용 및 건강증진을 위한 의약품 구입비용 및 국외 소재의료기관에 지급한 의료비, 간병인에 대한 간병 비용, 실손 의료보험금으로 보전받은 금액을 포함하지 아니한다.

(5) 교육비 세액공제

① 근로소득이 있는 거주자(일용근로자 제외) 및 법 소정 성실사업자가 그 거주자와 기본공제대상자(**나이의 제한을 받지 아니함**)를 위하여 지급한 공제대상교육비에 대하여 다음의 금액을 해당 과세기간의 종합소득산출세액에서 공제한다.

공제대상 교육비 × 15%

지급대상자	공제대상 교육비
기본공제대상자인 배우자, 직계비속, 형제자매, 입양자, 위탁아동(직계존속 ×)	학교 등에 지급한 수업료와 교육비로서 다음 한도내의 금액(대학원 제외) ㉠ 대학생인 경우는 1인당 연 900만원 한도 ㉡ 취학전 아동, 초·중·고등학생 1인당 연 300만원 한도 (취학전 아동을 위한 학원의 수강료 포함)
본인	㉠ 학교, 대학원 등에 지급한 교육비 전액 ㉡ 직무관련수강료 : 해당 거주자가 직업능력개발훈련시설에서 실시하는 직업능력개발훈련을 위하여 지급한 수강료 (다만, 근로자수강지원을 받은 경우에는 이를 차감한 금액으로 한다) ㉢ 학자금 대출의 원리금 상환에 지출한 교육비
기본공제대상자인 장애인 (연령, 소득금액 제한 없음)	장애인의 재활교육을 위한 사회복지시설 등에 지급하는 특수교육비는 한도액 없이 전액 공제(직계존속도 가능)

② 세액공제대상교육비

세액공제대상교육비

㉠ 수업료, 입학금, 보육비용, 수강료 및 그 밖의 공납금
㉡ 학교, 유치원, 어린이집, 학원(취학 전 아동의 경우만 해당) 및 체육시설에 지급한 급식비
㉢ 학교에서 구입한 교과서대금(초·중·고의 학생만 해당)
㉣ 중고등학생의 교복 구입비용(학생 1명당 연 50만원 한도)
㉤ 방과후 학교나 방과 후 과정 등의 수업료 및 특별활동비
 (학교 등에서 구입한 도서구입비와 학교 외에서 구입한 초·중·고의 방과후 학교 수업용 도서구입비)
㉥ 국외교육기관(유치원, 초·중·고, 대학교)에 지출한 교육
㉦ 든든학자금 및 일반 상환학자금 대출의 원리금 상환액(연체금 및 생활비대출금 제외)
㉧ 초·중·고등학생 수련활동, 수학여행 등 현장체험학습비(한도 30만원)

세액공제불능교육비

㉠ 직계존속의 교육비 지출액(장애인특수 교육비 제외)
㉡ 소득세 또는 증여세가 비과세되는 학자금(=장학금)
㉢ 학원수강료(취학전아동은 제외)
㉣ 학자금 대출을 받아 지급하는 교육비

참고

성실사업자(「소득세법」 및 「조세특례제한법」)

	「소득세법」	「조세특례제한법」
요건 (모두충족)	① 신용카드가맹점 및 현금영수증가맹점으로 모두 가입한 사업자 또는 전사적 자원관리, 판매시점 정보관리시스템설비를 도입한 사업자 ② 장부를 비치·기장하고 그에 따라 소득금액을 계산하여 신고할 것 ③ 사업용계좌를 신고하고, 사업용계좌를 사용하여야 할 금액의 3분의 2 이상을 사용할 것	① 「소득세법」상 성실사업자 ② 해당과세기간 개시일 현재 2년 이상 계속사업 ③ 직전 3개 과세기간의 연평균수입금액을 50% 초과하여 신고할 것 ④ 국세의 체납사실 등을 고려하여 시행령으로 요건지정
혜택	표준세액공제	의료비, 교육비특별세액공제 월세세액공제

(6) 기부금세액공제

① 거주자(사업소득만 있는 자는 필요경비로 공제) 및 기본공제대상자(나이의 제한을 받지 아니하며, 다른 거주자의 기본공제를 적용받은 사람은 제외)가 해당 과세기간에 지급한 기부금이 있는 경우 다음의 금액을 해당 과세기간의 종합소득산출세액에서 공제[49]한다. 단, 정치자금기부금·고향사랑기부금·우리사주조합기부금은 거주자 본인이 지출한 기부금만 적용한다.

> 공제대상 기부금(1천만원 이하) × 15%
> 공제대상 기부금(1천만원 초과) × 30%

※ 사업소득만 있는 자는 '기부금 세액공제'를 적용받을 수 없고, 당해 총 수입금액에서 차감하는 필요경비에 산입하여 처리한다. 단, 연말정산 사업소득자는 추계방식으로 소득금액을 계산하기 때문에 기부금을 필요경비로 차감하지 못하므로 연말정산 사업소득자는 기부금 세액공제방식을 적용한다.

---

49) 2021년 1월 1일부터 2022년 12월 31일까지 지급한 기부금을 해당 과세기간의 합산과세되는 종합소득산출세액(필요경비에 산입한 기부금이 있는 경우 사업소득에 대한 산출세액은 제외)에서 공제하는 경우 사업소득금액을 계산할 때 필요경비에 산입한 기부금을 뺀 금액의 100분의 5에 해당하는 금액을 추가로 공제

② 기부금의 범위

기부금의 종류	기부금의 범위 및 한도
정치자금기부금·고향사랑기부금·특례기부금 (한도 : 100%)	㉠ 정치자금기부금 10만원 초과분(본인지출분) ※ 10만원 이하 : 세액공제액 = 정치자금기부금 × $\frac{100}{110}$ ※ 10만원 초과 : 세액공제액 = 10만원 × $\frac{100}{110}$ + (정치자금기부금 − 10만원) × 15%(25%, 40%) ㉡ 고향사랑기부금 10만원 초과분(본인지출분, 2,000만원 한도) ※ 10만원 이하 : 세액공제액 = 고향사랑기부금 × $\frac{100}{110}$ ※ 10만원 초과 2,000만원 이하 : 세액공제액 = 10만원 × $\frac{100}{110}$ + (고향사랑기부금 − 10만원) × 15% ㉢ 국가 등에 무상으로 기증하는 금품 ㉣ 국방헌금과 위문금품 ㉤ 천재지변으로 생기는 이재민을 위한 구호금품 ㉥ 사립학교 등에 지출하는 기부금 ㉦ 사회복지공동모금회에 출연하는 금액 ㉧ 독립기념관, 대한적십자사에 지출하는 기부금 ㉨ 특별재난지역을 복구하기 위하여 자원봉사한 경우 그 용역의 가액[(총봉사시간 ÷ 8시간) & 부수되어 발생하는 유류비·재료비 등, 개인에 한함]
	공제금액 = MIN[특례기부금, 기준소득금액* × 100%] * 기준소득금액= 종합소득금액 + 필요경비산입기부금 − 원천징수세율적용 금융소득
우리사주조합기부금 (한도 : 30%)	우리사주조합에 지출한 기부금 (우리사주조합원이 지출하는 기부금은 제외)
	공제금액 = MIN[우리사주조합기부금, (기준소득금액−한도 내의 정치자금기부금·고향사랑기부금·특례기부금) × 30%]
일반기부금 (「소득세법」 제34조 제3항 제1호의 기부금)	㉠ 종교단체 외 ⓐ 노동조합에 납부한 회비, 사내근로복지기금에 지출한 기부금 ⓑ 사회복지등 공익목적의 기부금 ⓒ 무료·실비 사회복지시설, 불우이웃돕기 결연기관 기부금 ⓓ 공공기관 등에 지출하는 기부금 ㉡ 종교단체기부금

기부금의 종류	기부금의 범위 및 한도

일반기부금
(「소득세법」
제34조 제3항
제1호의
기부금)
	공제금액 = MIN[일반기부금, **일반기부금 한도액**]
	① 종교단체 기부금이 없는 경우
	  (기준소득금액 − 정치자금기부금 · 고향사랑기부금 · 특례기부금 − 우리사
	  주조합기부금) × 30%
	② 종교단체 기부금이 있는 경우
	  (기준소득금액 − 정치자금기부금 · 고향사랑기부금 · 특례기부금 − 우리사
	  주조합기부금) × 10% + MIN(ⓐ, ⓑ)
	    ⓐ (기준소득금액 − 정치자금기부금 · 고향사랑기부금 · 특례기부금 − 우리
	      사주조합기부금) × 20%
	    ⓑ 종교단체 외 일반기부금

③ 기부금 이월공제

기부금이 한도액을 초과한 경우와 기부금세액공제를 받지 못한 경우(종합소득산출세액을 초과)에 **10년간** 이월하여 기부금세액공제를 받을 수 있다.

(7) 전자계산서 발급 전송에 대한 세액공제

① 직전 과세기간의 사업장별 총수입금액이 <u>3억원 미만인 사업자</u>(해당연도에 신규사업을 시작한 사업자 포함)가 전자계산서를 2027년 12월 31일까지 발급(발급명세를 국세청장에게 전송하는 경우로 한정)하는 경우 전자계산서 발급 건당 200원씩 해당 과세기간의 사업소득에 대한 종합소득산출세액에서 공제할 수 있다.

② 공제 한도는 연간 100만원으로 한다.

09 「조세특례제한법」상 세액공제

1) 전자신고에 대한 세액공제

납세자가 직접 전자신고방법에 의하여 소득세 과세표준 신고를 하는 경우에는 당해 납부세액에서 2만원을 공제한다. 이때 납부할 세액이 없는 경우에는 공제를 하지 아니한다.

2) 근로소득자의 월세 세액공제

과세기간 종료일 현재 주택을 소유하지 않는 세대의 세대주(세대주가 월세 세액공제 및 주택자금 소득공제를 받지 않은 경우에는 세대의 구성원이 적용되고 법 소정의 외국인을 포함)로서 해당 과세기간의 총급여액이 8,000만원 이하인 근로소득이 있는 거주자(해당 과세기간에 종합소득과세표준을 계산할 때 합산하는 종합소득금액이 7,000만원을 초과하는 사람 제외)가 월세액을 지급하는 경우 다음 금액을 해당 과세기간의 종합소득산출세액에서 공제한다.

$$월세 세액공제액 = MIN[주택을 임차하기 위하여 지급한 월세액, 1,000만원] \times 15\%(17\%^*)$$

※ 총급여액 5,500만원 이하인 근로자의 경우 17%(해당 과세기간에 종합소득과세표준을 계산할 때 합산하는 종합소득금액이 4,500만원을 초과하는 자는 제외)

3) 혼인에 대한 세액공제

① 거주자가 2026년 12월 31일 이전에 혼인신고를 한 경우에는 1회(혼인신고 후 그 혼인이 무효가 되어 제2항에 따른 신고를 한 경우는 제외)에 한정하여 혼인신고를 한 날이 속하는 과세기간의 종합소득산출세액에서 50만원을 공제한다.

② 공제를 받은 거주자가 혼인이 무효가 된 경우로서 혼인무효의 소에 대한 판결이 확정된 날이 속하는 달의 다음 달부터 3개월이 되는 날까지 「국세기본법」에 따른 수정신고 또는 기한 후 신고를 한 경우에는 가산세의 전부 또는 일부를 부과하지 아니하되, 이자상당액을 계산한 후 소득세에 가산하여 부과한다.

4) 성실신고 확인비용에 대한 세액공제

성실신고확인대상사업자가 성실신고확인서를 제출하면서 세무사 등에게 성실신고 확인에 대한 비용을 지출한 경우에 그 지출비용의 100분의 60에 해당하는 금액을 해당 과세연도의 소득세에서 공제한다.

$$MIN[성실신고 확인에 지출한 비용 \times 60\%, 120만원]$$

5) 성실사업자 등에 대한 의료비, 교육비, 월세 세액공제

① 성실사업자 등에 대한 의료비 및 교육비 세액공제

성실사업자나 성실신고확인대상사업자로 성실신고확인서를 제출한 자가 의료비 및 교육비(근로자직업능력개발훈련시설 수강료 제외)를 2026.12.31.이 속하는 과세연도까지 지출한 경우 해당 과세연도의 소득세(사업소득에 대한 소득세)에서 공제한다.

> 의료비 및 교육비 세액공제액 = 세액공제대상 의료비 및 교육비 × 15%(미숙아 등
> 의료비 20%, 난임시술비 30%)

② 성실사업자 등에 대한 월세 세액공제

해당 과세연도의 종합소득과세표준을 계산할 때 합산하는 종합소득금액이 7,000만원 이하인 성실사업자나 성실신고확인대상사업자로 성실신고확인서를 제출한 자가 월세액을 2026.12.31.이 속하는 과세연도까지 지급한 경우 해당 과세연도의 소득세(사업소득에 대한 소득세)에서 공제한다.

> 월세 세액공제액 = MIN[세액공제 대상 월세액, 1,000만원] × 15%(17%*)

* 종합소득과세표준을 계산할 때 합산하는 종합소득금액이 4,500만원 이하인 자의 경우 17%

※ **성실신고확인대상사업자**

(1) 개요

성실한 납세를 위하여 업종별로 수입금액이 일정금액 이상인 경우에는 종합소득과세표준 확정신고를 할 때 사업소득금액의 적정성을 세무사 등[50]으로부터 검증받는 제도

(2) 업종별 수입금액

구 분	금 액
① 농업·임업 및 어업, 광업, 도매 및 소매업(상품중개업을 제외), 부동산매매업, ②와 ③에 해당하지 아니하는 사업	15억원 이상
② 제조업, 숙박 및 음식점업, 전기·가스·증기 및 공기조절 공급업, 수도·하수·폐기물처리·원료재생업, 건설업(비주거용 건물 건설업은 제외하고, 주거용 건물 개발 및 공급업을 포함), 운수업 및 창고업, 정보통신업, 금융 및 보험업, 상품중개업	7억 5천만원 이상
③ 부동산임대업, 부동산업(①에 따른 부동산매매업은 제외), 전문·과학 및 기술 서비스업, 사업시설관리·사업지원 및 임대서비스업, 교육 서비스업, 보건업 및 사회복지 서비스업, 예술·스포츠 및 여가관련 서비스업, 협회 및 단체, 수리 및 기타 개인 서비스업, 가구내 고용활동	5억원 이상

(3) 혜택

① 종합소득세 신고·납부기한이 1개월 연장(5월 말일에서 6월 말일로 연장)
② 의료비·교육비 및 월세 세액공제
③ 성실신고 확인비용 세액공제

(4) 세무사 등을 통하여 성실신고확인서를 제출하지 않은 경우
　① 가산세 부과 = MAX[㉠, ㉡]
　　㉠ 산출세액 × (미제출 사업장의 소득금액 / 종합소득금액) × 5%
　　㉡ 사업소득총수입금액 × 0.02%
　② 수시 세무조사대상 선정

---

50) 세무사, 공인회계사, 세무법인 또는 회계법인

10-1. 의료비 세액공제

총급여 40,000,000원만 존재하는 근로자 **甲**은 올해 사용한 의료비에 대해서 의료비 세액공제를 신청하고자 한다. 다음의 가족은 모두 기본공제대상자임을 가정하고 **甲**이 받을 수 있는 의료비 세액공제액을 구하시오(단, 의료비 세액공제가 종합소득 산출세액을 초과하는 부분이 없다고 가정한다).

대상 (나이, 장애인 여부)	품 목	금액
배우자 (46세, ×)	[약사법]에 따른 의약품	300,000
	골절 수술비	3,000,000
	난임 시술비	500,000
장녀 (21세, O)	다리 재활치료비	200,000
	재활을 위한 시술비[1]	3,000,000
장남 (15세, ×)	병원 치료비	4,000,000
입양아 (10세, ×)	병원 건강검진 치료비	4,000,000
	안경 구입비	1,000,000
	건강 증진을 위한 한약	2,000,000

*1) 실손의료보험금인 2,500,000원을 보전받은 금액을 포함한 금액이다.

[풀이] 1,305,000원
- 장애인 치료비, 난임 시술비
  200,000+(3,000,000-2,500,000)+500,000 = 1,200,000
- 기타의료비
  300,000+3,000,000+4,000,000+4,000,000+500,000(안경 연한도 500,000)= 11,800,000
- 기타의료비-총급여 × 3% = 11,800,000 - 1,200,000 = 10,600,000(한도 7,000,000)
  따라서 공제대상 의료비 : 1,200,000 + 7,000,000 = 8,200,000
  난임 시술비는 30%를 적용하고 나머지는 15%를 적용한다.
  7,700,000 × 15% + 500,000 × 30% = 1,305,000

10 - 2.

다음 중 종합소득세액 계산에 관한 설명으로 옳지 않은 것은?

① 거주자의 종합소득금액에 국외원천소득이 합산되어 있는 경우에는 그 국외원천소득에 대하여 외국에서 외국정부에 의하여 과세된 외국소득세액을 납부하였거나 납부할 것이 있는 때에는 외국 납부세액공제를 받을 수 있다.

② 외국 납부세액공제를 받는 사업소득이 있는 거주자는 세액공제방법과 필요경비산입방법 중 하나를 선택하여 적용받을 수 있다.

③ 일용근로자의 근로소득에 대한 소득세 계산시 근로소득 세액공제를 적용하지 않는다.

④ 분리과세 연금소득과 분리과세 기타소득만이 있는 자에 대해서는 인적공제 및 특별소득공제를 적용하지 아니한다.

⑤ 매월분의 공적연금소득에 대한 원천징수세율을 적용할 때에는 법령으로 정한 연금소득 간이세액표를 적용하여 원천징수한다.

[풀이] ③ 일용근로자의 근로소득에 대한 소득세를 계산할 때는 근로소득 세액공제를 적용한다.

XI 종합소득세 신고 · 납부

01 원천징수

(1) 원천징수의 개념

'원천징수(Tax withholding)'란 원천징수의무자(소득을 지급하는 자)가 소득 또는 수입금액을 지급할 때 납세의무자(소득을 지급받는 자)가 내야 할 세금을 미리 징수하여 징수일이 속하는 달의 다음달 10일까지 정부에 납부하는 제도이다.

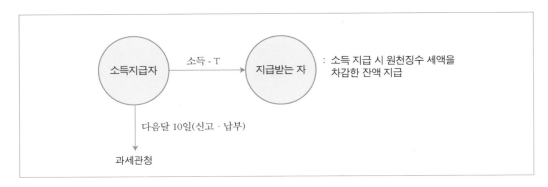

다만, 직전연도(신규사업자의 경우 신청일이 속하는 반기)의 상시고용인원이 20명 이하인 원천징수의무자(금융 · 보험업 경영자 제외) 또는 종교단체에 해당하는 원천징수의무자로 관할세무서장으로부터 원천징수세액을 매 반기별로 납부할 수 있도록 승인을 받거나 국세청장이 정하는 바에 따라 지정을 받은 자는 원천징수세액을 그 징수일이 속하는 반기의 마지막 달의 다음 달 10일까지 납부할 수 있다.[51]

(2) 원천징수의 종류

원천징수의무자로부터 지급받는 소득이 분리과세소득인 경우에는 원천징수됨에 따라 납세의무가 종결된다. 또한 해당 소득자가 확정신고하는 종합소득 또는 퇴직소득에 합산되지

---

51) 「법인세법」에 의해 처분된 상여, 배당, 기타소득에 대한 원천징수세액과 「국제조세조정에 관한 법률」에 의해 처분된 배당소득에 대한 원천징수세액, 그리고 비거주연예인 등의 용역제공과 관련된 원천징수 절차 특례에 의한 원천징수세액은 반기별 납부 특례가 적용되지 않음

않는다. 이와 같은 분리과세소득에 대한 원천징수를 완납적 원천징수라고 한다. 그러나 원천징수의무자가 지급하는 소득 또는 수입금액이 분리과세소득에 해당하지 않는 경우에는 소득세가 원천징수되었을 지라도 과세표준확정신고시 해당 소득을 합산하여 세액을 계산하여야 한다. 따라서 원천징수대상소득을 지급받는 자는 원천징수의무자에게 원천징수당한 세액을 소득세가 결정되기 전에 미리 납부하는 것이며 과세표준확정신고시 납부할 세액에서 해당 원천징수된 세액을 빼게 된다. 이를 예납적 원천징수라고 한다.

구분	예납적 원천징수	완납적 원천징수
납세의무 종결	원천징수로 종결되지 않음	원천징수로 납세의무종결
확정신고 의무	확정신고의무 있음	확정신고 불필요
조세부담	확정신고시 정산하고 원천징수세액을 기납부세액으로 공제	원천징수세액
대상소득	분리과세 이외의 소득	분리과세소득

(3) 원천징수세율

구분	원천징수 여부	비 고
이자소득	○	① 원칙 : 지급액의 14% ② 비영업대금의 이익 : 25% ③ 직장공제회초과반환금 : 기본세율 ④ 비실명이자소득 : 45%(또는 90%)
배당소득	○	① 원칙 : 지급액의 14% ② 비실명배당소득 : 45%(또는 90%)
사업소득	특정소득만 ○	① 부가가치세가 면세되는 의료·보건용역 : 3% ② 부가가치세가 면세되는 인적용역의 공급 : 3% ③ 접대부 등의 봉사료 소득 : 5% ④ 외국인 직업운동가가 프로스포츠구단과의 계약에 따라 용역을 제공하고 받는 소득 : 20%
근로소득	○	① 일반적인 근로소득 : 간이세액표에 의하여 원천징수 ② 일용근로자의 근로소득 : 6%
연금소득	○	① 공적연금 : 간이세액표에 의하여 원천징수 ② 사적연금 : 다음 각 항의 구분에 따른 세율 연금계좌 및 연금계좌의 운용실적에 따라 증가된 금액을 의료목적, 천재지변이나 그 밖의 부득이한 인출요건을 갖추어 연금계좌에서 인출하는 경우에도 다음 각 항의 구분에 따른 세율

구분	원천징수 여부	비 고
		㉠ 연금소득자의 나이에 따른 세율 나이(연금수령일 현재) / 세율 55세 이상 70세 미만 / 5% 70세 이상 80세 미만 / 4% 80세 이상 / 3% ㉡ 연금계좌로 수령하여 과세이연된 퇴직금을 연금 형태로 지급받는 금액 : 대통령령으로 정하는 연금의 수령 원천징수세율의 70%(**연금 실제 수령연차 10년 초과 시 60%**) ㉢ 사망할 때까지 연금수령하는 연금소득 : 4% ㉣ 단, ㉠~㉢의 요건이 동시에 충족하는 경우 낮은 세율을 적용한다.
기타소득	○	① 원칙 : 기타소득금액의 20% ② 복권의 경우 3억원 초과 복권 소득 : 30% ③ 연금소득을 연금외수령한 소득 : 15%
퇴직소득	○	기본세율(연분연승법)
양도소득	×	

※ 다만, 원천징수세액이 1,000만원 미만인 경우는 해당 소득세를 징수하지 않는다. 이때 이자소득, 그리고 원천징수대상 사업소득 중에서 인적용역의 공급에서 발생하는 소득으로 계속, 반복적으로 행하는 활동으로 얻는 소득은 제외한다(2024.7.1. 이후에 지급하는 소득에 대해 원천징수하는 분부터 적용함).

02 연말정산

(1) 연말정산의 의의

'연말정산'이란 근로소득을 지급하는 자가 다음해 2월분 급여를 지급하는 때에 1년간의 총급여액에 대한 근로소득세액을 세법에 따라 정확하게 계산한 후, 매월 급여지급시 간이세액표에 의하여 이미 원천징수납부한 세액과 비교하여 많이 징수한 세액은 돌려주고 덜 징수한 경우에는 더 징수하여 납부하는 절차를 말한다.

(2) 연말정산 대상 소득

① 근로소득
② 직전연도 수입금액이 7,500만원 미만인 보험설계사, 방문판매인의 사업소득

③ 공적연금소득(국민연금, 공무원연금 등)에 의해 지급 받는 연금소득

(3) 연말정산의 시기

① 다음연도 2월 급여 지급시 직전연도 지급한 연간 총급여액에 대해 연말정산을 하여야한다.

② 중도 퇴직한 경우 퇴직한 달의 급여를 지급하는 때 정산한다.

③ 반기별 납부의 경우에도 2월분 급여를 지급하는 때 정산하며 2월분 급여를 2월 말까지 지급하지 못한 경우에도 2월 말일에 지급한 것으로 보아 연말정산을 하여야 한다. 다만, 연말정산시 납부할 세액(환급할 세액)은 7월 10일까지 납부 또는 납부할 세액에서 조정할 수 있다.

03 종합소득세 신고 · 납부 ★

(1) 종합소득세액의 납부방법

종합소득결정세액을 과세기간이 종료된 후, 한번에 납부하도록 한다면 정부가 세금을 징수하는 데 어려움이 있을 것이다. 따라서 납세의무가 확정되어 세액이 결정되기 전에 법인세처럼 다양한 방법에 의하여 임시적으로 미리 세액을 납부하도록 하는 제도를 세법상 규정하고 있다. 이에 따라 종합소득결정세액은 다양한 납부방법에 따라 분할하여 납부하게 된다. 다음은 종합소득결정세액을 납부하게 되는 경우를 법인세와 비교한 표이다.

구 분	세액납부방법	「소득세법」	「법인세법」
임시적 납부	① 원천징수에 의한 납부*	○	○
	② 중간예납	○	○
	③ 수시부과에 의한 납부	○	○
	④ 예정신고납부(부동산매매업자)	○	×
확정적 납부	① 확정신고에 의한 납부	○	○
	② 추가신고에 의한 납부	○	×
	③ 수정신고에 의한 추가납부	○	○
	④ 기한후 신고에 의한 납부	○	○
	⑤ 정부의 결정 · 경정시의 고지에 의한 납부	○	○

* 분리과세되는 경우 원천징수에 의한 납부는 확정적 납부이다.

임시적 납부방법는 과세기간이 종료되기 전에 종합소득결정세액을 미리 납부하는 것이며, 확정적 납부는 과세기간이 종료된 후 결정세액에서 이미 납부한 세액들을 뺀 나머지를 납부하는 것이다.

(2) 중간예납

'중간예납'이란 1월 1일부터 6월 30일까지의 기간에 대한 중간예납세액을 11월 30일까지 미리 납부하는 제도이다.

① 중간예납의무자 : 종합소득 중 부동산임대소득 또는 사업소득이 있는 거주자이다. 다만, 부동산임대소득 또는 사업소득이 있더라도 다음의 자는 중간예납의무가 없다.
   ㉠ 신규사업자
   ㉡ 사업소득 중 속기 · 타자 등 한국표준산업분류상 사무 관련 서비스업에서 발생하는 소득만 있는 자
   ㉢ 분리과세 주택임대소득만 있는 자
   ㉣ 보험모집인, 방문판매원, 저술가 · 화가 · 배우 · 가수 · 영화감독 · 연출가 · 촬영사 등 자영예술가, 자영경기업(직업선수, 코치, 심판 등)
   ㉤ 부동산임대소득 및 사업소득 중 수시부과하는 소득만 있는 자

② 중간예납세액은 직전연도 납부세액의 1/2로 계산하여 세무서장이 11월 1일부터 11월 15일까지 납세고지서를 발부하여 11월 30일까지 징수하는 것을 원칙으로 한다.
   예외적으로 전년도의 납부세액이 없거나 중간예납기간의 실적이 저조(중간예납기준액의 30% 미달)한 경우에는 당해 중간예납기간의 실적을 기준으로 자진신고 · 납부하거나 할 수 있다. 단, 중간예납세액이 50만원 미만인 때에는 그 세액을 징수하지 아니한다.

(3) 확정신고와 세액납부

① 원칙 : 당해연도의 종합소득금액 · 퇴직소득금액 · 양도소득금액이 있는 거주자는 그 과세표준을 당해연도의 다음연도 5월 1일부터 5월 31일까지 납세지 관할 세무서장에게 신고하여야 한다. 과세표준 확정신고는 당해연도의 과세표준이 없거나 결손금액인 경우에도 반드시 하여야 한다.
② 확정신고의 면제 : 이처럼 당해연도의 종합소득, 퇴직소득, 양도소득이 있는 거주자는 과세표준 확정신고를 하여야 하지만, 다음에 해당하는 거주자는 당해소득에 대하여

과세표준 확정신고를 하지 않아도 된다.

㉠ 근로소득만 있는 자 : 연말정산으로 종결

㉡ 퇴직소득만 있는 자 : 퇴직금 지급 시 원천징수로 종결

㉢ 공적연금소득만 있는 자 : 연말정산으로 종결

㉣ 연말정산되는 사업소득만 있는 자(보험모집인, 방문판매원) : 연말정산으로 종결

㉤ 퇴직소득과 근로소득만 있는 자

㉥ 퇴직소득과 공적연금소득만 있는 자

㉦ 퇴직소득 및 연말정산되는 사업소득만 있는 자

㉧ 분리과세되는 이자, 배당, 연금, 기타소득만 있는 자 : 원천징수로 종결

③ 결정과 경정

결정	소득세는 납세의무자의 신고·납부로 세액이 확정되는 신고납부확정제도인데, 납세의무자의 과세표준 신고가 없거나 오류·탈류가 있는 경우에는 과세당국이 납세의무를 확정하거나(결정), 당초에 확정된 납세의무를 변경시키게 된다.(경정)
경정	납세지 관할 세무서장 또는 지방국세청장은 과세표준확정신고를 한 자가 신고내용에 탈루 또는 오류가 있는 등의 일정한 사유에 해당되는 때에는 당해연도의 과세표준과 세액을 경정한다.

④ 분납

납부할 세액(가산세 및 감면분 추가납부세액은 제외)이 1천만원을 초과하는 자는 다음의 세액을 납부기한 경과 후 2개월 이내에 분납할 수 있다.

㉠ 납부할 세액이 2천만원 이하인 때에는 1천만원을 초과하는 금액

㉡ 납부할 세액이 2천만원을 초과하는 때에는 그 세액이 50% 이하인 금액

(4) 토지 등 매매차익 예정신고와 납부

1) 개요

부동산매매업자는 토지 또는 건물(이하 "토지등"이라 함)의 매매차익과 그 세액을 매매일이 속하는 달의 말일부터 2개월이 되는 날까지 납세지 관할 세무서장에게 신고하여야 한다. 토지 등의 매매차익이 없거나 매매차손이 발생하였을 때에도 또한 같다.

2) 세액계산

부동산매매업자의 토지 등의 매매차익에 대한 산출세액은 양도소득세 규정을 준용하여

계산한다. 토지 등 매매차익 예정신고할 때에는 양도소득기본공제는 매매차익 계산시 적용하지 않으며, 토지 등의 보유기간이 2년 미만인 경우에도 기본세율을 적용한다.

[비교]

구 분	토지 등 매매차익 예정신고	양도소득 예정신고
신고기한	매매일이 속하는 달의 말일로부터 2개월 이내에	양도일이 속하는 달의 말일로부터 2개월 이내에
기본공제	적용 X	250만원 공제
예정신고 가산세	미이행시 부과	미이행시 부과

01 퇴직소득세의 계산구조

퇴직소득
퇴직급여
－ 비과세 퇴직소득
－
퇴직소득금액
（－） 퇴직소득공제
퇴직소득과세표준
（×） 기본세율
퇴직소득산출세액
（－） 외국납부세액공제
퇴직소득결정세액
（＋） 가산세
（－） 기납부세액
퇴직소득 신고납부세액

(임원의 퇴직소득금액 중 근로소득금액으로 보는 금액 제외)
(퇴직소득은 필요경비 인정 안함)

→ 근속연수공제 ＋ 환산급여공제

참고

퇴직소득산출세액 계산의 특례

퇴직일이 속하는 과세기간	퇴직소득산출세액
2016.1.1.~2016.12.31.	종전규정에 따른 퇴직소득산출세액 × 80% ＋ 개정규정에 따른 퇴직소득산출세액 × 20%
2017.1.1.~2017.12.31	종전규정에 따른 퇴직소득산출세액 × 60% ＋ 개정규정에 따른 퇴직소득산출세액 × 40%
2018.1.1.~2018.12.31.	종전규정에 따른 퇴직소득산출세액 × 40% ＋ 개정규정에 따른 퇴직소득산출세액 × 60%
2019.1.1.~2019.12.31.	종전규정에 따른 퇴직소득산출세액 × 20% ＋ 개정규정에 따른 퇴직소득산출세액 × 80%
2020.1.1.~	개정규정에 따른 퇴직소득산출세액

02 퇴직소득의 범위

퇴직소득은 「공적연금 관련법」에 따라 받는 일시금, 근로 대가의 명칭 여하에 관계없이 근로자가 현실적으로 퇴직함에 따라 사용자로부터 지급 받는 소득, 그 밖의 위와 유사한 소득을 말한다.

① 「국민연금법」, 「공무원연금법」, 「군인연금법」, 「사립학교 교직원연금법」 또는 「별정우체국법」에 따라 받는 일시금[52]

② 사용자 부담금을 기초로 하여 현실적인 퇴직을 원인으로 지급 받는 소득 → 대가의 명칭에 관계없이 퇴직을 원인으로 받은 대가는 원칙적으로 퇴직소득(퇴직위로금, 퇴직수당 등)

퇴직판정 특례

일정한 사유가 발생하였으나 퇴직급여를 실제로 지급받지 않은 경우에는 퇴직으로 보지 않을 수 있다(다음의 ① 현실적 퇴직으로 보지 않는 경우).

계속근로기간 중에 일정한 사유로 퇴직급여를 미리 지급받은 경우에는 그 지급받은 날에 퇴직한 것으로 본다(다음의 ② 현실적 퇴직으로 보는 경우).

① 현실적 퇴직으로 보지 않는 경우	② 현실적 퇴직으로 보는 경우
㉠ 종업원이 임원이 된 경우 ㉡ 합병·분할 등 조직변경, 사업양도, 직접·간접으로 출자관계에 있는 법인으로의 전출(또는 동일한 사업자가 경영하는 다른 사업장으로의 전출)이 이루어진 경우 ㉢ 법인의 상근임원이 비상근임원이 된 경우 ㉣ 비정규직 근로자의 정규직 전환	㉠ 근로자퇴직급여 보장법에 따라 근로자가 주택구입 등 긴급한 자금이 필요한 사유로 퇴직금을 퇴직하기 전에 미리 중간정산하여 지급받은 경우 ㉡ 법인의 임원이 향후 퇴직급여를 지급받지 않는 조건으로 급여를 연봉제로 전환하는 경우(2016.1.1. 이후 퇴직소득을 중간지급받는 경우부터 현실적 퇴직으로 보지 않는다) ㉢ 근로자퇴직급여 보장법에 따라 퇴직연금제도가 폐지되는 경우

---

③ 「국민연금법」, 「공무원연금법」, 「군인연금법」, 「사립학교 교직원연금법」 또는 「별정우체국법」에 따라 받는 일시금을 지급하는 자가 퇴직소득의 일부 또는 전부를 지연하여 지급하면서 지연지급에 대한 이자를 함께 지급하는 경우 해당 이자

④ 과학기술인공제회법에 따라 지급받는 과학기술발전장려금

---

52) 과세기준일(2002.1.1.) 이후에 납입된 연금기여금 및 사용자 부담금을 기초로 하여 받는 일시금

⑤ 건설근로자의 고용개선 등에 관한 법률에 따라 지급 받는 퇴직공제금

⑥ 법정 사유로 소기업·소상공인 공제에서 공제금 수령한 경우(2016년 이후 가입자)

퇴직소득금액	공제금 – 불입액 중 소득공제 받지 못한 금액
법소정 사유	① 폐업, 해산, 사망, 퇴사 및 노령(60세 이상 및 120개월 이상 불입) ② 해지 전 6개월 이내에 발생한 천재·지변의 발생, 공제가입자의 해외 이주, 공제가입자의 3월 이상의 치료가 요하는 상해·질병 등 불가피한 사유로 해지된 경우

03 비과세 퇴직소득

① 국민연금법에 따라 받는 반환일시금(사망으로 받는 것) 및 사망일시금

② 공무원연금법, 군인연금법, 사립학교교직원연금법, 별정우체국법에 따라 받는 요양비·요양일시금·장해보상금·사망조위금·사망보상금 등

04 퇴직소득금액

> 퇴직소득 = 퇴직소득 총수입금액 = 퇴직소득금액

단, 임원(「법인세법」에 따른 임원)의 퇴직소득금액 중 다음의 금액(2012.1.1. 이후 분)은 근로소득으로 본다. 이때 공적연금 관련법에 따라 받는 일시금은 조세계획과 관계가 없기 때문에 제외하고 「소득세법」에 규정된 한도를 초과하는 금액은 근로소득으로 본다. 이는 임원의 근로소득을 퇴직소득으로 전환하여 세부담을 줄이려는 조세계획을 규제하기 위함이다.

근로소득 해당액[1] = ① – ② – ③

① 퇴직소득금액 – 2011.12.31.에 퇴직하였다고 가정할 때 지급받을 급여

② 퇴직 직전 3년간 평균급여[2] $\times$ 10% $\times \dfrac{2012.1.1.부터\ 2019.12.31.\ 근무기간}{12개월} \times$ 3배

③ 퇴직 직전 3년간 평균급여[2] $\times$ 10% $\times \dfrac{2020.1.1.\ 이후\ 근무기간^{[3]}}{12} \times$ 2배

*1) 법인의 임원이 그 권한을 이용하여 퇴직급여를 부당하게 과다 지급할 우려가 큰 것으로 보아, 세법상 일정한 규제를 두게 됨.

*2) 퇴직한 날부터 소급하여 3년 동안 지급받은 총급여의 연평균 환산액을 말하며, 근속기간이 3년 미만인 경우에는 해당 근무개월 수로 계산한다.
근속기간은 개월 수로 계산하며, 1개월 미만의 기간이 있는 경우는 이를 1개월로 간주한다.

	법인세	퇴직소득세	과세방법
직원	한도규정 ×	한도규정 × → 퇴직소득세	
임원	한도규정 ○	한도 내	퇴직소득세
한도초과 금액	근로소득세	490만원 + 700만원 초과액 × 20%	

*3) 2012년부터 2019년까지는 지급배수가 3배수였으나 2020년 세법개정으로 지급배수가 2배수로 축소(임원의 퇴직금 한도 축소)

> **실무**
>
> **임원 퇴직 시 확정기여형 퇴직연금계좌에서 지급받는 금액 중 임원퇴직소득 한도 적용 범위**
>
> 사용자부담금을 기초로 하여 현실적인 퇴직을 원인으로 지급받는 소득은 「소득세법」 제22조 제1항 제2호의 퇴직소득에 해당하는 것이며, 확정기여형 퇴직연금제도의 경우 퇴직소득은 사용자부담금에 사용자부담금의 운영수익을 더하여 결정되는 것임(서면-2022-원천-0071, 2023.7.19.)

---

05 퇴직소득산출세액의 계산

(1) 종전 규정에 따른 퇴직소득산출세액

① 퇴직소득과세표준 = 퇴직소득금액 − 퇴직소득금액 × 40% − 근속연수에 따른 공제액

근속연수	공제액
5년 이하	100만원 × 근속연수
5년 초과 ~ 10년 이하	500만원 + 200만원 × (근속연수 − 5년)
10년 초과 ~ 20년 이하	1,500만원 + 250만원 × (근속연수 − 10년)
20년 초과	4,000만원 + 300만원 × (근속연수 − 20년)

※ 근속연수는 역에 따라 계산하되, 1년 미만은 1년으로 본다.

② 퇴직소득산출세액(2013.1.1. 이전과 이후로 나누어 계산)

-2012년 12월 31일 이전에 근무 시작 + 2013년 1월 1일 이후에 퇴직한 경우

$$2012.12.31.\ 이전\ \ [\ (과세표준 \times \frac{1}{근속연수})\ \times\ 기본세율\ ]\ \times\ 근속연수$$

$$+$$

$$2013.1.1.\ 이후\ \ [\ (과세표준\ \times\ \frac{5배}{근속연수})\ \times\ 기본세율]\ \times\ \frac{근속연수}{5배}$$

-2013년 1월 1일 이후 근무를 시작하여 퇴직한 경우

$$[\ (과세표준\ \times\ \frac{5배}{근속연수})\ \times\ 기본세율]\ \times\ \frac{근속연수}{5배}$$

(2) 현재 규정에 따른 퇴직소득산출세액

- 환산급여 = (해당 과세기간의 퇴직소득금액 - 근속연수에 따른 공제액) × 12배 / 근속연수
- 퇴직소득과세표준 = 환산급여 - 환산급여에 따른 차등공제액
- 퇴직소득산출세액 = 퇴직소득과세표준 × 기본세율 × 근속연수 /12배

① 근속연수*에 따른 공제액

근속연수	공제액
5년 이하	100만원 × 근속연수
5년 초과 ~ 10년 이하	500만원 + 200만원 × (근속연수 - 5년)
10년 초과 ~ 20년 이하	1,500만원 + 250만원 × (근속연수 - 10년)
20년 초과	4,000만원 + 300만원 × (근속연수 - 20년)

* 근로를 제공하기 시작한 날(또는 퇴직소득중간지급일)의 다음 날부터 퇴직한 날까지로 한다(다만, 퇴직급여를 산정할 때 근로기간으로 보지 않은 기간은 근속연수에서 제외). 이 경우 근속연수를 계산할 때 1년 미만의 기간이 있는 경우에는 이를 1년으로 본다(소법 제45조의1).

② 환산급여에 따른 차등공제액

환산급여	공제액
800만원 이하	환산급여 × 100%
800만원 초과 ~ 7,000만원 이하	800만원 + (800만원 초과분 × 60%)
7,000만원 초과 ~ 1억원 이하	4,520만원 + (7,000만원 초과분 × 55%)
1억원 초과 ~ 3억원 이하	6,170만원 + (1억원 초과분 × 45%)
3억원 초과	1억 5,170만원 + (3억원 초과분 × 35%)

06 퇴직소득 결정세액

퇴직소득금액에 국외원천소득이 포함되어 있는 경우에는 외국납부세액공제를 적용할 수 있다. 그러나 필요경비산입방법은 적용할 수 없으며 공제한도를 초과하는 금액은 이월되지 아니한다.

> 퇴직소득 결정세액 = 퇴직소득 산출세액 − 외국납부세액공제

07 퇴직소득의 수입시기

① 원칙
퇴직소득에 대한 총수입금액의 수입시기는 퇴직을 한 날로 한다.
② 예외
다음 중 어느 하나에 해당할 경우에는 해당 연금을 지급받는 날로 한다(분할하여 지급받는 경우 최초 지급받는 날로 함).
ㄱ 「국민연금법」에 따른 일시금
ㄴ 「건설근로자의 고용개선 등에 관한 법률」 제14조에 따라 지급받는 퇴직공제금

08 퇴직소득세의 신고 · 납부 및 결정

(1) 원천징수

① 원천징수의무자가 퇴직소득을 지급하는 때에는 퇴직소득 결정세액을 원천징수하고 그 지급일의 다음달 말일까지 원천징수영수증을 퇴직소득을 지급받는 사람에게 발급하여야 한다.

② 국내에서 퇴직소득을 지급하는 자는 그 거주자에 대한 퇴직소득세를 원천징수하여 그 징수일이 속하는 달의 다음달 10일까지 정부에 신고·납부하여야 한다.

③ 원천징수 시기

    ㉠ 원칙 : 퇴직소득을 지급한 때

    ㉡ 퇴직소득을 지급하지 아니한 때(의제시기)

        ⓐ 1월~11월까지 퇴직한 경우 : 당해 12월 31일까지 미지급시에는 당해 12월 31일에 퇴직소득을 지급한 것으로 간주

        ⓑ 12월에 퇴직 : 다음해 2월 말까지 미지급시에는 다음해 2월 말일에 퇴직소득을 지급한 것으로 간주

④ 「국민연금법」에 따라 지급받는 반환일시금 또는 사망일시금, 「공무원연금법」·「군인연금법」·「사립학교교직원연금법」·「별정우체국법」에 따라 지급받는 일시금의 경우에는 퇴직소득 원천징수시기에 대한 특례규정을 적용하지 않는다(소득 집행기준 22-0-4).

⑤ 과세이연

    거주자의 퇴직소득이 다음 중 어느 하나에 해당하는 경우에는 해당 퇴직소득에 대한 소득세를 연금외수령하기 전까지 원천징수하지 아니한다.[53] 다만, 소득세가 이미 원천징수된 경우 해당 거주자는 원천징수세액에 대한 환급을 신청할 수 있다.

    ㉠ 퇴직일 현재 연금계좌에 있거나 연금계좌로 지급되는 경우

    ㉡ 지급받은 날부터 60일 이내에 연금계좌에 입금되는 경우

---

53) 연금외수령 : 퇴직소득 / 연금수령 : 연금소득으로 분류

이연퇴직소득세 및 원천징수세액 계산

1. 이연퇴직소득세

이연퇴직소득세는 다음의 계산식에 따라 계산한 금액으로 한다.

$$이연퇴직소득세 \ = \ 퇴직소득산출세액 \ \times \ \frac{과세이연에 \ 해당하는 \ 금액}{퇴직소득금액^*}$$

* 환급하는 경우 퇴직소득금액은 이미 원천징수한 세액을 뺀 금액으로 한다.

2. 원천징수세액

이연퇴직소득을 연금외수령하는 경우 원천징수의무자는 다음의 계산식에 따라 계산한 이연퇴직소득세를 원천징수하여야 한다.

$$원천징수세액 \ = \ 연금외수령당시 \ 이연퇴직소득세 \ \times \ \frac{연금외수령한 \ 이연퇴직소득}{연금외수령당시 \ 이연퇴직소득}$$

이연퇴직소득을 지급하는 원천징수의무자는 이연퇴직소득 지급일이 속하는 달의 다음 달 말일까지 원천징수영수증을 연금외수령한 사람에게 발급하여야 한다.

3. 사례

① 거주자 A는 2023년 3월 퇴직 당시 퇴직급여 100,000만원 중 60,000만원은 퇴직연금계좌로 입금하였으며, 그 외의 금액은 바로 수령(퇴직소득세는 총 5,000만원으로 가정)

$$이연퇴직소득세 : 5,000 \times \frac{60,000}{100,000} = 3,000$$

② 거주자 A는 2024년 60,000만원 중 20,000만원을 연금외수령

$$원천징수세액 : 3,000 \times \frac{20,000}{60,000} = 1,000$$

(2) 과세표준 확정신고

① 확정신고 및 납부

해당 연도의 퇴직소득금액이 있는 자는 종합소득에 합산하지 않고 별도로 분류 과세한다. 이러한 퇴직소득 과세표준을 다음 연도 5월 1일부터 5월 31일까지 납세지 관할 세무서장에게 신고하고 해당 세액을 납부하여야 한다. 이때 원천징수된 세액이 있는

경우 해당 세액을 기납부세액으로 공제하여 계산한다.

② 확정신고 의무의 배제

해당 연도에 1명으로부터 퇴직소득(외국인 등으로부터 받은 퇴직금 제외)만을 지급받은 자는 퇴직소득 과세표준 확정신고를 하지 아니할 수 있다.

XIII 양도소득세

양도소득세는 법 소정의 자산을 타인에게 유상으로 이전하는 거주자 또는 비거주자가 취득할 당시의 가액보다 양도할 당시 가액이 상승하여 양도소득[54](양도차익)이 발생한 경우에 내는 세금이다.

01 양도의 정의

「소득세법」상 "양도"란 자산에 대한 등기 또는 등록과 관계없이[55] 매도, 교환, 법인에 대한 현물출자 등을 통하여 그 자산을 유상으로 사실상 이전하는 것을 말한다. 양도의 정의에서 열거한 매도, 교환, 법인에 대한 현물출자 등은 자산이 유상으로 이전되는 경우에 대한 예를 든 것이므로, 열거되지 아니한 경우에도 자산이 유상으로 사실상 이전되는 때에는 모두 유상양도에 해당한다(소법 집행기준 88-0-1).

자산의 유상이전은 어떤 행위에 보상이 있는 것을 말하므로, 현금으로 대가를 받는 것은 물론 조합원의 지위를 취득하거나, 채무의 면제 등 자산을 이전하고 보상을 받은 것은 자산이 유상으로 이전되는 경우에 해당된다(소법 집행기준 88-0-2). 이에 따라 부담부증여시 수증자가 부담하는 채무액에 해당하는 부분은 양도로 본다(소법 제88조). 다만, 배우자 간 또는 직계존비속 간의 부담부증여(「상속세 및 증여세법」 제44조에 따라 증여로 추정되는 경우를 포함)로서 「상속세 및 증여세법」 제47조 제3항에 따라 수증자에게 인수되지 아니한 것으로 추정되는 채무액은 제외한다.

부담부증여 과세대상 판단	① 채무인수액	양도의 개념에 부합하므로 양도소득세 과세대상 (증여자가 양도소득 납세의무 발생)
	② ① 외의 가액	무상이전에 해당하므로 증여세 과세대상 (수증자가 증여세 납세의무 발생)

---

54) '양도소득'이란 개인이 해당 과세기간에 일정한 자산의 양도로 발생하는 소득이다(소법 제94조).
55) 미등기·미등록 자산을 양도할 때도 과세됨

02 양도로 보지 않는 경우

다음에 해당하는 경우에는 소유권이 이전되었음에도 불구하고 「소득세법」상 양도로 보지 않는다.

① 「도시개발법」이나 그 밖의 법률에 따른 환지처분[56]으로 지목 또는 지번이 변경되거나 보류지(保留地)로 충당되는 경우(원활한 도시개발을 위함)

② 토지의 경계를 변경하기 위하여 「공간정보의 구축 및 관리 등에 관한 법률」 제79조에 따른 토지의 분할 등 다음 요건을 모두 충족한 토지 교환(토지의 효율적 활용을 위함)

  ㉠ 토지 이용상 불합리한 지상 경계를 합리적으로 바꾸기 위하여 「공간정보의 구축 및 관리 등에 관한 법률」이나 그 밖의 법률에 따라 토지를 분할하여 교환할 것

  ㉡ ㉠에 따라 분할된 토지의 전체 면적이 분할 전 토지의 전체 면적의 100분의 20을 초과하지 아니할 것

③ 위탁자와 수탁자 간 신임관계에 기하여 위탁자의 자산에 신탁이 설정되고 그 신탁재산의 소유권이 수탁자에게 이전된 경우로서 위탁자가 신탁 설정을 해지하거나 신탁의 수익자를 변경할 수 있는 등 신탁재산을 실질적으로 지배하고 소유하는 것으로 볼 수 있는 경우(실질적 지배·소유권이 이전되지 않았기 때문)

④ 공동소유의 토지를 소유지분별로 단순히 분할하거나 공유자지분 변경 없이 2개 이상의 공유토지로 분할하였다가 그 공유토지를 소유지분별로 단순히 재분할하는 경우에는 양도로 보지 아니한다(소유권 형태만 변경한 것임)(소법 집행기준 88-151-2).

⑤ 토지거래허가지역 내에서의 매매계약 등 거래계약은 관할관청의 허가를 받아야만 효력이 발생하므로 매매대금이 먼저 지급되어 양도인이 이를 보관하고 있다하더라도 자산의 양도에 해당되지 아니한다(소법 집행기준 88-151-3).

⑥ 사해행위취소 판결은 채권자와 양수자 사이에 있어서만 그 효력이 발생할 뿐이므로 당초 소유자 명의로 원상회복하는 것은 양도에 해당하지 아니하고, 당초 소유자 명의로 원상회복하여도 당초 소유자가 직접 권리를 취득하는 것이 아니어서 당초 소유자가 납부한 양도소득세는 환급대상이 되지 아니한다(소법 집행기준 88-151-5).

---

56) 환지처분이란 「도시개발법」에 따른 도시개발사업, 「농어촌정비법」에 따른 농업생산기반 정비사업, 그 밖의 법률에 따라 사업시행자가 사업완료 후에 사업구역 내의 토지 소유자 또는 관계인에게 종전의 토지 또는 건축물 대신에 그 구역 내의 다른 토지 또는 사업시행자에게 처분할 권한이 있는 건축물의 일부와 그 건축물이 있는 토지의 공유지분으로 바꾸어주는 것(사업시행에 따라 분할·합병 또는 교환하는 것을 포함)을 말한다.

⑦ 그 외의 경우(소법 집행기준 88 - 152 - 3)

구 분	내 용
양도담보자산[1]	채무자가 양도담보계약을 체결하고 양도담보계약서의 사본을 과세표준확정신고서에 첨부하여 신고하는 경우
명의신탁해지	법원의 확정판결에 의하여 신탁해지를 원인으로 소유권이전등 기를 하는 경우(이는 명의의 단순한 회복이며, 유상이전은 아님)
매매원인무효로 자산이전	매매원인무효의 소에 의하여 그 매매사실이 원인무효로 판시되 어 소유권이 환원되는 경우(매매계약의 효력이 소급 상실됨)
어음부도로 계약이 해지된 경우	소유권이전등기가 완료되지 않은 상태에서 매매대금의 일부로 받은 어음이 부도처리되어 당초 계약이 해지된 경우
본인소유 자산을 자기가 재취득하는 경우	본인 소유자산을 경매 등으로 자기가 재취득하는 경우
재산분할청구권의 행사로 소유권이 이전되는 경우[2]	혼인 중에 형성된 실질적인 부부공동재산을 재산분할청구권의 행사(「민법」 제839조의2)에 따라 소유권이 이전되는 경우(실질 은 공유물의 분할임)

[1] 양도담보란 채권담보의 목적으로 일정한 재산을 양도하고 채무자가 이행을 하는 경우 목적물을 채무 자에게 반환하고, 이행하지 않는 경우 채권자는 목적물로부터 우선 변제를 받는 담보임.

[2] 위자료로 부동산 등을 이전한 경우는 대물변제에 해당되기에 양도가 아님.

참고

신탁재산의 이전

위탁자와 수탁자 간 신임관계에 기하여 위탁자의 자산에 신탁이 설정되고 그 신탁재산의 소유권이 수탁자에게 이전된 경우로서 위탁자가 신탁 설정을 해지하거나 신탁의 수익자 를 변경할 수 있는 등 신탁재산을 실질적으로 지배하고 소유하는 것으로 볼 수 있는 경 우에는 양도로 보지 않는다(소법 제88조). 단, 위탁자의 지배를 벗어나는 경우(신탁계약 해지권·수익자변경권·해지시 신탁재산 귀속권 등이 위탁자에게 부여되지 않은 경우) 신탁 설정시에 양도소득세를 과세한다.

→ 2021년 1월 1일 이후 양도하는 분부터 적용

03 양도소득세 과세대상자산

그룹	구 분	과세대상
그룹1	(1) 부동산	토지(「공간정보의 구축 및 관리 등에 관한 법률」에 따라 지적공부에 등록하여야 할 지목에 해당하는 것을 말함) 및 건물
	(2) 부동산에 관한 권리	① 지상권과 전세권(등기 여부 불문) ② 등기된 부동산임차권(등기되지 않은 임차권 양도의 경우 점포임차권은 기타소득, 그 외는 과세 안함) ③ 부동산을 취득할 수 있는 권리 　㉠ 아파트 당첨권(건물의 완성시 해당 건물과 그 부수토지를 취득할 수 있는 권리) 　㉡ 토지상환채권(지방자치단체·한국토지주택공사 발행) 　㉢ 주택상환채권(한국토지주택공사 발행) 　㉣ **부동산매매계약을 체결한 자가 계약금만 지급한 상태에서 양도하는 권리**
	(3) 기타 자산	① **특정주식** 　－과점주주 주식, 부동산과다보유법인 주식 ② 영업권(사업용 고정자산과 함께 양도한 것) ③ 이축권*(토지·건물과 함께 양도하는 이축을 할 수 있는 권리) ④ 특정시설물이용권(골프장회원권, 콘도미니엄회원권, 헬스클럽회원권 등)
그룹2	**일반주식** (특정주식 제외)	① 국내주식 　㉠ 주권상장주식 중 대주주 양도분과 장외 양도분 　㉡ 비상장주식 ② 외국주식 　㉠ 외국법인이 발행한 주식(우리나라 증권시장에 상장된 주식과 기타자산에 해당하는 주식은 제외) 　㉡ 내국법인이 발행한 주식(국외 예탁기관이 발행한 증권예탁증권을 포함)으로서 해외 증권시장에 상장된 주식
그룹3	파생상품	다음 중 어느 하나에 해당하는 파생상품 등의 거래 또는 행위로 발생하는 소득(이자 및 배당소득 제외) ① 장내파생상품(KOSPI200선물·KOSPI200옵션 등) ② 차액결제거래(CFD)파생상품 ③ 주식워런트증권(ELW: KOSPI200콜, KOSPI200풋, KOSDAQ150콜, KOSDAQ150풋 등)

그룹	구 분	과세대상
		④ 해외 파생상품 ⑤ 장외파생상품(경제적 실질이 장내 파생상품이 아닌 것)
그룹4	신탁수익권	신탁의 이익을 받을 권리(수익증권 및 투자신탁의 수익권 등 대통령령으로 정하는 수익권 제외)의 양도로 발생하는 소득. 다만, 신탁수익권의 양도를 통해 신탁재산에 대한 지배·통제권이 사실상 이전되는 경우는 신탁재산 자체의 양도로 봄.
		세율 ① 과세표준 중 3억원 이하 : 20% ② 과세표준 중 3억원 초과분 : 25%

* 감정평가업자가 감정한 가액이 있는 경우 그 가액(감정한 가액이 둘 이상인 경우에는 그 감정한 가액의 평균액)을 구분하여 신고하는 경우 기타소득으로 과세한다.

(1) 부동산

① 토지

토지는 「공간정보의 구축 및 관리 등에 관한 법률」에 따라 지적공부에 등록하여야 할 지목에 해당하는 것을 말한다. 지목은 토지의 주된 사용 목적에 따라 전·답·과수원·목장용지·임야·염전·대지·공장용지 등 28가지로 구분된다.

구 분	과세방법
㉠ 토지의 정착물	양도소득세 과세(토지와 일체)
㉡ 토사석 채취허가에 따른 권리, 지하수 개발·이용권의 양도 및 대여소득	기타소득
㉢ 토지의 정착물 중 입목	사업소득

② 건물

양도소득세 과세대상인 건물에는 건물에 부속된 시설물과 구축물을 포함한다. 건물이 무허가로 건축되었거나 건축법을 위반하는 등의 이유로 공부상에 등재되지 않은 경우에도 실질과세원칙에 따라 양도소득세 과세대상 해당 여부를 판단한다.

(2) 부동산에 관한 권리

① 지상권(타인 소유의 토지 위에 건물을 소유한 자가 그 건물을 소유하기 위하여 그 토지를 사용할 수 있게 되는 권리)과 전세권(전세금을 지급하고 타인의 부동산을 점유

하여 그 부동산의 용도에 좇아 사용, 수익하며 기타 채권자보다 전세금의 우선변제를 받을 수 있는 권리)

② 등기된 부동산임차권(임차료를 지급하고 목적물을 사용·수익하는 임대차계약의 임차인으로서의 지위로 등기된 것에 한정)

③ 부동산을 취득할 수 있는 권리(건물이 완성되는 때에 그 건물과 이에 딸린 토지를 취득할 수 있는 권리를 포함) : 아파트당첨권, 토지상환채권, 주택상환채권, 부동산매매계약을 체결한 자가 계약금만 지급한 상태에서 양도하는 권리 등

(3) 기타자산

① 특정주식

　㉠ **과점주주 주식** : 다음의 요건을 모두 충족한 경우에 한함

법인요건	주식을 발행한 법인의 토지·건물·부동산에 관한 권리의 가액과 해당 법인이 보유한 다른 부동산과다보유의 주식가액의 합계액이 차지하는 비율이 <u>50% 이상</u>인 법인
과점주주요건	주주 1인과 그 특수관계인의 소유 주식합계액이 총발행주식의 50% 이상 보유
양도요건	주주 1인과 특수관계인이 양도한 주식합계액이 주식총액의 50% 이상 (분할하여 양도하는 경우에 양도하는 날부터 소급 3년간 합산)

※ 2019년 양도분부터는 과점주주 외의 자에게 양도하기 전에 과점주주 간에 양도·양수한 주식 등도 포함 (과점주주 주식은 과점주주가 과점주주 외의 자에게 양도해야만 적용(고율의 누진세율로 과세) → 과점주주에게 양도하여 단일세율 적용 뒤 양수한 과점주주가 과점주주 외의 자에게 양도차익 0으로 양도하는 과세회피 방지가 목적)

　㉡ **부동산과다보유법인주식** : 다음의 요건을 모두 충족한 경우에 한함(1주만 양도해도 과세)

법인요건	주식을 발행한 법인의 토지·건물·부동산에 관한 권리의 가액과 해당 법인이 보유한 다른 부동산 과다보유법인의 주식가액의 합계액이 차지하는 비율이 80% 이상
사치성 업종 요건	골프장·스키장·체육시설업·관광사업 중 휴양시설관련업 및 부동산업·부동산개발업으로서 골프장·스키장·휴양콘도미니엄 또는 전문휴양시설을 건설 또는 취득하여 직접 경영하거나 분양·임대

② 영업권

　사업에 사용하는 토지·건물 및 부동산에 관한 권리와 함께 양도하는 영업권에 한

정[57](그 외의 영업권 양도소득은 기타소득임)

③ 이축권

토지 또는 건물과 함께 양도하는 이축권에 대하여 양도소득세를 과세한다. 다만, 해당 이축권 가액을 감정평가[58]를 통하여 별도로 평가하여 신고한 경우에는 제외한다.[59]

④ 특정시설물 이용권·회원권

이용권·회원권, 그 밖에 그 명칭과 관계없이 시설물을 배타적으로 이용하거나 일반 이용자보다 유리한 조건으로 이용할 수 있도록 약정한 단체의 구성원이 된 자에게 부여되는 시설물 이용권은 양도소득세를 과세하며 법인의 주식 등을 소유하는 것만으로 시설물을 배타적으로 이용하거나 일반이용자보다 유리한 조건으로 시설물 이용권을 부여받게 되는 경우 그 주식 등을 포함한다.

(4) 주식 또는 출자지분

주식(출자지분, 신주인수권과 증권예탁증권을 포함) 가운데 양도소득세 과세대상이 되는 것은 다음과 같다(다만, 이 가운데 기타자산에도 동시에 해당되는 것은 이를 기타자산으로 봄).

① 주권상장법인(유가증권시장 또는 코스닥시장, 코넥스시장)의 주식은 **대주주 양도** 및 **장외 거래분**(유가증권시장 및 코스닥시장, 코넥스 시장 외 거래)에 대해서 양도소득세를 과세한다.

② 주권비상장법인의 주식은 원칙적으로 양도소득세 과세대상이다. 다만, 다음에 해당하는 주식은 양도소득세 과세대상에서 제외한다.

    ㉠ 주권비상장법인의 대주주가 아닌 자가 한국금융투자협회가 행하는 장외매매거래에 의하여(K-OTC, Korea Over The Counter) 양도하는 중소기업 및 중견기업의 주식

    ㉡ 장외주식 호가중개시장(Free Board)에서 벤처기업의 주식을 대주주가 아닌 자가 양도하는 주식

③ 국외주식 : 외국법인이 발행하였거나 외국에 있는 시장에 상장된 주식 등으로서 다음

---

57) 다음의 것을 포함
    ① 영업권을 별도로 평가하지 않았으나 사회통념상 자산에 포함되어 함께 양도된 것으로 인정되는 영업권
    ② 행정관청으로부터 인가·허가·면허 등을 받음으로써 얻는 경제적 이익
58) 「감정평가 및 감정평가사에 관한 법률」에 따른 감정평가법인등이 감정한 가액이 있는 경우 그 가액(감정한 가액이 둘 이상인 경우에는 그 감정한 가액의 평균액)
59) 양도소득세가 아닌 기타소득으로 과세

중 어느 하나에 해당하는 주식은 양도소득세를 과세한다.
ㄱ 외국법인이 발행한 주식 등(우리나라 증권시장에 상장된 주식 등 제외)
ㄴ 내국법인이 발행한 주식 등(국외 예탁기관이 발행한 증권예탁증권을 포함)으로서
해외 증권시장에 상장된 것

> **참고**
>
> **대주주의 요건(최대주주가 아닌 경우 본인보유 주식만 계산)**
> ① 유가증권시장법인(코스피) : 주식등의 양도일이 속하는 사업연도의 직전 사업연도 종료
> 일 현재 소유하는 주식 합계액의 1% 이상 소유 또는 주식 시가총액 50억원 이상 소유
> ② 코스닥시장 : 주식 합계액의 2% 이상 소유 또는 주식 시가총액 50억원 이상 소유
> ③ 코넥스시장 : 주식 합계액의 4% 이상 소유 또는 주식 시가총액 50억원 이상 소유
> ④ 비상장법인 : 주식 합계액의 4% 이상 소유 또는 일정규모 시가총액 10억원 이상 소유
> ⑤ 벤처기업(프리보드) : 주식 합계액의 4% 이상 소유 또는 주식 시가총액의 40억원 이
> 상 소유

(5) 파생상품

파생상품 등의 거래 또는 행위로 발생하는 소득[60]에 대하여 양도소득세를 과세한다. 파
생상품이란 파생결합증권, 「자본시장과 금융투자업에 관한 법률」에 따른 장내파생상품 또
는 장외파생상품으로 다음에 해당하는 자산을 말한다.
① 장내파생상품으로서 증권시장 또는 이와 유사한 시장으로서 외국에 있는 시장을 대표
하는 종목을 기준으로 산출된 지수(해당 지수의 변동성을 기준으로 산출된 지수를 포
함)를 기초자산으로 하는 상품
② 장외파생상품으로서 다음 각 목의 요건을 모두 갖춘 파생상품(경제적 실질이 동일한
상품을 포함)
ㄱ 계약 체결 당시 약정가격과 계약에 따른 약정을 소멸시키는 반대거래 약정가격 간
의 차액을 현금으로 결제하고 계약 종료시점을 미리 정하지 않고 거래 일방의 의
사표시로 계약이 종료되는 상품일 것
ㄴ 주식 등[61] 기초자산의 가격과 연계하는 상품일 것

---

60) 이자소득 또는 배당소득이 과세된 경우에는 제외한다.
61) 다음 중 어느 하나에 해당하는 자산을 말한다.
ⓐ 주식 등(외국법인이 발행한 주식을 포함)

③ 당사자 일방의 의사표시에 따라 ①에 따른 지수의 수치의 변동과 연계하여 미리 정하여진 방법에 따라 주권의 매매나 금전을 수수하는 거래를 성립시킬 수 있는 권리를 표시하는 증권 또는 증서

④ 해외 파생상품시장에서 거래되는 파생상품

⑤ 장외파생상품으로서 경제적 실질이 ①에 따른 장내파생상품과 동일한 상품

(6) 신탁수익권

신탁의 이익을 받을 권리의 양도로 발생하는 소득에 대하여 양도소득세를 과세한다.[62] 다만, 신탁수익권의 양도를 통하여 신탁재산에 대한 지배·통제권이 사실상 이전되는 경우는 신탁재산 자체의 양도로 본다.

04 비과세 양도소득

(1) 파산선고에 의한 처분으로 발생하는 소득

(2) 농지의 교환 또는 분합으로 발생하는 소득

1) 비과세 대상

다음 중 어느 하나에 해당하는 농지를 교환 또는 분합하는 경우로서 교환 또는 분합하는 쌍방 토지가액의 차액이 가액이 큰 편의 4분의 1 이하인 경우에 비과세를 적용한다(소령 제153조 제1항).

ⓑ 상장지수집합투자기구(상장지수집합투자기구와 유사한 것으로서 외국 상장지수집합투자기구를 포함)로서 증권시장 또는 이와 유사한 시장으로서 외국에 있는 시장을 대표하는 종목을 기준으로 산출된 지수(해당 지수의 변동성을 기준으로 산출된 지수를 포함)를 추적하는 것을 목적으로 하는 집합투자기구의 집합투자증권

ⓒ 상장지수증권(상장지수증권과 유사한 것으로서 외국 상장지수증권을 포함)로서 증권시장 또는 이와 유사한 시장으로서 외국에 있는 시장을 대표하는 종목을 기준으로 산출된 지수(해당 지수의 변동성을 기준으로 산출된 지수를 포함)를 추적하는 것을 목적으로 하는 상장지수증권

62) 다만, 다음 중 어느 하나에 해당할 경우에는 제외한다.
① 「자본시장과 금융투자업에 관한 법률」에 따른 수익권
② 「자본시장과 금융투자업에 관한 법률」에 따른 투자신탁의 수익권 또는 수익증권으로서 해당 수익권 또는 수익증권의 양도로 발생하는 소득이 배당소득으로 과세되는 수익권 또는 수익증권
③ 신탁수익권의 양도로 발생하는 소득이 배당소득으로 과세되는 수익권 또는 수익증권
④ 위탁자의 채권자가 채권담보를 위하여 채권 원리금의 범위 내에서 선순위 수익자로서 참여하고 있는 경우 해당 수익권

① 국가 또는 지방자치단체가 시행하는 사업으로 인하여 교환 또는 분합하는 농지

② 국가 또는 지방자치단체가 소유하는 토지와 교환 또는 분합하는 농지

③ 경작상 필요에 의하여 교환하는 농지. 다만, 교환에 의하여 새로 취득하는 농지를 3년 이상 농지소재지에 거주하면서 경작하는 경우에 한한다.

④ 「농어촌정비법」・「농지법」・「한국농어촌공사 및 농지관리기금법」 또는 「농업협동조합법」에 의하여 교환 또는 분합하는 농지

2) 비과세 제외 대상

① 양도일 현재 특별시・광역시(광역시에 있는 군을 제외)・특별자치시(특별자치시에 있는 읍・면지역은 제외)・특별자치도[63] 또는 시지역[64]에 있는 농지 중 「국토의 계획 및 이용에 관한 법률」에 의한 주거지역・상업지역 또는 공업지역 안의 농지로서 이들 지역에 편입된 날부터 3년이 지난 농지. 다만, 다음 중 어느 하나에 해당하는 경우는 제외한다.

  ㉠ 사업지역 내의 토지소유자가 1천명 이상이거나 사업시행면적이 기획재정부령으로 정하는 규모 이상인 개발사업지역(사업인정고시일이 같은 하나의 사업시행지역을 말함) 안에서 개발사업의 시행으로 인하여 「국토의 계획 및 이용에 관한 법률」에 따른 주거지역・상업지역 또는 공업지역에 편입된 농지로서 사업시행자의 단계적 사업시행 또는 보상지연으로 이들 지역에 편입된 날부터 3년이 지난 경우

  ㉡ 사업시행자가 국가, 지방자치단체, 그 밖에 기획재정부령으로 정하는 공공기관인 개발사업지역 안에서 개발사업의 시행으로 인하여 「국토의 계획 및 이용에 관한 법률」에 따른 주거지역・상업지역 또는 공업지역에 편입된 농지로서 기획재정부령으로 정하는 부득이한 사유에 해당하는 경우

② 당해 농지에 대하여 환지처분이전에 농지 외의 토지로 환지예정지의 지정이 있는 경우로서 그 환지예정지 지정일부터 3년이 지난 농지

---

63) 「제주특별자치도 설치 및 국제자유도시 조성을 위한 특별법」 제10조 제2항에 따라 설치된 행정시의 읍・면지역은 제외한다.

64) 「지방자치법」 제3조 제4항의 규정에 의한 도・농복합형태의 시의 읍・면지역을 제외한다.

(3) 1세대 1주택 비과세

1) 개요

1세대가 양도일 현재 국내에 1주택을 보유하고 있는 경우로서 해당 주택[65]의 보유기간이 2년 이상인 것(취득 당시에 조정대상지역에 있는 주택의 경우에는 해당 주택의 보유기간이 2년 이상이고 그 보유기간 중 거주기간이 2년 이상인 것)을 말한다(소령 제154조 제1항).

과거 기획재정부 예규(재산세제과-1322)로 인하여 주택을 주택 외의 용도로 용도변경하여 양도하는 경우에 2022년 10월 21일 이후 매매계약 체결분부터 양도일 현재로 판단하도록 회신하였다. 다만, 2025년 소득세법 시행령 개정으로 주택 매매계약일 이후 해당 계약에 따라 주택을 주택 외의 용도로 용도변경하여 양도하는 경우에는 매매계약일을 기준으로 판정한다.[66]

> **참고** ●
>
> 종전에는 매매특약에 의하여 매매계약일 이후 주택을 멸실하거나 용도변경을 한 경우에는 매매계약일 현재를 기준으로 판단하였지만, 기획재정부 유권해석으로 인하여 양도일 현재 기준으로 판단한다.
>
> > ○ 기획재정부 재산세제과-1322, 2022.10.21.
> >
> > 주택에 대한 매매계약을 체결하고, 그 매매특약에 따라 잔금청산 전에 주택을 상가로 용도변경한 경우 2022.10.21. 이후 매매계약 체결분부터 양도일(잔금청산일) 현재 현황에 따라 양도물건을 판정함.
> >
> > ○ 기획재정부 재산세제과-1543, 2022.12.20.
> >
> > 매매특약에 따라 잔금청산 전에 주택을 멸실한 경우 양도물건의 판정기준일은 양도일(잔금청산일)이며, 2022.12.20. 이후 매매계약을 체결한 분부터 적용

2) 1세대

거주자 및 그 배우자(법률상 이혼을 하였으나 생계를 같이하는 등 사실상 이혼한 것으로 보기 어려운 관계에 있는 경우 포함)가 그들과 같은 주소 또는 거소에서 생계를 같이하는 자[거주자 및 그 배우자의 직계존비속(그 배우자를 포함) 및 형제자매, 취학·질병의

---

65) 주택 및 이에 딸린 토지의 양도 당시 실지거래가액의 합계액이 12억원을 초과하는 고가주택은 제외한다.
66) 멸실의 경우에는 시행령에서 별도로 규정하고 있지 않으므로 동일하게 해석하기엔 무리가 있다(저자주).

요양·근무상 또는 사업상의 형편으로 본래의 주소 또는 거소에서 일시 퇴거한 사람을 포함]와 함께 구성하는 가족단위를 말한다.

다만, 배우자가 없는 경우에도 다음에 해당할 경우에는 독립적인 1세대로 본다.

① 해당 거주자의 나이가 30세 이상인 경우

② 배우자가 사망하거나 이혼한 경우

③ 해당 거주자의 나이가 30세 미만이면서 「국민기초생활 보장법」 제2조 제11호에 따른 기준 중위소득의 100분의 40 수준 이상으로서 소유하고 있는 주택 또는 토지를 관리·유지하면서 독립된 생계를 유지할 수 있는 경우. 다만, 미성년자의 경우를 제외하되, 미성년자의 결혼, 가족의 사망 등의 사유로 1세대의 구성이 불가피한 경우는 제외

> **참고**
>
> 소기통 88-0-4
> ① 동일한 장소에서 생계를 같이하는 가족의 주민등록상 현황과 사실상 현황이 다른 경우에는 사실상 현황에 따른다.
> ② 1세대 1주택 비과세 규정을 적용하는 경우 부부가 각각 세대를 달리 구성하는 경우에도 동일한 세대로 본다.

3) 비과세 대상 주택과 부속토지

① 주택의 개념

"주택"이란 허가 여부나 공부(公簿)상의 용도구분과 관계없이 세대의 구성원이 독립된 주거생활을 할 수 있는 구조로서 세대별로 구분된 각각의 공간마다 별도의 출입문, 화장실, 취사시설이 설치되어 있는 구조를 갖추어 사실상 주거용으로 사용하는 건물을 말한다.

② 주택부속토지

비과세가 적용되는 주택에 딸린 토지는 거주자가 소유하는 주택과 주거생활의 일체를 이루는 토지로 거주자 또는 거주자와 같은 세대가 소유하는 토지를 말하고, 주택정착면적을 기준으로 지역에 따라 배율을 적용한 면적 이내의 토지 면적은 비과세가 적용된다(소법 집행기준 89-154-14). 주택정착면적은 건물의 수평투영면적(건물의 위에서 내려다보았을 경우 전체 건물의 그림자 면적)을 기준으로 한다(소법 집행기준 89-154-15).

지역구분		배 율
도시지역 내 토지	수도권 내 토지	주거·상업·공업지역 : 3배 녹지지역 : 5배
	수도권 외 토지	5배
도시지역 외의 토지		10배

4) 2년 이상 보유 및 거주

2년 이상 보유는 주택 및 그에 딸린 토지를 각각 2년[67] 이상 보유한 것을 말하는 것이며, 보유기간은 해당 자산을 취득한 날의 초일을 산입하여 양도한 날까지로 계산하고, 거주기간[68] 계산은 해당 주택의 취득일 이후 실제 거주한 기간에 따르며 불분명한 경우에는 주민등록상 전입일부터 전출일까지의 기간으로 한다.[69]

다만, 주택이 아닌 건물을 사실상 주거용으로 사용하거나 공부상의 용도를 주택으로 변경하는 경우 보유기간은 그 자산을 사실상 주거용으로 사용한 날(사실상 주거용으로 사용한 날이 분명하지 않은 경우에는 그 자산의 공부상 용도를 주택으로 변경한 날)부터 양도한 날까지로 한다.

---

67) 비거주자가 주택을 3년 이상 보유하고, 해당 주택에서 거주한 상태로 거주자로 전환된 경우는 3년이다.

68) 2017년 8월 3일 이후 조정대상지역에 소재한 주택을 취득한 경우에는 2년 거주요건이 신설되었다. 다만, 다음 중 어느 하나에 해당할 경우에는 2년 거주요건이 발생하지 않는다.
  ① 2017년 8월 2일 이전에 취득한 주택
  ② 2017년 8월 2일 이전에 매매계약을 체결하고 계약금을 지급한 사실이 증빙서류에 의하여 확인되는 주택 (해당 주택의 거주자가 속한 1세대가 계약금 지급일 현재 주택을 보유하지 아니하는 경우로 한정)
  ③ 2017년 8월 3일 이후 취득하여 법 시행 전에 양도한 주택

69) 다음에 해당할 경우에는 보유기간 및 거주기간을 통산한다(소령 제154조 제8항).
  ① 거주하거나 보유하는 중에 소실·무너짐·노후 등으로 인하여 멸실되어 재건축한 주택인 경우에는 그 멸실된 주택과 재건축한 주택에 대한 거주기간 및 보유기간
  ② 비거주자가 해당 주택을 3년 이상 계속 보유하고 그 주택에서 거주한 상태로 거주자로 전환된 경우에는 해당 주택에 대한 거주기간 및 보유기간
  ③ 상속받은 주택으로서 상속인과 피상속인이 상속개시 당시 동일세대인 경우에는 상속개시 전에 상속인과 피상속인이 동일세대로서 거주하고 보유한 기간

보유기간 및 거주기간 제한이 없는 경우(소령 제154조 제1항)

㉠ 「민간임대주택에 관한 특별법」에 따른 민간건설임대주택이나 「공공주택 특별법」에 따른 공공건설임대주택 또는 공공매입임대주택을 취득하여 양도하는 경우로서 해당 임대주택의 임차일부터 양도일까지의 기간 중 세대전원이 거주(기획재정부령으로 정하는 취학, 근무상의 형편, 질병의 요양, 그 밖에 부득이한 사유로 세대의 구성원 중 일부가 거주하지 못하는 경우를 포함)한 기간이 5년 이상인 경우

㉡ 다음 중 어느 하나에 해당하는 경우. 이 경우 ⓐ에 있어서는 그 양도일 또는 수용일부터 5년 이내에 양도하는 그 잔존주택 및 그 부수토지를 포함하는 것으로 한다.

　　ⓐ 주택 및 그 부수토지(사업인정 고시일 전에 취득한 주택 및 그 부수토지에 한한다)의 전부 또는 일부가 「공익사업을 위한 토지 등의 취득 및 보상에 관한 법률」에 의한 협의매수·수용 및 그 밖의 법률에 의하여 수용되는 경우

　　ⓑ 「해외이주법」에 따른 해외이주로 세대전원이 출국하는 경우. 다만, 출국일 현재 1주택을 보유하고 있는 경우로서 출국일부터 2년 이내에 양도하는 경우에 한한다.

　　ⓒ 1년 이상 계속하여 국외거주를 필요로 하는 취학 또는 근무상의 형편으로 세대전원이 출국하는 경우. 다만, 출국일 현재 1주택을 보유하고 있는 경우로서 출국일부터 2년 이내에 양도하는 경우에 한한다.

㉢ 1년 이상 거주한 주택을 기획재정부령으로 정하는 취학, 근무상의 형편, 질병의 요양, 그 밖에 부득이한 사유로 양도하는 경우

※ 거주기간 제한이 없는 경우(소령 제154조 제1항) : 거주자가 조정대상지역의 공고가 있는 날 이전에 매매계약을 체결하고 계약금을 지급한 사실이 증빙서류에 의하여 확인되는 경우로서 해당 거주자가 속한 1세대가 계약금 지급일 현재 주택을 보유하지 아니하는 경우

5) 1주택 요건

양도일 현재 1주택이여야 하며, 2개 이상의 주택을 같은 날에 양도하는 경우에는 당해 거주자가 선택하는 순서에 따라 주택을 양도한 것으로 본다.

6) 1세대 2주택 비과세

양도일 현재 1세대 2주택인 경우에는 원칙적으로 비과세가 적용되지 않지만, 예외적으로 「소득세법 시행령」 제155조에서 열거한 사유에 해당할 경우에는 비과세를 적용받을 수 있다.

① 일시적 2주택(소령 제155조 제1항)

국내에 1주택을 소유한 1세대가 그 주택(종전의 주택)을 양도하기 전에 다른 주택(신규 주택)을 취득함으로써 일시적으로 2주택이 된 경우 종전의 주택을 취득한 날부터

1년 이상이 지난 후 신규 주택을 취득하고 신규 주택을 취득한 날부터 3년 이내에 종전의 주택을 양도하는 경우에는 이를 1세대 1주택으로 보아 비과세를 적용한다.

② 상속주택(소령 제155조 제2항)

상속받은 주택[70]과 일반주택[71]을 국내에 각각 1개씩 소유하고 있는 1세대가 일반주택을 양도하는 경우에는 국내에 1개의 주택을 소유하고 있는 것으로 보아 비과세를 적용한다.

③ 공동상속주택 소수지분(소령 제155조 제3항)

공동상속주택[72] 외의 다른 주택을 양도하는 때에는 해당 공동상속주택은 해당 거주자의 주택으로 보지 아니한다. 다만, 상속지분이 가장 큰 상속인의 경우에는 그러하지 아니하며, 상속지분이 가장 큰 상속인이 2명 이상인 경우에는 그 2명 이상의 사람 중 다음의 순서에 따라 해당하는 사람이 그 공동상속주택을 소유한 것으로 본다.

㉠ 당해 주택에 거주하는 자

㉡ 최연장자

④ 동거봉양 합가(소령 제155조 제4항)

1주택을 보유하고 1세대를 구성하는 자가 1주택을 보유하고 있는 60세 이상의 직계존속(다음의 사람을 포함)을 동거봉양하기 위하여 세대를 합침으로써 1세대가 2주택을 보유하게 되는 경우 합친 날부터 10년 이내에 먼저 양도하는 주택은 이를 1세대 1주택으로 보아 비과세를 적용한다.

---

70) 조합원입주권 또는 분양권을 상속받아 사업시행 완료 후 취득한 신축주택을 포함하며, 피상속인이 상속개시 당시 2 이상의 주택(상속받은 1주택이 「도시 및 주거환경정비법」에 따른 재개발사업, 재건축사업 또는 「빈집 및 소규모주택 정비에 관한 특례법」에 따른 소규모재건축사업, 소규모재개발사업, 가로주택정비사업, 자율주택정비사업의 시행으로 2 이상의 주택이 된 경우를 포함)을 소유한 경우에는 다음의 순위에 따른 1주택을 말한다.
㉠ 피상속인이 소유한 기간이 가장 긴 1주택
㉡ 피상속인이 소유한 기간이 같은 주택이 2 이상일 경우에는 피상속인이 거주한 기간이 가장 긴 1주택
㉢ 피상속인이 소유한 기간 및 거주한 기간이 모두 같은 주택이 2 이상일 경우에는 피상속인이 상속개시당시 거주한 1주택
㉣ 피상속인이 거주한 사실이 없는 주택으로서 소유한 기간이 같은 주택이 2 이상일 경우에는 기준시가가 가장 높은 1주택(기준시가가 같은 경우에는 상속인이 선택하는 1주택)
71) 상속개시 당시 보유한 주택 또는 상속개시 당시 보유한 조합원입주권이나 분양권에 의하여 사업시행 완료 후 취득한 신축주택만 해당하며, 상속개시일부터 소급하여 2년 이내에 피상속인으로부터 증여받은 주택 또는 증여받은 조합원입주권이나 분양권에 의하여 사업시행 완료 후 취득한 신축주택은 제외한다.
72) 상속으로 여러 사람이 공동으로 소유하는 1주택을 말하며, 피상속인이 상속개시 당시 2 이상의 주택(상속받은 1주택이 재개발사업, 재건축사업 또는 소규모재건축사업 등의 시행으로 2 이상의 주택이 된 경우를 포함)을 소유한 경우에는 '각주 59)에 따른 상속주택 순위'에 따른 1주택을 말한다.

㉠ 배우자의 직계존속으로서 60세 이상인 사람

㉡ 직계존속(배우자의 직계존속을 포함) 중 어느 한 사람이 60세 미만인 경우

㉢「국민건강보험법 시행령」별표 2에 따라 결핵 질환, 희귀난치성 질환, 중증질환자
　에 해당하여 요양급여를 받는 60세 미만의 직계존속(배우자의 직계존속을 포함)

⑤ 혼인 합가(소령 제155조 제5항)

1주택을 보유하는 자가 1주택을 보유하는 자와 혼인함으로써 1세대가 2주택을 보유
하게 되는 경우 또는 1주택을 보유하고 있는 60세 이상의 직계존속을 동거봉양하는
무주택자가 1주택을 보유하는 자와 혼인함으로써 1세대가 2주택을 보유하게 되는 경
우 각각 혼인한 날부터 10년 이내에 먼저 양도하는 주택은 이를 1세대 1주택으로 보
아 비과세를 적용한다.

⑥ 문화재주택(소령 제155조 제6항)

지정문화재 및 국가등록문화재에 해당하는 주택과 일반주택을 국내에 각각 1개씩 소
유하고 있는 1세대가 일반주택을 양도하는 경우에는 국내에 1개의 주택을 소유하고
있는 것으로 보아 비과세를 적용한다.

⑦ 농어촌주택(소령 제155조 제7항)

농어촌주택[73]과 일반주택을 국내에 각각 1개씩 소유하고 있는 1세대가 일반주택을 양
도하는 경우에는 국내에 1개의 주택을 소유하고 있는 것으로 보아 비과세를 적용한다.

⑧ 부득이한 사유(소령 제155조 제8항)

취학, 근무상의 형편, 질병의 요양, 그 밖에 부득이한 사유로 취득한 수도권 밖에 소재

---

73) 다음 중 어느 하나에 해당하는 주택으로서 수도권 밖의 지역 중 읍지역(도시지역 안의 지역을 제외) 또는
면지역에 소재하는 주택을 말한다. 다만, 3.에 대해서는 그 주택을 취득한 날부터 5년 이내에 일반주택을
양도하는 경우에 한정하여 적용한다.
1. 상속받은 주택(피상속인이 취득 후 5년 이상 거주한 사실이 있는 경우에 한한다.
2. 이농인(어업에서 떠난 자를 포함)이 취득일 후 5년 이상 거주한 사실이 있는 이농주택[영농 또는 영어
(營漁)에 종사하던 자가 전업으로 인하여 다른 시(특별자치시와 「제주특별자치도 설치 및 국제자유도시
조성을 위한 특별법」 제10조 제2항에 따라 설치된 행정시를 포함)·구(특별시 및 광역시의 구를 말함)·
읍·면으로 전출함으로써 거주자 및 그 배우자와 생계를 같이하는 가족 전부 또는 일부가 거주하지 못하
게 되는 주택으로서 이농인이 소유하고 있는 주택을 말함]
3. 영농 또는 영어(營漁)의 목적으로 취득한 귀농주택으로서 다음의 요건을 모두 충족할 것
　㉠ 취득 당시에 법 제89조 제1항 제3호 각 목 외의 부분에 따른 고가주택에 해당하지 아니할 것
　㉡ 대지면적이 660제곱미터 이내일 것
　㉢ 영농 또는 영어(營漁)의 목적으로 취득하는 것으로서 다음 각 목의 어느 하나에 해당할 것
　　ⓐ 1,000제곱미터 이상의 농지를 소유하는 자 또는 그 배우자가 해당 농지소재지에 있는 주택을 취득
　　ⓑ 1,000제곱미터 이상의 농지를 소유하는 자 또는 그 배우자가 해당 농지를 소유하기 전 1년 이내에
　　　해당 농지소재지에 있는 주택을 취득
　　ⓒ 어업인이 취득하는 것일 것

하는 주택과 일반주택을 국내에 각각 1개씩 소유하고 있는 1세대가 부득이한 사유가 해소된 날부터 3년 이내에 일반주택을 양도하는 경우에는 국내에 1개의 주택을 소유하고 있는 것으로 보아 비과세를 적용한다.

⑨ 가정어린이집 또는 장기임대주택(소령 제155조 제20항)

장기임대주택 또는 장기어린이집과 그 밖의 1주택을 국내에 소유하고 있는 1세대가 다음의 요건을 충족하고 해당 1주택(이하 "거주주택")을 양도하는 경우에는 국내에 1개의 주택을 소유하고 있는 것으로 보아 비과세를 적용한다.

㉠ 거주주택 : 보유기간 중 거주기간이 2년 이상일 것[74]

㉡ 장기임대주택 : 양도일 현재 법 제168조에 따른 사업자등록을 하고, 장기임대주택을 「민간임대주택에 관한 특별법」 제5조에 따라 민간임대주택으로 등록하여 임대하고 있으며, 임대보증금 또는 임대료의 증가율이 5%를 초과하지 않을 것[75]

㉢ 장기어린이집 : 양도일 현재 고유번호를 부여받고, 장기어린이집을 운영하고 있을 것

(4) 조합원입주권 비과세 특례

① 개요

조합원입주권을 1개 보유한 1세대[「도시 및 주거환경정비법」 제74조에 따른 관리처분계획의 인가일 및 「빈집 및 소규모주택 정비에 관한 특례법」 제29조에 따른 사업시행계획인가일(인가일 전에 기존주택이 철거되는 때에는 기존주택의 철거일) (3) 해당하는 기존주택을 소유하는 세대]가 다음의 요건을 충족하여 양도하는 경우 해당 조합원입주권을 양도하여 발생하는 소득에 대하여 비과세를 적용한다. 다만, 해당 조합원입주권의 양도 당시 실지거래가액이 12억원을 초과하는 경우에는 양도소득세를 과세한다.

㉠ 양도일 현재 다른 주택 또는 분양권을 보유하지 아니할 것

㉡ 양도일 현재 1조합원입주권 외에 1주택을 보유한 경우(분양권을 보유하지 아니하는 경우로 한정)로서 해당 1주택을 취득한 날부터 3년 이내에 해당 조합원입주권을 양도할 것

---

74) 직전 거주주택 보유주택의 경우에는 사업자등록과 「민간임대주택에 관한 특별법」에 따른 임대사업자 등록을 한 날 또는 「영유아보육법」에 따른 인가를 받은 날 또는 위탁의 계약서상 운영개시일 이후의 거주기간을 말한다.

75) 이 경우 임대료 등의 증액 청구는 임대차계약의 체결 또는 약정한 임대료 등의 증액이 있은 후 1년 이내에는 하지 못하고, 임대사업자가 임대료 등의 증액을 청구하면서 임대보증금과 월임대료를 상호 간에 전환하는 경우에는 「민간임대주택에 관한 특별법」 제44조 제4항의 전환 규정을 준용한다.

② 조합원입주권 및 분양권 정의

    ⊙ 조합원입주권(소법 제88조 제9호)

      「도시 및 주거환경정비법」 제74조에 따른 관리처분계획의 인가 및 「빈집 및 소규모주택 정비에 관한 특례법」 제29조에 따른 사업시행계획인가로 인하여 취득한 입주자로 선정된 지위를 말한다. 이 경우 「도시 및 주거환경정비법」에 따른 재건축사업 또는 재개발사업, 「빈집 및 소규모주택 정비에 관한 특례법」에 따른 자율주택정비사업, 가로주택정비사업, 소규모재건축사업 또는 소규모재개발사업을 시행하는 정비사업조합의 조합원으로서 취득한 것(그 조합원으로부터 취득한 것을 포함)으로 한정하며, 이에 딸린 토지를 포함한다.

    ⓛ 분양권(소법 제88조 제10호)

      「주택법」 등 대통령령[76]으로 정하는 법률에 따른 주택에 대한 공급계약을 통하여 주택을 공급받는 자로 선정된 지위(해당 지위를 매매 또는 증여 등의 방법으로 취득한 것을 포함)를 말한다.

③ 비과세 배제

  1세대가 주택과 조합원입주권 또는 분양권을 보유하다가 그 주택을 양도하는 경우에는 비과세를 적용하지 않는다. 다만, 「도시 및 주거환경정비법」에 따른 재건축사업 또는 재개발사업, 「빈집 및 소규모주택 정비에 관한 특례법」에 따른 자율주택정비사업, 가로주택정비사업, 소규모재건축사업 또는 소규모재개발사업의 시행기간 중 거주를 위하여 주택을 취득하는 경우나 그 밖의 부득이한 사유로서 시행령에서 별도로 규정한 경우에는 예외적으로 1세대 1주택 비과세를 적용받는다.[77]

(5) 조정금

  「지적재조사에 관한 특별법」 제18조에 따른 경계의 확정으로 지적공부상의 면적이 감소되어 같은 법 제20조에 따라 지급받는 조정금에 대해서 비과세를 적용한다.

---

76) 「건축물의 분양에 관한 법률」, 「공공주택 특별법」, 「도시개발법」, 「도시 및 주거환경정비법」, 「빈집 및 소규모주택 정비에 관한 특례법」, 「산업입지 및 개발에 관한 법률」, 「주택법」, 「택지개발촉진법」
77) 「소득세법 시행령」 제156조의2와 제156조의3에서 별도로 규정

05 양도 또는 취득의 시기

(1) 개요

양도소득세는 보유기간 및 거주기간에 따라 각종 비과세 및 장기보유특별공제 등이 적용되므로 정확한 양도시기 및 취득시기를 확정시켜야 한다. 「소득세법」에서 거래 유형별로 각각의 양도시기 및 취득시기를 규정하고 있으므로 이를 정확히 적용하여야 한다.

(2) 일반적인 양도시기 또는 취득시기[78]

1) 일반적인 거래

① 원칙 : 대금청산일[79]

② 대금청산일이 분명하지 아니한 경우 : 등기·등록접수일 또는 명의개서일

③ 대금청산일 전에 소유권이전등기(등록·명의개서 포함)를 한 경우 : 등기접수일

2) 장기할부조건[80]

소유권이전등기(등록 및 명의개서를 포함) 접수일·인도일[81] 또는 사용수익일[82] 중 빠른 날

3) 자기가 건설한 건축물

① 원칙 : 사용승인서(사용검사필증) 교부일

② 예외 :

ㄱ 사용승인 전에 사실상 사용 : 사실상의 사용일

---

78) 소법 집행기준 98-162-1

79) 대금청산일은 원칙적으로 거래대금의 전부를 지급한 날을 의미하지만 그 전부를 이행하지 않았어도 사회통념상 거의 지급되었다고 볼만한 정도의 대금지급이 이행된 날을 포함한다(소법 집행기준 98-162-3).

80) 자산의 양도로 인하여 해당 자산의 대금을 월부·연부 기타의 부불방법에 따라 수입하는 것 중 다음의 요건을 갖춘 것을 말한다.
① 계약금을 제외한 해당 자산의 양도대금을 2회 이상으로 분할하여 수입할 것
② 양도하는 자산의 소유권이전등기(등록 및 명의개서를 포함) 접수일·인도일 또는 사용수익일 중 빠른 날의 다음날부터 최종 할부금의 지급기일까지의 기간이 1년 이상인 것

81) 인도일은 인도가 현실적으로 이루어진 날은 물론 매매계약의 내용 중 인도 또는 사용수익에 관한 특약으로 정한 인도가 가능한 날을 포함한다.

82) 사용수익일은 당사자간의 계약에 의하여 사용수익을 하기로 약정한 날을 말하며, 별도의 약정이 없는 경우에는 양도자의 사용승낙으로 인하여 양수인이 해당 자산을 실질적으로 사용할 수 있게 된 날을 말한다.

   ⓛ 임시사용을 승인받은 경우 : 임시사용승인일

   ⓒ 건축허가를 받지 아니하고 건축하는 건축물 : 사실상의 사용일

4) 상속 또는 증여로 취득

상속(유증 포함)이 개시된 날 또는 증여를 받은 날

5) 점유 취득(「민법」 제245조)

해당 부동산의 점유를 개시한 날

6) 공익사업에 수용되는 경우

대금을 청산한 날, 수용의 개시일 또는 소유권이전등기접수일 중 빠른 날. 다만, 소유권에 관한 소송으로 보상금이 공탁된 경우에는 소유권 관련 소송 판결 확정일

7) 완성 또는 확정되지 아니한 자산을 양도 또는 취득한 경우로서 해당 자산의 대금을 청산한 날까지 그 목적물이 완성 또는 확정되지 아니한 경우

그 목적물이 완성 또는 확정된 날. 이 경우 건설 중인 건물의 완성된 날에 관하여는 위의 '3) 자기가 건설한 건축물' 규정을 준용한다.

8) 「도시개발법」 또는 그 밖의 법률에 따른 환지처분으로 인하여 취득한 토지

환지 전의 토지의 취득일. 다만, 교부받은 토지의 면적이 환지처분에 의한 권리면적보다 증가 또는 감소된 경우에는 그 증가 또는 감소된 면적의 토지에 대한 취득시기 또는 양도시기는 환지처분의 공고가 있은 날의 다음날로 한다.

(3) 그 외의 경우

1) 잔금을 소비대차로 변경하거나 어음으로 받는 경우

소비대차로 변경한 날이거나 잔금을 어음이나 기타 이에 준하는 증서로 받는 경우에는 어음 등의 결제일

2) 주택과 토지의 보상액이 시차를 두고 지급된 경우

주택과 그에 딸린 토지의 양도시기는 각각 자산별로 구분하여 판단

3) 교환

① 교환가액에 차이가 없는 경우 : 교환성립일

② 차액의 정산이 필요한 경우 : 차액을 정산한 날

③ 불분명한 경우 : 교환등기접수일

4) 공동사업 현물출자

현물출자일과 소유권이전등기접수일 중 빠른 날

5) 법원의 무효판결로 소유권이 환원된 자산

해당 자산의 당초 취득일

6) 이혼으로 인한 취득

① 재산분할 청구권 행사 : 당초 배우자의 해당 자산 취득일

② 이혼 위자료 : 소유권이전등기접수일

7) 경락에 의한 취득

경매인이 매각조건에 의하여 경매대금을 완납한 날

(4) 취득시기 의제

오래 전에 취득에 관한 증빙자료를 구비하기 어려운 점을 감안하여 세무행정 편의 및 조세의 형평을 고려하여 다음과 같은 규정을 두고 있다.[83]

① 1984년 12월 31일 이전에 취득한 토지·건물·부동산에 관한 권리 및 기타자산 : 1985년 1월 1일

② 1985년 12월 31일 이전에 취득한 주식 : 1986년 1월 1일

---

83) 박한준, 소득세법상 양도자산 취득시기 의제의 적정성에 관한 연구, 2011, 한국회계정보학회, p.173

06 양도소득세 계산

양도소득		
	양도가액 – 취득가액	→ 실지거래가액(또는 매매사례가액 등)
(–)	필요경비	→ 자본적 지출액 등 및 양도비 등(또는 필요경비개산공제)
	양도차익(손)	
(–)	장기보유특별공제	→ 보유기간이 3년 이상인 토지·건물의 양도차익* ×[6%~30%, (12%~40%+8%~40%)]
	양도소득금액	
(–)	감면대상소득금액	(「조세특례제한법」에서 규정한 미분양주택 및 신축주택 등)
(–)	양도소득기본공제	→ 자산그룹별로 각각 연간 250만원 공제 (단, 미등기 양도자산은 적용배제)
	양도소득과세표준	
(×)	양도소득세율	→ 자산별·보유기간별·등기여부에 따라 구분
	양도소득산출세액	
(–)	세액공제·감면	
	양도소득결정세액	
(+)	가산세	
(–)	기납부세액	
	차가감 납부할 세액	

* 단, 미등기양도자산과 다주택자의 조정대상지역 내 주택은 장기보유특별공제를 적용하지 않는다. 이 경우 보유기간이 2년 이상인 주택을 2022.5.10.부터 2026.5.9.까지 양도하는 경우 그 해당 주택과 그 밖에 대통령령으로 정하는 주택은 제외한다.

(1) 양도가액과 취득가액

1) 개요

양도가액과 취득가액은 양도 또는 취득당시의 실지거래가액에 따른다. 실지거래가액이란 자산의 양도 또는 취득 당시에 양도자와 양수자가 실제로 거래한 가액으로서 해당 자산의 양도 또는 취득과 대가관계에 있는 금전과 그 밖의 재산가액을 말한다.

2) 추계조사결정 특례

다만, 양도 또는 취득당시의 실지거래가액의 확인을 위하여 필요한 장부·매매계약 서·영수증 기타 증빙서류가 없거나 그 중요한 부분이 미비된 경우 또는 장부·매매계약서·영수증 기타 증빙서류의 내용이 매매사례가액, 감정평가법인의 감정가액 등에 비추어 허위임이 명백하여 추계조사결정을 하는 경우에는 다음의 가액을 순차로 적용하여 산정한 가액으로 양도차익을 정한다. 다만, 양도가액을 기준시가에 따를 때에는 취득가액도 기준시가에 따른다.

구 분	적용순서
양도가액	① 매매사례가액 ② 감정가액 ③ 기준시가
취득가액	① 매매사례가액 ② 감정가액 ③ 환산취득가액(건물 신축 취득 후 5년 이내 양도시 환산취득가액의 5% 가산세 부담) ④ 기준시가
주의	추계방법에 의한 취득가액을 환산하는 경우 필요경비는 세부담 최소화를 위하여 다음의 금액으로 한다. 필요경비 = MAX(① 환산취득가액+개산공제액, ② 자본적지출액+양도비)

① 매매사례가액

　양도일 또는 취득일 전후 각 3개월 이내에 해당 자산(주권상장법인의 주식 등은 제외)과 동일성 또는 유사성이 있는 자산의 매매사례가 있는 경우 그 가액

② 감정가액

　양도일 또는 취득일 전후 각 3개월 이내에 해당 자산(주식 등을 제외)에 대하여 둘 이상의 감정평가법인 등이 평가한 것으로서 신빙성이 있는 것으로 인정되는 감정가액(감정평가기준일이 양도일 또는 취득일 전후 각 3개월 이내인 것에 한정)이 있는 경우에는 그 감정가액의 평균액. 다만, 기준시가가 10억원 이하인 자산(주식 등은 제외)의 경우에는 양도일 또는 취득일 전후 각 3개월 이내에 하나의 감정평가법인 등이 평가한 것으로서 신빙성이 있는 것으로 인정되는 경우 그 감정가액(감정평가기준일이 양도일 또는 취득일 전후 각 3개월 이내인 것에 한정)으로 한다.

③ 환산취득가액

　다음과 같은 산식으로 계산한 금액을 말한다.

$$\text{환산취득가액} = \begin{array}{c} \text{양도당시의 실지거래가액,} \\ \text{매매사례가액, 감정가액} \end{array} \times \frac{\text{취득당시의 기준시가}}{\text{양도당시의 기준시가}}$$

④ 기준시가

「소득세법」상 기준시가란 다음과 같이 각 자산별로 산정된 가액을 말한다.

※ 「소득세법」상 기준시가

(1) 토지 및 건물

구 분	내 용
토지	「부동산 가격공시에 관한 법률」에 따른 개별공시지가
건물	국세청장이 산정·고시하는 가액
오피스텔 및 상업용 건물	국세청장이 산정·고시하는 가액
주택	「부동산 가격공시에 관한 법률」에 따른 개별주택가격 및 공동주택가격

(2) 부동산에 관한 권리

구 분	내 용
부동산을 취득할 수 있는 권리	양도자산의 종류, 규모, 거래상황 등을 고려하여 취득일 또는 양도일까지 납입한 금액과 취득일 또는 양도일 현재의 프리미엄에 상당하는 금액을 합한 금액
지상권·전세권 및 등기된 부동산임차권	권리의 남은 기간, 성질, 내용 및 거래상황 등을 고려하여 「상속세 및 증여세법 시행령」 제51조 제1항을 준용하여 평가한 가액

(3) 주권상장법인주식

양도일·취득일 이전 1개월 동안 공표된 매일의 거래소 최종 시세가액의 평균액

(4) 주권비상장법인주식

「상속세 및 증여세법」을 준용하여 1주당 순손익가치와 1주당 순자산가치를 가중평균한 1주당 가액을 말한다. 다만, 그 가중평균한 가액이 1주당 순자산가치에 100분의 80을 곱한 금액 보다 낮은 경우에는 1주당 순자산가치에 100분의 80을 곱한 금액을 비상장주식 등의 가액으로 한다.

MAX(①, ②) = 1주당 가액

① 가중평균한 1주당 가액[1] = (1주당 순손익가치[2] ×3 + 1주당 순자산가치[3] ×2) × $\frac{1}{5}$

② 1주당 순자산가치×80%

[1] 부동산과다보유법인의 경우에는 1주당 순손익가치와 순자산가치의 비율을 각각 2와 3으로 한다.

3) 특수한 경우

구 분	산정금액
양도가액	거주자가 자산을 양도하는 경우로서 다음 중 하나에 해당하는 경우에는 그 가액을 해당 자산의 양도 당시의 실지거래가액으로 본다. ① 「법인세법」 제2조 제12호에 따른 특수관계인에 해당하는 법인(외국법인을 포함하며, 이하 이 항에서 "특수관계법인"이라 함)에 양도한 경우로서 같은 법 제67조에 따라 해당 거주자의 상여·배당 등으로 처분된 금액이 있는 경우에는 동법 제52조에 따른 시가 ② 특수관계법인 외의 자에게 자산을 시가보다 높은 가격으로 양도한 경우로서 「상속세 및 증여세법」 제35조에 따라 해당 거주자의 증여재산가액으로 하는 금액이 있는 경우에는 그 양도가액에서 증여재산가액을 뺀 금액
취득가액	① 상속 또는 증여받은 자산에 대하여 상속개시일 또는 증여일 현재 「상속세 및 증여세법」 제60조부터 제66조까지의 규정에 따라 평가한 가액(동법 제76조에 따라 세무서장 등이 결정·경정한 가액이 있는 경우 그 결정·경정한 가액으로 함)을 취득당시의 실지거래가액으로 본다. ② 「상속세 및 증여세법」 제3조의2 제2항, 제33조부터 제39조까지, 제39조의2, 제39조의3, 제40조, 제41조의2부터 제41조의5까지, 제42조, 제42조의2, 제42조의3, 제45조의3부터 제45조의5까지의 규정에 따라 상속세나 증여세를 과세받은 경우에는 해당 상속재산가액이나 증여재산가액(동법 제45조의3부터 제45조의5까지의 규정에 따라 증여세를 과세받은 경우에는 증여의제이익을 말함) 또는 그 증·감액을 취득가액에 더하거나 뺀다. ③ 「법인세법」 제2조 제12호에 따른 특수관계인(외국법인을 포함)으로부터 취득한 경우로서 동법 제67조에 따라 거주자의 상여·배당 등으로 처분된 금액이 있으면 그 상여·배당 등으로 처분된 금액을 취득가액에 더한다. ④ 주식매수선택권을 행사하여 취득한 주식을 양도하는 때에는 주식매수선택권을 행사하는 당시의 시가를 취득가액으로 한다.

4) 일괄양도하거나 취득한 경우

양도가액 또는 취득가액을 실지거래가액에 따라 산정하는 경우로서 토지와 건물 등을 함께 취득하거나 양도한 경우에는 이를 각각 구분하여 기장하되 토지와 건물 등의 가액 구분이 불분명할 때에는 취득 또는 양도 당시의 기준시가 등을 고려하여 「부가가치세법」에 따른 안분계산법을 준용하여 구분한다. 이 경우 공통되는 취득가액과 양도비용은 해당 자산의 가액에 비례하여 안분계산한다.

토지와 건물 등을 함께 취득하거나 양도한 경우로서 그 토지와 건물 등을 구분 기장한 가액이 「부가가치세법」에 따른 안분계산한 가액과 100분의 30 이상 차이가 있는 경우에는 토지와 건물 등의 가액 구분이 불분명한 때로 본다. 다만, 다른 법령에서 정하는 바에 따라 가액을 구분한 경우로 다음 중 어느 하나에 해당하는 경우에는 제외한다.

① 다른 법령에서 정하는 바에 따라 토지와 건물 등의 가액을 구분한 경우

② 토지와 건물 등을 함께 취득한 후 건물 등을 철거하고 토지만 사용하는 경우

※ 「부가가치세법」에 따른 안분방법

(1) 「부가가치세법」 제29조

사업자가 토지와 그 토지에 정착된 건물 또는 구축물 등을 함께 공급하는 경우에는 건물 또는 구축물 등의 실지거래가액을 공급가액으로 한다. 다만, 다음의 어느 하나에 해당하는 경우에는 대통령령으로 정하는 바에 따라 안분계산한 금액을 공급가액으로 한다.

1) 실지거래가액 중 토지의 가액과 건물 또는 구축물 등의 가액의 구분이 불분명한 경우

2) 사업자가 실지거래가액으로 구분한 토지와 건물 또는 구축물 등의 가액이 「부가가치세법 시행령」으로 정하는 바에 따라 안분계산한 금액과 100분의 30 이상 차이가 있는 경우. 다만, 다른 법령에서 정하는 바에 따라 가액을 구분한 경우 등 대통령령으로 정하는 사유에 해당하는 경우는 제외한다.

　① 다른 법령에서 정하는 바에 따라 토지와 건물 등의 가액을 구분한 경우

　② 토지와 건물 등을 함께 공급받은 후 건물 등을 철거하고 토지만 사용하는 경우

(2) 「부가가치세법 시행령」 제64조

안분계산한 금액은 다음에 따라 계산한 금액으로 한다.

① 토지와 건물 등에 대한 「소득세법」 제99조에 따른 기준시가가 모두 있는 경우 : 공급계약일 현재의 기준시가에 따라 계산한 가액에 비례하여 안분(按分)계산한 금액. 다만, 감정평가가액이 있는 경우에는 그 가액에 비례하여 안분계산한 금액으로 한다.

② 토지와 건물 등 중 어느 하나 또는 모두의 기준시가가 없는 경우로서 감정평가가액이 있는 경우 : 그 가액에 비례하여 안분계산한 금액. 다만, 감정평가가액이 없는 경우에는 장부가액(장부가액이 없는 경우에는 취득가액)에 비례하여 안분계산한 후 기준시가가 있는 자산에 대해서는 그 합계액을 다시 기준시가에 의하여 안분계산한 금액으로 한다.

③ ①과 ②를 적용할 수 없거나 적용하기 곤란한 경우 : 국세청장이 정하는 바에 따라 안

분하여 계산한 금액

※ 구분된 가액이 없는 경우 안분계산법
  토지와 건물 등에 대한 감정가액 → 기준시가 → 장부가액 → 취득가액 순서대로 적용

(2) 양도차익(또는 양도차손)

	양도가액		→ 양도 당시 실지거래가액
(-)	취득가액		→ 취득 당시 실지거래가액
(-)	기타필요경비		→ 자본적 지출액 등, 양도비, **필요경비개산공제** 등
	양도차익(손)		

1) 개요

양도가액에 공제할 필요경비(취득가액 + 기타필요경비)는 다음과 같이 계산한다.

구분	실제거래가액 적용	추계결정·경정
취득가액	실제거래가액	매매사례가액, 감정가액, 환산취득가액, 기준시가
기타필요경비	자본적 지출액, 양도비	필요경비개산공제

① 환산가액보다 자본적 지출액이 큰 경우

실지거래가액을 인정·확인할 수 없어 매매사례가액·감정가액·환산가액으로 계산한 취득가액보다 자본적 지출액과 양도비가 큰 경우 큰 금액을 필요경비로 한다.

필요경비 = MAX(㉠, ㉡)

㉠ 환산가액과 필요경비개산공제를 합한 금액

㉡ 자본적 지출액과 양도비용을 합한 금액

② 필요경비개산공제

양도차익을 실지거래가액의 의한 방법이 아닌 추계방법(매매사례가액, 감정가액, 환산취득가액, 기준시가, 허위등기부기재가액으로 취득가액을 정할 경우)을 적용할 경우 다음의 금액을 일괄적으로 기타의 필요경비로 개산공제한다.

구　분		개산공제액
토지와 건물		취득당시의 기준시가 × 3% (미등기양도자산은 0.3%)
부동산에 관한 권리	지상권, 전세권, 등기된 부동산 임차권	취득당시의 기준시가 × 7%
	부동산을 취득할 수 있는 권리	취득당시의 기준시가 × 1%
기타자산, 주식, 출자지분		

※ 예시

구분	양도가액	양도 당시 기준시가	취득 당시 기준시가	양도비
금액	1,000만원	800만원	400만원	600만원

필요경비 : MAX(㉠, ㉡) = 600만원

㉠ $1,000만원 \times \dfrac{400만원}{800만원} + 400만원 \times 3\% = 512만원$

㉡ 600만원

2) 취득가액

취득에 든 실지거래가액은 다음의 금액을 합한 것으로 한다.

① 취득원가에 상당하는 가액(현재가치할인차금[84]과 「부가가치세법」에 따른 면세사업 전용과 폐업시 잔존재화에 따라 납부하였거나 납부할 부가가치세는 포함하되 부당행 위계산에 의한 시가초과액을 제외)
② 취득에 관한 쟁송이 있는 자산에 대하여 그 소유권 등을 확보하기 위하여 직접 소요 된 소송비용·화해비용 등의 금액은 포함하며, 그 지출한 연도의 각 소득금액의 계산 에 있어서 필요경비에 산입된 금액은 제외한다.
③ 당사자 약정에 의한 대금지급방법에 따라 취득원가에 이자상당액을 가산하여 거래가 액을 확정하는 경우 당해 이자상당액은 취득원가에 포함한다. 다만, 당초 약정에 의한 거래가액의 지급기일의 지연으로 인하여 추가로 발생하는 이자상당액은 취득원가에 포함하지 아니한다.
④ 합병으로 인하여 소멸한 법인의 주주가 합병 후 존속하거나 합병으로 신설되는 법인 으로부터 교부받은 주식의 1주당 취득원가에 상당하는 가액은 합병 당시 해당 주주가 보유하던 피합병법인의 주식을 취득하는 데 든 총금액(「법인세법」 제16조 제1항 제5 호의 금액은 더하고 같은 호의 합병대가 중 금전이나 그 밖의 재산가액의 합계액은 뺀 금액으로 함)을 합병으로 교부받은 주식수로 나누어 계산한 가액으로 한다.

⑤ 분할법인 또는 소멸한 분할합병의 상대방 법인의 주주가 분할신설법인 또는 분할합병의 상대방 법인으로부터 분할 또는 분할합병으로 인하여 취득하는 주식의 1주당 취득원가에 상당하는 가액은 분할 또는 분할합병 당시의 해당 주주가 보유하던 분할법인 또는 소멸한 분할합병의 상대방 법인의 주식을 취득하는 데 소요된 총금액(「법인세법」 제16조 제1항 제6호의 금액은 더하고 같은 호의 분할대가 중 금전이나 그 밖의 재산가액의 합계액은 뺀 금액으로 함)을 분할로 인하여 취득하는 주식 수로 나누어 계산한 가액으로 한다.

⑥ 필요경비를 계산할 때 양도자산 보유기간에 그 자산에 대한 감가상각비로서 각 과세기간의 사업소득금액을 계산하는 경우 필요경비에 산입하였거나 산입할 금액이 있을 때에는 이를 공제한 금액을 그 취득가액으로 한다.*

* 거주자의 사업소득금액 계산시 총수입금액에 대응되는 필요경비로 이미 산입하였으므로 양도소득세 취득가액에 반영할 경우에 이중으로 취득가액에 공제되는 것을 방지하기 하는데 취지가 있다.

3) 자본적 지출액

다음 중 어느 하나에 해당하는 것으로서 그 지출에 관한 증명서류를 수취·보관하거나 실제 지출사실이 금융거래 증명서류에 의하여 확인되는 경우를 말한다.

① 본래의 용도를 변경하기 위한 개조

② 엘리베이터 또는 냉·난방장치의 설치

③ 빌딩 등의 피난시설 등의 설치

④ 재해 등으로 인하여 건물·기계·설비 등이 멸실 또는 훼손되어 당해 자산의 본래 용도로의 이용가치가 없는 것의 복구

⑤ 기타 개량·확장·증설 등 유사한 성질의 것

⑥ 양도자산을 취득한 후 쟁송이 있는 경우에 그 소유권을 확보하기 위하여 직접 소요된 소송비용·화해비용 등의 금액으로서 그 지출한 연도의 각 소득금액의 계산에 있어서 필요경비에 산입된 것을 제외한 금액

⑦ 「공익사업을 위한 토지 등의 취득 및 보상에 관한 법률」이나 그 밖의 법률에 따라 토지 등이 협의 매수 또는 수용되는 경우로서 그 보상금의 증액과 관련하여 직접 소요된 소송비용·화해비용 등의 금액으로서 그 지출한 연도의 각 소득금액의 계산에 있어서 필요경비에 산입된 것을 제외한 금액. 이 경우 증액보상금을 한도로 한다.

---

84) 현재가치할인차금을 취득원가에 포함하는 경우에 있어서 양도자산의 보유기간 중에 그 현재가치할인차금의 상각액을 각 연도의 사업소득금액 계산 시 필요경비로 산입하였거나 산입할 금액이 있는 때에는 취득가액에서 공제한다.

⑧ 양도자산의 용도변경·개량 또는 이용편의를 위하여 지출한 비용(재해·노후화 등 부득이한 사유로 인하여 건물을 재건축한 경우 그 철거비용을 포함)

⑨ 「개발이익환수에 관한 법률」에 따른 개발부담금(개발부담금의 납부의무자와 양도자가 서로 다른 경우에는 양도자에게 사실상 배분될 개발부담금상당액을 말함)

⑩ 「재건축초과이익 환수에 관한 법률」에 따른 재건축부담금(재건축부담금의 납부의무자와 양도자가 서로 다른 경우에는 양도자에게 사실상 배분될 재건축부담금상당액을 말함)

4) 양도비

① 자산을 양도하기 위하여 직접 지출한 비용으로서 다음의 비용
  ㉠ 「증권거래세법」에 따라 납부한 증권거래세
  ㉡ 양도소득세과세표준 신고서 작성비용 및 계약서 작성비용
  ㉢ 공증비용, 인지대 및 소개비
  ㉣ 매매계약에 따른 인도의무를 이행하기 위하여 양도자가 지출하는 명도비용
  ㉤ ㉠부터 ㉣까지의 비용과 유사한 비용

② 토지나 건물을 취득함에 있어서 법령 등의 규정에 따라 매입한 국민주택채권 및 토지개발채권을 만기 전에 양도함으로써 발생하는 매각차손. 이 경우 금융기관 외의 자에게 양도한 경우에는 동일한 날에 금융기관에 양도하였을 경우 발생하는 매각차손을 한도로 한다.

(3) 양도소득과세표준

	양도차익
(-)	장기보유특별공제
	양도소득금액
(-)	양도소득기본공제
	양도소득과세표준

1) 양도차손공제

① 양도소득금액은 다음 소득별로 구분하여 계산한다. 이 경우 소득금액을 계산할 때 발생하는 결손금은 다른 호의 소득금액과 합산하지 아니한다.[85]

---

85) ㉠~㉣을 각각의 그룹으로 구분한 후, 각 그룹에 속하는 자산의 양도차손을 다른 자산의 양도차익에 공제하

ⓐ 토지·건물·부동산에 관한 권리·기타자산 ⓑ 주식 ⓒ 파생상품 ⓓ 신탁수익권

② ①에 따라 양도소득금액을 계산할 때 양도차손이 발생한 자산이 있는 경우에는 각 구분별로 해당 자산 외의 다른 자산에서 발생한 양도소득금액에서 그 양도차손을 공제한다. 이 경우 공제방법은 다음과 같다.

ⓐ 양도차손이 발생한 자산과 같은 세율을 적용받는 자산의 양도소득금액

ⓑ 양도차손이 발생한 자산과 다른 세율을 적용받는 자산의 양도소득금액. 이 경우 다른 세율을 적용받는 자산의 양도소득금액이 2 이상인 경우에는 각 세율별 양도소득금액의 합계액에서 당해 양도소득금액이 차지하는 비율로 안분하여 공제한다.

ⓐ→ⓑ으로 공제 후 남은 결손금이 있는 경우에는 이월하지 않고 소멸한다.

2) 장기보유특별공제

장기보유특별공제는 국내자산으로서 등기되고 보유기간이 3년 이상인 토지와 건물을 양도한 경우에만 적용한다. 장기보유특별공제를 하는 이유는 첫째, 부동산의 가치상승분이 보유기간 동안 누적되어 오다가 양도와 동시에 일시에 실현되어 세금부담이 과중하게 되므로 이를 완화시켜 주기 위한 목적과 둘째, 장기보유한 부동산이 누진과세되므로 세금이 늘어나 특히 부동산을 많이 보유한 사람일수록 매도를 기피하게 되는 동결효과를 해결하여 부동산의 공급에 원활을 기하려는 측면이 있다.

① 장기보유특별공제대상

ⓐ 토지 및 건물로서 보유기간이 3년 이상인 것(다만, 미등기양도자산과 법 소정[86]의 조정대상지역에 있는 주택은 공제대상자산에서 제외)

ⓑ 부동산을 취득할 수 있는 권리 중 조합원입주권(조합원으로부터 취득한 것은 제외)

며, 다른 그룹의 양도차익에는 공제할 수 없다. 예를 들어 ⓐ그룹의 자산에서 양도차손을 ⓒ그룹의 양도차익에 공제할 수 없다.

86) 1세대 2주택에 해당하는 주택, 1세대가 주택과 조합원입주권(또는 분양권)을 각각 1개씩 보유한 경우의 해당 주택(다만, 장기임대주택 등은 제외), 1세대 3주택 이상에 해당하는 주택, 1세대가 주택과 조합원입주권(또는 분양권)을 보유한 경우로서 그 수의 합이 3 이상인 경우 해당 주택(다만, 장기임대주택 등은 제외)

② 장기보유특별공제율

일반적인 경우	1세대 1주택 (보유기간별)	1세대 1주택 (거주기간별)*
3년 이상 : 6%	3년 이상 : 12%	2년 이상 3년 미만 : 8%
		3년 이상 : 12%
4년 이상 : 8%	4년 이상 : 16%	4년 이상 : 16%
5년 이상 : 10%	5년 이상 : 20%	5년 이상 : 20%
6년 이상 : 12%	6년 이상 : 24%	6년 이상 : 24%
7년 이상 : 14%	7년 이상 : 28%	7년 이상 : 28%
8년 이상 : 16%	8년 이상 : 32%	8년 이상 : 32%
9년 이상 : 18%	9년 이상 : 36%	9년 이상 : 36%
10년 이상 : 20%	10년 이상 : 40%	10년 이상 : 40%
11년 이상 : 22%	2020.1.1. 이후 양도분 부터는 2년 이상 거주한 경우에 한해 적용	
12년 이상 : 24%		
13년 이상 : 26%		
14년 이상 : 28%		
15년 이상 : 30%		

* 1세대가 양도일(주택 매매계약일 이후 해당 계약에 따라 주택을 주택 외의 용도로 용도변경하여 양도하는 경우에는 매매계약일) 현재 국내에 1주택(제155조·제155조의2·제156조의2·제156조의3 및 그 밖의 규정에 따라 1세대 1주택으로 보는 주택을 포함)을 보유하고 보유기간 중 거주기간이 2년 이상인 것을 말한다.

3) 양도소득기본공제

자산그룹별[국내자산, 국외자산, 부동산 등(토지·건물·부동산에 관한 권리 및 기타자산), 주식(상장·비상장주식), 국내외 파생상품, 신탁 수익권의 양도소득]로 각각 연간 250만원을 공제하며 양도한 모든 자산에 대하여 적용되나 토지·건물·부동산에 관한 권리로서 미등기양도자산에 대하여는 양도소득기본공제를 적용하지 아니한다.

과세소득과 감면소득이 있는 경우 양도소득기본공제는 과세소득금액에서 먼저 공제하고, 미공제분은 감면소득금액에서 공제한다.

(4) 계산특례

1) 배우자·직계존비속 양도 이월과세

거주자가 양도일부터 소급하여 10년(주식 등의 경우에는 1년) 이내에 그 배우자(양도 당시 혼인관계가 소멸된 경우를 포함하되, 사망으로 혼인관계가 소멸된 경우는 제외) 또는 직계존비속으로부터 증여받은 토지·건물·부동산을 취득할 수 있는 권리 및 시설물이용권, 부동산을 취득할 수 있는 권리 또는 주식 등(주식은 2025년 1월 1일 이후 증여받는 것부터 적용)을 양도할 경우에는 양도가액에서 공제할 필요경비는 종전 배우자 또는 직계존비속이 취득 당시의 가액을 기준으로 양도차익을 계산한다.[87] 다만, 다음 중 어느 하나에 해당할 경우에는 적용하지 않는다.

① 사업인정고시일부터 소급하여 2년 이전에 증여받은 경우로서 「공익사업을 위한 토지 등의 취득 및 보상에 관한 법률」이나 그 밖의 법률에 따라 협의매수 또는 수용된 경우
② 이월과세를 적용할 시 1세대 1주택 비과세를 적용받는 경우[비과세대상에서 제외되는 고가주택(이에 딸린 토지를 포함)을 포함]
③ 이월과세를 적용하여 계산한 양도소득 결정세액이 이월과세를 적용하지 아니하고 계산한 양도소득 결정세액보다 적은 경우

2) 부당행위계산부인

납세지 관할 세무서장 또는 지방국세청장은 양도소득이 있는 거주자의 행위 또는 계산이 그 거주자의 특수관계인과의 거래로 인하여 그 소득에 대한 조세 부담을 부당하게 감소시킨 것으로 인정되는 경우에는 그 거주자의 행위 또는 계산과 관계없이 해당 과세기간의 소득금액을 계산할 수 있다. 여기서 조세 부담을 부당하게 감소시킨 것으로 인정되는 경우란 다음 중 어느 하나에 해당하며, 시가와 거래가액의 차액이 3억원 이상이거나 시가의 5% 이상인 경우로 한정한다.

① 특수관계인으로부터 시가보다 높은 가격으로 자산을 매입하거나 특수관계인에게 시가보다 낮은 가격으로 자산을 양도한 때
② 그 밖의 특수관계인과의 거래로 해당 연도의 양도가액 또는 필요경비의 계산시 조세의 부담을 부당하게 감소시킨 것으로 인정되는 때

3) 증여 후 양도 부인

거주자가 특수관계인(배우자 및 직계존비속 이월과세가 적용될 경우 제외)에게 자산을 증여한 후 그 자산을 증여받은 자가 그 증여일부터 10년 이내에 다시 타인에게 양도한 경우로서 요건을 충족하여 세부담을 회피한 경우에 증여자가 그 자산을 직접 양도한 것으로 본

---

87) 이월과세가 적용될 경우에 거주자가 해당 자산에 대하여 납부하였거나 납부할 증여세 상당액이 있는 경우 필요경비에 산입한다.

다. 다만, 양도소득이 해당 수증자에게 실질적으로 귀속된 경우에는 그러하지 아니하다. 요건을 충족하여 세부담을 회피한 경우란 증여받은 자를 기준으로 계산한 증여세[88]와 양도소득세[89]를 합한 세액이 증여자가 직접 양도한 것으로 보아 계산한 양도소득세보다 적은 경우를 의미한다. 이 경우 증여세는 부과하지 않는다.

| 비교 |

구 분	배우자·직계존비속 양도 이월과세	증여 후 양도 부인
증여자	배우자·직계존비속	특수관계인
대상자산	토지·건물·부동산을 취득할 수 있는 권리 및 시설물이용권, 부동산을 취득할 수 있는 권리 또는 주식 등	양도소득세 과세대상 자산
증여 후 양도기한	증여받은 날부터 10년(주식 등은 1년)	증여받은 날부터 10년
납세의무자	수증자	증여자
증여세	필요경비 산입	증여세 과세하지 않으므로 환급
필요경비	배우자·직계존비속이 취득한 당시의 가액을 기준으로 계산, 자본적 지출액은 증여자의 지출액 포함	증여자가 취득할 당시의 가액을 기준으로 계산

4) 가업상속공제 적용 자산

「상속세 및 증여세법」에 따라 가업상속공제가 적용된 자산의 양도차익을 계산할 때 양도가액에서 공제할 필요경비 중 취득가액은 다음의 금액을 합한 금액으로 한다.
① 피상속인의 취득가액 × 가업상속공제적용률[90]
② 상속개시일 현재 해당 자산가액 × (1 − 가업상속공제적용률)

5) 고가주택 양도소득금액 계산 특례

「소득세법」 제89조에 따른 비과세요건을 주택 또는 조합원입주권으로서 양도가액이 12억원을 초과하는 고가주택에 해당할 경우에는 다음과 같이 양도차익과 장기보유특별공제액을 계산한다.

① 고가주택 양도차익 : 양도차익 × $\dfrac{양도가액 - 12억원}{양도가액}$

---

88) 「상속세 및 증여세법」에 따른 산출세액에서 공제·감면세액을 뺀 세액을 말한다.
89) 산출세액에서 공제·감면세액을 뺀 결정세액을 말한다.
90) 해당 자산가액 중 가업상속공제가 적용된 비율

② 고가주택 장기보유특별공제액 : 장기보유특별공제액 $\times \dfrac{\text{양도가액} - 12\text{억원}}{\text{양도가액}}$

이 경우 해당 주택 또는 이에 부수되는 토지가 그 보유기간이 다르거나 미등기양도자산에 해당하거나 일부만 양도하는 때에는 12억원에 해당 주택 또는 이에 부수되는 토지의 양도가액이 그 주택과 이에 부수되는 토지의 양도가액의 합계액에서 차지하는 비율을 곱하여 안분계산한다.

(5) 양도소득세 계산

(×)	양도소득세과세표준세율
	양도소득산출세액
(−)	세액공제·감면
	양도소득결정세액
(+)	가산세
(−)	기납부세액
	차가감 납부할 세액

1) 양도소득세율

① 기본세율

과세표준	세 율	누진공제
1,400만원 이하	6%	
1,400만원 초과 5,000만원 이하	15%	126만원
5,000만원 초과 8,800만원 이하	24%	576만원
8,800만원 초과 1.5억원 이하	35%	1,544만원
1.5억원 초과 3억원 이하	38%	1,994만원
3억원 초과 5억원 이하	40%	2,594만원
5억원 초과 10억원 이하	42%	3,594만원
10억원 초과	45%	6,594만원

② 부동산, 부동산에 관한 권리, 기타자산

구 분	양도소득세율
토지와 건물, 부동산에 관한 권리	① 미등기 자산 : 70%(미등기 규제) ② 비사업용 토지(토지의 목적외 사용 규제) : 할증과세 적용 　(기본세율 + 10%, 16%~55%) ③ 보유기간별 양도소득세율
토지와 건물, 부동산에 관한 권리*	(아래 표 참조)
기타자산	① 영업권, 특정시설물이용권, 특정주식 : 기본세율 ② 비사업용 토지 과다 소유법인의 주식 : 할증과세적용(기본세율+10%)
주식 또는 출자지분	① 중소기업의 주식 : 10%(대주주 20%, 3억원 초과분 25%) ② 일반기업의 주식 : 20% 　(대주주의 경우 1년 미만 보유 30%, 1년 이상 보유 20%, 과세표준 3억원 초과분 : 25%) ③ 국외주식 : 20% (중소기업 내국법인이 국외에 상장한 주식 10%)
파생상품	20%(탄력세율 10%)

토지와 건물, 부동산에 관한 권리*

구 분		양도소득세율
보유기간 1년 미만	주택 및 조합원입주권 (분양권 포함)	70%
	일반	50%
보유기간 1년 이상 ~ 2년 미만인 것	주택 및 조합원입주권 (분양권 포함)	60%
	일반	40%
보유기간 2년 이상인 것		기본세율 (6%~45%) 분양권의 경우 60%

④ 조정대상지역 내 소재하는 주택(보유기간 2년 이상)을 양도하는 1세대 2주택 이상 다주택자의 경우 2022.5.10.부터 2026.5.9.까지 양도 시 기본세율 적용

구 분	양도소득세율
2주택자	기본세율 + 20%
3주택자	기본세율 + 30%

* 2 이상의 세율에 해당하는 때에는 각각의 산출세액 중 큰 것 적용(ex. 기본세율+10%p와 40% or 50% 경합시 큰 세액 적용)

2) 양도소득세 감면

「소득세법」 또는 다른 조세에 관한 법률에 따른 감면대상 양도소득금액이 있을 때에는

다음 계산식에 따라 계산한 양도소득세 감면액을 양도소득산출세액에서 감면한다.

$$\text{양도소득세 감면액} = \text{산출세액} \times \frac{\text{감면대상 양도소득금액} - \text{양도소득기본공제}}{\text{양도소득과세표준}} \times \text{감면율}$$

다만, 「조세특례제한법」에서 양도소득세의 감면을 양도소득금액에서 감면대상 양도소득금액을 차감하는 방식으로 규정하는 경우에는 양도소득금액에서 감면대상 양도소득금액을 차감한 후 양도소득과세표준을 계산하는 방식으로 양도소득세를 감면한다.

3) 양도소득세 비과세 또는 감면 배제

① 미등기양도자산

미등기양도자산에 대하여는 「소득세법」 또는 「소득세법」 외의 법률 중 양도소득에 대한 소득세의 비과세에 관한 규정을 적용하지 아니한다. 미등기양도자산이란 토지·건물 및 부동산에 관한 권리를 취득한 자가 그 자산 취득에 관한 등기를 하지 아니하고 양도하는 것을 말한다. 다만, 다음 중 어느 하나에 해당할 경우에는 미등기양도자산으로 보지 않는다.

㉠ 장기할부조건으로 취득한 자산으로서 그 계약조건에 의하여 양도 당시 그 자산의 취득에 관한 등기가 불가능한 자산

㉡ 법률의 규정 또는 법원의 결정에 의하여 양도 당시 그 자산의 취득에 관한 등기가 불가능한 자산

㉢ 농지의 교환 또는 분합, 「조세특례제한법」에 따른 자경감면 및 대토감면 대상 토지

㉣ 1세대 1주택 비과세 대상 주택으로서 「건축법」에 따른 건축허가를 받지 아니하여 등기가 불가능한 자산

㉤ 「도시개발법」에 따른 도시개발사업이 종료되지 아니하여 토지 취득등기를 하지 아니하고 양도하는 토지

㉥ 건설사업자가 「도시개발법」에 따라 공사용역 대가로 취득한 체비지를 토지구획환지 처분공고 전에 양도하는 토지

② 허위계약서 작성

토지·건물 및 부동산에 관한 권리·지상권·전세권과 부동산임차권을 매매하는 거래당사자가 매매계약서의 거래가액을 실지거래가액과 다르게 적은 경우에는 해당 자

산에 대하여 「소득세법」 또는 「소득세법」 외의 법률에 따른 양도소득세의 비과세 또는 감면에 관한 규정을 적용할 때 비과세 또는 감면받았거나 받을 세액에서 다음의 구분에 따른 금액을 뺀다.

㉠ 양도소득세의 비과세에 관한 규정을 적용받을 경우

비과세에 관한 규정을 적용하지 아니하였을 경우의 양도소득산출세액과 매매계약서의 거래가액과 실지거래가액과의 차액 중 적은 금액

㉡ 양도소득세의 감면에 관한 규정을 적용받았거나 받을 경우

감면에 관한 규정을 적용받았거나 받을 경우의 해당 감면세액과 매매계약서의 거래가액과 실지거래가액과의 차액 중 적은 금액

4) 가산세

「국세기본법」에서 양도소득세 과세표준확정 신고 유무에 대하여 신고불성실가산세와 납부 지연가산세를 규정하고 있다. 「소득세법」에서는 다음과 같은 유형에 대하여 가산세 규정을 두고 있다.

① 환산취득가액 적용

거주자가 건물을 신축 또는 증축(바닥면적 합계가 85㎡ 초과시 한정)하고 그 건물의 취득일 또는 증축일부터 5년 이내에 해당 건물을 양도하여 감정가액 또는 환산취득가액을 취득가액으로 하는 경우에는 해당 건물 감정가액(증축시 증축분에 한정) 또는 환산가액(증축시 증축분에 한정)의 5%를 가산세로 적용한다. 이 경우 고가주택의 양도소득 계산 시 그 취득가액을 환산가액으로 하는 경우 전체 양도가액에 대한 환산취득가액에 가산세를 적용한다.

② 장부의 비치·기록의무 및 기장 불성실가산세

법인(중소기업을 포함)의 대주주가 양도하는 주식 등에 대하여는 종목별로 구분하여 거래일자별 거래명세 등을 장부에 기록·관리하여야 하며 그 증명서류 등을 갖추어 두어야 하며,[91] 기장을 하지 않거나 누락한 경우에는 다음과 같은 가산세가 발생한다.

㉠ 산출세액이 있는 경우 : $\text{산출세액} \times \dfrac{\text{기장하지 않거나 누락한 소득금액}}{\text{양도소득금액}} \times 10\%$

㉡ 산출세액이 없는 경우 : $\text{거래금액} \times \dfrac{7}{10,000}$

---

91) 다만, 「자본시장과 금융투자업에 관한 법률」에 따른 투자매매업자 또는 투자중개업자가 발행한 거래명세서를 갖추어 둔 경우에는 장부를 비치·기록한 것으로 본다.

(1) 예정신고와 납부

1) 개요

거주자가 토지 및 건물을 양도한 경우에는 양도한 날이 속하는 달의 말일부터 2개월 이내에[92], 주식 및 출자지분을 양도한 경우에는 2018.1.1. 이후 양도일이 속하는 반기 말일부터 2개월 이내에 납세지 관할 세무서장에게 신고(양도소득과세표준 예정신고)하고 그 세액을 납부하여야 한다. 양도차익이 없거나 양도차손이 발생한 경우에도 적용한다.

2) 계산

예정신고산출세액은 다음과 같이 계산한다.

> 예정신고산출세액 = (양도차익 − 장기보유 특별공제 − 양도소득기본공제) × 세율

해당 과세기간에 누진세율 적용대상 자산에 대한 예정신고를 2회 이상하는 경우로서 거주자가 이미 신고한 양도소득금액과 합산하여 신고하려는 경우에는 다음의 구분에 따른 금액을 2회 이후 신고하는 예정신고산출세액으로 한다.

① 기본세율 적용

> 예정신고산출세액 = [(이미 신고한 자산의 양도소득금액 − 2회 이후 신고하는 양도소득금액 − 양도소득기본공제)×세율(6% − 45%)] − 이미 신고한 예정신고산출세액

② 비사업용토지(기본세율 + 10%)

> 예정신고산출세액 = [(이미 신고한 자산의 양도소득금액 − 2회 이후 신고하는 양도소득금액 − 양도소득기본공제)×세율(16% − 55%)] − 이미 신고한 예정신고산출세액

---

92) 부담부증여의 채무액에 해당하는 부분으로서 양도로 보는 경우에는 그 양도일이 속하는 달의 말일부터 3개월

③ 주식 세율(20%, 25%) 적용

> 예정신고산출세액＝[(이미 신고한 자산의 양도소득금액－2회 이후 신고하는 양도소득
> 금액－양도소득기본공제)×세율(20%, 25%)]－이미 신고한 예정신고
> 산출세액

④ 신탁수익권 세율(20%, 25%) 적용

> 예정신고산출세액＝[(이미 신고한 자산의 양도소득금액－2회 이후 신고하는 양도소득
> 금액－양도소득기본공제)×세율(20%, 25%)]－이미 신고한 예정신고
> 산출세액

(2) 확정신고와 납부

1) 개요

해당 과세기간의 양도소득금액이 있는 거주자는 그 양도소득과세표준을 그 과세기간 다음 연도 5월 1일부터 5월 31일까지 납세지 관할 세무서장에게 신고하여야 한다. 해당 과세기간의 과세표준이 없거나 결손금액이 있는 경우에도 적용한다.

2) 예외

예정신고를 한 자는 해당 소득에 대한 확정신고를 하지 아니할 수 있다. 다만, 다음 중 어느 하나에 해당할 경우에는 그러하지 아니하다.
① 당해연도에 누진세율의 적용대상 자산에 대한 예정신고를 2회 이상 한 자가 이미 신고한 양도소득금액과 합산하여 신고하지 아니한 경우
② 토지, 건물, 부동산에 관한 권리, 기타자산 및 신탁 수익권을 2회 이상 양도한 경우로서 양도소득기본공제 적용순서로 인하여 당초 신고한 양도소득산출세액이 달라지는 경우
③ 주식 등을 2회 이상 양도한 경우로서 법 양도소득기본공제 적용순서로 인하여 당초 신고한 양도소득산출세액이 달라지는 경우
④ 토지, 건물, 부동산에 관한 권리 및 기타자산을 둘 이상 양도한 경우로서 비교과세로 인하여 당초 신고한 양도소득산출세액이 달라지는 경우

3) 확정신고 · 납부

거주자는 해당 과세기간의 과세표준에 대한 양도소득산출세액에서 감면세액과 세액공제

액을 공제한 금액을 확정신고기한까지 납부하여야 한다. 확정신고·납부를 하는 경우에 예정신고산출세액, 결정·경정한 세액 또는 수시부과세액이 있을 때에는 이를 공제하여 납부한다.

거주자로서 예정신고·납부 또는 확정신고·납부에 따라 납부할 세액이 각각 1천만원을 초과하는 자는 그 납부할 세액의 일부를 납부기한이 지난 후 2개월 이내에 분할납부할 수 있다.

① 납부할 세액이 2천만원 이하인 때에는 1천만원을 초과하는 금액
② 납부할 세액이 2천만원을 초과하는 때에는 그 세액의 100분의 50 이하의 금액

08 국외자산 양도에 대한 양도소득세

(1) 납세의무자

국외자산에 대한 양도소득세 납세의무자는 거주자로서 국외자산의 양도일까지 계속하여 5년 이상 국내에 주소 또는 거소를 둔 자에 한하여 납세의무가 발생한다.

(2) 국외자산 양도소득 범위

거주자가 국외에 있는 자산의 양도에 대한 양도소득은 해당 과세기간에 국외에 있는 자산을 양도함으로써 발생하는 다음의 소득으로 한다.[93]

① 토지[94] 또는 건물
② 부동산에 관한 권리
③ 기타자산

---

93) 다만, 국외에서 외화를 차입하여 취득한 자산을 양도하여 발생하는 소득으로서 환율변동으로 인하여 외화차입금으로부터 발생하는 환차익을 포함하고 있는 경우에는 해당 환차익을 양도소득의 범위에서 제외한다.
94) 국내 양도소득세 과세대상 토지는 지적공부에 등록된 토지를 요하고 있지만, 국외자산에선 별도로 요하지 않음

(3) 양도소득세 계산

양도소득		
(−)	양도가액 − 취득가액	→ 실지거래가액 등
	필요경비	→ 자본적 지출액 및 양도비
(−)	양도차익	
	양도소득기본공제	→ 연간 250만원 공제
(×)	양도소득과세표준	
	양도소득세율	
(−)	양도소득산출세액	
	세액공제	→ 외국납부세액공제
(+)	양도소득결정세액	
(−)	가산세	
	기납부세액	
	차가감 납부할 세액	

1) 양도가액 및 취득가액

국외자산의 양도가액 및 취득가액은 양도 또는 취득 당시의 실지거래가액으로 한다. 다만, 실지거래가액을 확인할 수 없는 경우에는 양도 또는 취득 당시 소재하는 국가의 시가를 따르되, 시가를 산정하기 어려운 경우에는 그 자산의 종류, 규모, 거래상황 등을 고려하여 다음과 같이 적용한다.[95][96]

① 국외자산의 양도에 대한 과세와 관련하여 이루어진 외국정부(지방자치단체를 포함)의 평가가액

② 국외자산의 양도일 또는 취득일 전후 6개월 이내에 이루어진 실지거래가액

③ 국외자산의 양도일 또는 취득일 전후 6개월 이내에 평가된 감정평가법인 등의 감정가액

④ 국외자산의 양도일 또는 취득일 전후 6개월 이내에 수용 등을 통하여 확정된 국외자산의 보상가액

---

95) ①부터 ④까지의 금액을 산정하기 어려운 경우에는 다음과 같이 산정한다.
    ㉠ 부동산 및 부동산에 대한 권리는 「상속세 및 증여세법」 제61조, 제62조, 제64조 및 제65조를 준용하여 국외 자산가액을 평가하며, 해당 방법이 적절하지 않은 경우에는 감정평가업자가 평가한 금액으로 한다.
    ㉡ 유가증권은 「상속세 및 증여세법」 제63조의 규정에 의한 평가방법을 준용하여 평가
96) 기타자산 중 특정주식과 특정시설물이용권에 대한 주식은 제외

2) 기본공제

국외자산의 양도에 대한 양도소득이 있는 거주자에 대해서는 해당 과세기간의 양도소득금액에서 연 250만원을 공제한다. 해당 과세기간의 양도소득금액에 이 법 또는 「조세특례제한법」이나 그 밖의 법률에 따른 감면소득금액이 있는 경우에는 감면소득금액 외의 양도소득금액에서 먼저 공제하고, 감면소득금액 외의 양도소득금액 중에서는 해당 과세기간에 먼저 양도하는 자산의 양도소득금액에서부터 순서대로 공제한다.

3) 세율

국외자산의 양도소득에 대한 소득세는 해당 과세기간의 양도소득과세표준에 6%~45% 세율을 적용하여 계산한 금액을 그 세액으로 한다.

4) 외국납부세액공제

국외자산의 양도소득에 대하여 해당 외국에서 과세를 하는 경우로서 그 양도소득에 대하여 국외자산 양도소득세액[97]을 납부하였거나 납부할 것이 있을 때에는 다음 중 하나를 선택하여 적용할 수 있다.

① 외국납부세액의 세액공제방법 : 국외자산 양도소득세액을 해당 과세기간의 양도소득산출세액에서 공제하되, 다음과 같이 계산한 한도액에 한하여 적용한다.

$$\text{해당 과세기간의 국외자산에 대한 양도소득세산출세액} \times \frac{\text{해당 국외자산 양도소득금액}}{\text{해당 과세기간의 국외자산에 대한 양도소득금액}}$$

② 외국납부세액의 필요경비 산입방법 : 국외자산 양도소득에 대하여 납부하였거나 납부할 국외자산 양도소득세액을 해당 과세기간의 필요경비에 산입하는 방법

---

97) 국외자산 양도소득세액이란 국외자산의 양도소득에 대하여 외국정부(지방자치단체를 포함)가 과세한 다음 중 어느 하나에 해당하는 세액을 말한다.
　　㉠ 개인의 양도소득금액을 과세표준으로 하여 과세된 세액
　　㉡ 개인의 양도소득금액을 과세표준으로 하여 과세된 세의 부가세액

09 거주자의 출국 시 국내주식 등에 대한 과세특례

(1) 납세의무자

다음의 요건을 모두 갖추어 출국하는 거주자(국외전출자)는 일정 주식 등을 출국일에 양도한 것으로 보아 양도소득에 대하여 소득세를 납부할 의무가 있다.

① 출국일 10년 전부터 출국일까지의 기간 중 국내에 주소나 거소를 둔 기간의 합계가 5년 이상일 것
② 출국일이 속하는 연도의 직전 연도 종료일 현재 소유하고 있는 주식 등의 비율·시가 총액 등을 고려하여 대주주에 해당할 것

(2) 일정 주식

국외전출자에 대하여 양도소득세 납세의무가 발생하는 주식은 국내주식과 특정주식에 한하여 발생한다.

(3) 양도소득세 계산

	양도소득	
(−)	양도가액	→ 실지거래가액 등
	필요경비	→ 자본적 지출액 및 양도비
(−)	양도소득금액	
	양도소득기본공제	→ 연간 250만원 공제
(×)	양도소득과세표준	
	양도소득세율	
(−)	양도소득산출세액	
	세액공제	→ 조정공제, 외국납부세액공제, 비거주자 국내원천소득
(−)	그 외 세액감면·세액공제	
(+)	가산세	
	차가감 납부할 세액	

1) 양도가액

국외전출자 국내주식 등의 양도가액은 출국일 당시의 시가로 한다. 다만, 시가를 산정하기 어려울 때에는 그 규모 및 거래상황 등을 고려하여 다음과 같은 방법에 따른다.

① 주권상장법인의 주식 등 : 기준시가
② 주권비상장법인의 주식 등 : 다음의 방법을 순차로 적용하여 계산한 가액
    ㉠ 출국일 전후 각 3개월 이내에 해당 주식 등의 매매사례가 있는 경우 그 가액
    ㉡ 기준시가

2) 필요경비

취득가액 및 기타필요경비는 국내 양도소득세 과세대상자산과 동일하게 취득 당시 실지거래가액을 적용하며, 실지거래가액을 확인할 수 없는 경우에 매매사례가액, 감정가액 또는 환산취득가액 등을 순차적으로 적용한 금액으로 한다.

3) 기본공제

양도소득금액에서 연 250만원을 공제한다.

4) 세율

국외전출자의 양도소득세는 양도소득과세표준에 다음의 계산식에 따라 계산한 금액을 그 세액으로 한다.

과세표준	세 율
3억원 이하	20%
3억원 초과	6천만원 + (3억원 초과액 × 25%)

5) 세액공제

① 조정공제

국외전출자가 출국한 후 국외전출자 국내주식 등을 실제 양도한 경우로서 실제 양도가액이 출국일 당시 양도가액보다 낮은 때에는 다음의 계산식에 따라 계산한 세액(조정공제액)을 산출세액에서 공제한다.

> [양도가액(출국일 당시 시가 등) − 실제 양도가액] × 세율

② 외국납부세액 공제

국외전출자가 출국한 후 국외전출자 국내주식 등을 실제로 양도하여 해당 자산의 양도소득에 대하여 외국정부(지방자치단체를 포함)에 세액을 납부하였거나 납부할 것이 있는 때에는 산출세액에서 조정공제액을 공제한 금액을 한도로 다음의 계산식에

따라 계산한 외국납부세액을 산출세액에서 공제한다.[98]

세액공제액＝MIN(㉠, ㉡)

㉠ 해당 자산의 양도소득에 대하여 외국정부에 납부한 세액

$$\times \frac{\text{출국일 당시 양도가액} - \text{필요경비}}{\text{실제양도가액} - \text{필요경비}}$$

㉡ 산출세액 − 조정공제

③ 비거주자 국내원천소득 세액공제

국외전출자가 출국한 후 국외전출자 국내주식 등을 실제로 양도하여 비거주자의 국내원천소득으로 국내에서 과세되는 경우에는 산출세액에서 조정공제액을 공제한 금액을 한도로 산출세액에서 공제한다.[99]

세액공제액＝MIN(㉠, ㉡)

㉠ 국내에서 과세된 세액[100]

㉡ 산출세액 − 조정공제

6) 신고·납부 등

① 국외전출자는 국외전출자 국내주식 등의 양도소득에 대한 납세관리인과 국외전출자 국내주식 등의 보유현황을 출국일 전날까지 납세지 관할 세무서장에게 신고하여야 한다. 이 경우 국외전출자 국내주식 등의 보유현황은 신고일의 전날을 기준으로 작성한다.

② 국외전출자는 양도소득과세표준을 출국일이 속하는 달의 말일부터 3개월 이내(납세관리인을 신고한 경우에는 양도소득과세표준 확정신고 기간 내)에 납세지 관할 세무서장에게 신고하여야 한다.

③ 국외전출자가 ②에 따라 양도소득과세표준을 신고할 때에는 산출세액에서 이 법 또는 다른 조세에 관한 법률에 따른 감면세액과 세액공제액을 공제한 금액을 납세지 관할 세무서, 한국은행 또는 체신관서에 납부하여야 한다.

---

98) 다음 중 어느 하나에 해당하는 경우에는 제1항에 따른 공제를 적용하지 아니한다.
   ㉠ 외국정부가 산출세액에 대하여 외국납부세액공제를 허용하는 경우
   ㉡ 외국정부가 국외전출자 국내주식 등의 취득가액을 출국일 당시 시가 등 양도가액으로 조정하여 주는 경우
99) 해당 세액공제를 적용할 경우에 외국납부세액의 공제를 적용하지 아니한다.
100) 지급금액의 10%, 다만, 해당 유가증권의 취득가액 및 양도비용이 확인되는 경우에는 그 지급금액의 10%를 적용한 세액과 지급금액에서 취득가액 및 양도비용을 차감한 금액의 20%를 적용한 세액 중 적은 금액으로 한다.

7) 가산세

국외전출자가 출국일 전날까지 국외전출자 국내주식 등의 보유현황을 신고하지 아니하거나 누락하여 신고한 경우에는 다음의 구분에 따른 금액의 100분의 2에 상당하는 금액을 산출세액에 더한다.

① 출국일 전날까지 국외전출자 국내주식 등의 보유현황을 신고하지 아니한 경우 : 출국일 전날의 국외전출자 국내주식 등의 액면금액(무액면주식인 경우에는 그 주식을 발행한 법인의 자본금을 발행주식총수로 나누어 계산한 금액을 말함) 또는 출자가액

② 국내주식 등의 보유현황을 누락하여 신고한 경우 : 신고일의 전날을 기준으로 신고를 누락한 국외전출자 국내주식 등의 액면금액 또는 출자가액

8) 납부유예

① 국외전출자는 납세담보를 제공하거나 납세관리인을 두는 등 정하는 요건[101]을 충족하는 경우에는 출국일부터 국외전출자 국내주식 등을 실제로 양도할 때까지 납세지 관할세무서장에게 양도소득세 납부의 유예를 신청하여 납부를 유예받을 수 있다.

② ①에 따라 납부를 유예받은 국외전출자는 출국일부터 5년(국외전출자의 국외유학 등은 10년으로 함) 이내에 국외전출자 국내주식 등을 양도하지 아니한 경우에는 출국일부터 5년이 되는 날이 속하는 달의 말일부터 3개월 이내에 국외전출자 국내주식 등에 대한 양도소득세를 납부하여야 한다.

③ ①에 따라 납부유예를 받은 국외전출자는 국외전출자 국내주식 등을 실제 양도한 경우 양도일이 속하는 달의 말일부터 3개월 이내에 국외전출자 국내주식 등에 대한 양도소득세를 납부하여야 한다.

④ ①에 따라 납부를 유예받은 국외전출자는 제2항 및 제3항에 따라 국외전출자 국내주식 등에 대한 양도소득세를 납부유예를 받은 기간에 대한 이자상당액을 가산하여 납부하여야 한다.

9) 재전입 등에 따른 환급 등

① 국외전출자(ⓒ의 경우에는 상속인을 말함)는 다음 어느 하나에 해당하는 사유가 발생한 경우 그 사유가 발생한 날부터 1년 이내에 납세지 관할 세무서장에게 납부한 세액

---

101) "납세담보를 제공하거나 납세관리인을 두는 등 정하는 요건을 충족하는 경우"란 다음의 요건을 모두 갖춘 경우를 말한다.
　ⓐ 「국세징수법」 제18조에 따른 납세담보를 제공할 것
　ⓑ 납세관리인을 납세지 관할 세무서장에게 신고할 것

의 환급을 신청하거나 납부유예 중인 세액의 취소를 신청하여야 한다.

㉠ 국외전출자가 출국일부터 5년 이내에 국외전출자 국내주식 등을 양도하지 아니하고 국내에 다시 입국하여 거주자가 되는 경우

㉡ 국외전출자가 출국일부터 5년 이내에 국외전출자 국내주식 등을 거주자에게 증여한 경우

㉢ 국외전출자의 상속인이 국외전출자의 출국일부터 5년 이내에 국외전출자 국내주식 등을 상속받은 경우

② 납세지 관할 세무서장은 ①에 따른 신청을 받은 경우 지체 없이 국외전출자가 납부한 세액을 환급하거나 납부유예 중인 세액을 취소하여야 한다.

③ ①에 해당하여 국외전출자가 납부한 세액을 환급하는 경우 위의 7)에 따른 가산세를 환급하지 아니한다.

④ ㉡ 또는 ㉢에 해당하여 국외전출자가 납부한 세액을 환급하는 경우에는 「국세기본법」 제52조에도 불구하고 국세환급금에 국세환급가산금을 가산하지 아니한다.

01 비거주자의 국내원천소득

비거주자의 국내원천소득은 다음과 같이 구분한다.

(1) 국내원천 이자소득

다음에 해당하는 이자소득. 다만, 거주자 또는 내국법인의 국외사업장을 위하여 그 국외사업장이 직접 차용한 차입금의 이자는 제외한다.

① 국가, 지방자치단체(지방자치단체조합을 포함) 거주자, 내국법인, 외국법인의 국내사업장 또는 비거주자의 국내사업장으로부터 받는 소득

② 외국법인 또는 비거주자로부터 받는 소득으로서 그 소득을 지급하는 외국법인 또는 비거주자의 국내사업장과 실질적으로 관련하여 그 국내사업장의 소득금액을 계산할 때 손금 또는 필요경비에 산입되는 것

(2) 국내원천 이자소득

내국법인 또는 법인으로 보는 단체나 그 밖의 국내에 소재하는 자로부터 받는 다음의 소득

① 파생결합사채로부터의 이익

② 제17조 제1항에 따른 배당소득(◎에 따른 소득은 제외)

    ㉠ 내국법인으로부터 받는 이익이나 잉여금의 배당 또는 분배금

    ㉡ 법인으로 보는 단체로부터 받는 배당금 또는 분배금

    ㉢ 「법인세법」에 따라 내국법인으로 보는 신탁재산(법인과세 신탁재산)으로부터 받는 배당금 또는 분배금

    ㉣ 의제배당(擬制配當)

    ㉤ 「법인세법」에 따라 배당으로 처분된 금액

    ㉥ 국내 또는 국외에서 받는 대통령령으로 정하는 집합투자기구로부터의 이익

    ㉦ 국내 또는 국외에서 받는 대통령령으로 정하는 파생결합증권 또는 파생결합사채로부터의 이익

    ◎ 외국법인으로부터 받는 이익이나 잉여금의 배당 또는 분배금

ⓩ 「국제조세조정에 관한 법률」 제27조에 따라 배당받은 것으로 간주된 금액

ⓩ 공동사업에서 발생한 소득금액 중 출자공동사업자의 손익분배비율에 해당하는 금액

ⓣ ⓐ부터 ⓩ과 유사한 소득으로서 수익분배의 성격이 있는 것

ⓔ ⓐ부터 ⓣ까지 중 어느 하나에 해당하는 소득을 발생시키는 거래 또는 행위와 파생상품이 결합된 경우 해당 파생상품의 거래 또는 행위로부터의 이익

③ 집합투자증권의 환매 등으로 발생한 이익 또는 적격집합투자기구로부터의 이익

④ 파생결합증권으로부터의 이익

⑤ 「국제조세조정에 관한 법률」 제13조 또는 제22조에 따라 배당으로 처분된 금액

(3) 국내원천 부동산소득

국내에 있는 부동산 또는 부동산상의 권리와 국내에서 취득한 광업권, 조광권, 지하수의 개발·이용권, 어업권, 토사석 채취에 관한 권리의 양도·임대, 그 밖에 운영으로 인하여 발생하는 소득

(4) 국내원천 선박등임대소득

거주자·내국법인 또는 「법인세법」에서 규정하는 외국법인의 국내사업장이나 비거주자의 국내사업장에 선박, 항공기, 등록된 자동차·건설기계 또는 산업상·상업상·과학상의 기계·설비·장치, 그 밖에 용구를 임대함으로써 발생하는 소득

(5) 국내원천 사업소득

비거주자가 경영하는 사업에서 발생하는 소득(조세조약에 따라 국내원천 사업소득으로 과세할 수 있는 소득을 포함). 다만, 아래의 (6)에 따른 국내원천 인적용역소득은 제외한다.

(6) 국내원천 인적용역소득

국내에서 다음과 같은 인적용역을 제공함으로써 발생하는 소득. 이 경우 그 인적용역을 제공받는 자가 인적용역 제공과 관련하여 항공료 등 비용을 부담하는 경우에는 그 비용을 제외한 금액을 말한다.

① 변호사·공인회계사·세무사·건축사·측량사·변리사 기타 이와 유사한 전문직업인이 제공하는 용역

② 과학기술·경영관리 기타 이와 유사한 분야에 관한 전문적 지식 또는 특별한 기능을

가진 자가 당해 지식 또는 기능을 활용하여 제공하는 용역

③ 직업운동가가 제공하는 용역

④ 배우·음악가 기타 연예인이 제공하는 용역

(7) 국내원천 근로소득

국내에서 제공하는 근로의 대가로서 받는 소득

(8) 국내원천 퇴직소득

국내에서 제공하는 근로의 대가로 받는 퇴직소득

(9) 국내원천 연금소득

국내에서 지급받는 연금소득

(10) 국내원천 부동산등양도소득

국내에 있는 다음 중 어느 하나에 해당하는 자산·권리를 양도함으로써 발생하는 소득

① 토지·건물·부동산에 관한 권리 및 고정자산과 함께 양도하는 영업권 및 특정시설물 이용권

② 내국법인의 주식 또는 출자지분(주식·출자지분을 기초로 하여 발행한 예탁증서 및 신주인수권을 포함) 중 양도일이 속하는 사업연도 개시일 현재 그 법인의 자산총액 중 다음의 가액의 합계액이 100분의 50 이상인 법인의 주식 또는 출자지분으로서 증 권시장에 상장되지 아니한 주식 또는 출자지분[102]

  ㉠ 토지·건물·부동산에 관한 권리 자산가액

  ㉡ 내국법인이 보유한 다른 부동산 과다보유 법인의 주식가액에 그 다른 법인의 부동 산 보유비율을 곱하여 산출한 가액[103]

---

102) 이 경우 조세조약의 해석·적용과 관련하여 그 조세조약 상대국과 상호합의에 따라 우리나라에 과세권한 이 있는 것으로 인정되는 부동산주식 등도 포함한다.

103) 부동산 과다보유 법인의 판정은 다음의 계산식에 따라 계산한 다른 법인의 부동산 보유비율이 100분의 50 이상에 해당하는지 여부에 따른다.

$$\text{내국법인이 보유한 다른} \atop \text{부동산과다보유법인의 주식가액} \times \frac{\text{다른 법인이 보유하고 있는 토지·건물 및}}{\text{부동산에 관한 권리의 자산가액}} \over \text{다른 법인의 총자산가액}$$

(11) 국내원천 사용료소득

다음 중 어느 하나에 해당하는 권리·자산 또는 정보를 국내에서 사용하거나 그 대가를 국내에서 지급하는 경우의 그 대가 및 그 권리 등의 양도로 발생하는 소득

① 학술 또는 예술과 관련된 저작물(영화필름을 포함)의 저작권, 특허권, 상표권, 디자인, 모형, 도면, 비밀의 공식(公式) 또는 공정(工程), 라디오·텔레비전방송용 필름·테이프, 그 밖에 이와 유사한 자산이나 권리

② 산업·상업 또는 과학과 관련된 지식·경험에 관한 정보 또는 노하우

③ 사용지(使用地)를 기준으로 국내원천소득 해당 여부를 규정하는 조세조약(사용지 기준 조세조약)에서 사용료의 정의에 포함되는 그 밖에 이와 유사한 재산 또는 권리(특허권, 실용신안권, 상표권, 디자인권 등 그 행사에 등록이 필요한 권리가 국내에서 등록되지 아니하였으나 그에 포함된 제조 방법·기술·정보 등이 국내에서의 제조·생산과 관련되는 등 국내에서 사실상 실시되거나 사용되는 것을 말함)

(12) 국내원천 유가증권양도소득

다음 중 어느 하나에 해당하는 주식·출자지분(증권시장에 상장된 부동산주식 등을 포함) 또는 그 밖의 유가증권(「자본시장과 금융투자업에 관한 법률」 제4조에 따른 증권을 포함)의 양도로 발생하는 소득

① 내국법인이 발행한 주식 또는 출자지분과 그 밖의 유가증권

② 외국법인이 발행한 주식 또는 출자지분(증권시장에 상장된 것만 해당)

③ 외국법인의 국내사업장이 발행한 그 밖의 유가증권

(13) 국내원천 기타소득

다음 중 어느 하나에 해당하는 소득

① 국내에 있는 부동산 및 그 밖의 자산 또는 국내에서 경영하는 사업과 관련하여 받은 보험금, 보상금 또는 손해배상금

② 국내에서 지급하는 위약금 또는 배상금

③ 국내에서 지급하는 상금, 현상금, 포상금이나 그 밖에 이에 준하는 소득

④ 국내에서 발견된 매장물로 인한 소득

⑤ 국내법에 따른 면허·허가 또는 그 밖에 이와 유사한 처분에 따라 설정된 권리와 그 밖에 부동산 외의 국내자산을 양도함으로써 생기는 소득

⑥ 국내에서 발행된 복권, 경품권 또는 그 밖의 추첨권에 당첨되어 받는 당첨금품과 승마투표권, 승자투표권, 소싸움경기투표권, 체육진흥투표권의 구매자가 받는 환급금

⑦ 슬롯머신 등을 이용하는 행위에 참가하여 받는 당첨금품 등

⑧ 「법인세법」 제67조에 따라 기타소득으로 처분된 금액

⑨ 특수관계에 있는 비거주자(국외특수관계인)가 보유하고 있는 내국법인의 주식 또는 출자지분이 자본거래로 인하여 그 가치가 증가함으로써 발생하는 소득

⑩ 국내의 연금계좌에서 연금외수령하는 소득

⑪ 사용지 기준 조세조약 상대국의 거주자가 소유한 특허권 등으로서 국내에서 등록되지 아니하고 국외에서 등록된 특허권 등을 침해하여 발생하는 손해에 대하여 국내에서 지급하는 손해배상금·보상금·화해금·일실이익 또는 그 밖에 이와 유사한 소득. 이 경우 해당 특허권 등에 포함된 제조방법·기술·정보 등이 국내에서의 제조·생산과 관련되는 등 국내에서 사실상 실시되거나 사용되는 것과 관련되어 지급하는 소득으로 한정한다.

⑫ ①부터 ⑪까지의 규정 외에 국내에서 하는 사업이나 국내에서 제공하는 인적용역 또는 국내에 있는 자산과 관련하여 받은 경제적 이익으로 인한 소득(국가 또는 특별한 법률에 따라 설립된 금융회사 등이 발행한 외화표시채권의 상환에 따라 받은 금액이 그 외화표시채권의 발행가액을 초과하는 경우에는 그 차액을 포함하지 않음) 또는 이와 유사한 소득

02 비거주자의 국내사업장

(1) 개요

비거주자가 국내에 사업의 전부 또는 일부를 수행하는 고정된 장소를 가지고 있는 경우에는 국내사업장이 있는 것으로 한다. 국내사업장에는 다음 중 어느 하나에 해당하는 장소

를 포함하는 것으로 한다.

① 지점, 사무소 또는 영업소

② 상점이나 그 밖의 고정된 판매장소

③ 작업장, 공장 또는 창고

④ 6개월을 초과하여 존속하는 건축 장소, 건설·조립·설치공사의 현장 또는 이와 관련된 감독을 하는 장소

⑤ 고용인을 통하여 용역을 제공하는 장소로서 다음 중 어느 하나에 해당하는 장소
  ㉠ 용역이 계속 제공되는 12개월 중 합계 6개월을 초과하는 기간 동안 용역이 수행되는 장소
  ㉡ 용역이 계속 제공되는 12개월 중 합계 6개월을 초과하지 아니하는 경우로서 유사한 종류의 용역이 2년 이상 계속적·반복적으로 수행되는 장소

⑥ 광산·채석장 또는 해저천연자원이나 그 밖의 천연자원의 탐사 장소 및 채취 장소(국제법에 따라 우리나라가 영해 밖에서 주권을 행사하는 지역으로서 우리나라의 연안에 인접한 해저지역의 해상과 하층토에 있는 것을 포함)

(2) 의제국내사업장

비거주자가 위의 (1)에 따른 고정된 장소를 가지고 있지 아니한 경우에도 다음 중 어느 하나에 해당하는 자 또는 이에 준하는 자로서 대리인[104]을 두고 사업을 경영하는 경우에는 그 자의 사업장 소재지(사업장이 없는 경우에는 주소지, 주소지가 없는 경우에는 거소지로 함)에 국내사업장을 둔 것으로 본다.

① 국내에서 그 비거주자를 위하여 다음 중 어느 하나에 해당하는 계약(비거주자 명의 계약등)을 체결할 권한을 가지고 그 권한을 반복적으로 행사하는 자
  ㉠ 비거주자 명의의 계약
  ㉡ 비거주자가 소유하는 자산의 소유권 이전 또는 소유권이나 사용권을 갖는 자산의 사용권 허락을 위한 계약
  ㉢ 비거주자의 용역제공을 위한 계약

---

104) 대리인이란 다음 중 어느 하나에 해당하는 자를 말한다.
  ㉠ 비거주자의 자산을 상시 보관하고 관례적으로 이를 배달 또는 인도하는 자
  ㉡ 중개인, 일반위탁매매인 기타 독립적 지위의 대리인으로서 주로 특정비거주자만을 위하여 계약체결 등 사업에 관한 중요한 부분의 행위를 하는 자(이들이 자기사업의 정상적인 과정에서 활동하는 경우를 포함)
  ㉢ 보험사업(재보험사업은 제외)을 영위하는 비거주자를 위하여 보험료를 징수하거나 국내소재 피보험물에 대한 보험을 인수하는 자

② 국내에서 그 비거주자를 위하여 비거주자 명의 계약 등을 체결할 권한을 가지고 있지 아니하더라도 계약을 체결하는 과정에서 중요한 역할(비거주자가 계약의 중요사항을 변경하지 아니하고 계약을 체결하는 경우로 한정)을 반복적으로 수행하는 자

(3) 특정 활동 장소

다음의 장소(특정 활동 장소)가 비거주자의 사업 수행상 예비적 또는 보조적인 성격을 가진 활동을 하기 위하여 사용되는 경우에는 국내사업장에 포함되지 아니한다.
① 비거주자가 단순히 자산의 구입만을 위하여 사용하는 일정한 장소
② 비거주자가 판매를 목적으로 하지 아니하는 자산의 저장 또는 보관만을 위하여 사용하는 일정한 장소
③ 비거주자가 광고·선전·정보의 수집·제공 및 시장조사를 하거나 그 밖에 이와 유사한 활동만을 위하여 사용하는 일정한 장소
④ 비거주자가 자기의 자산을 타인으로 하여금 가공만 하게 하기 위하여 사용하는 일정한 장소

다만, 특정 활동 장소가 다음 중 어느 하나에 해당하는 경우에는 국내사업장에 포함한다.
① 비거주자 또는 특수관계인이 특정 활동 장소와 같은 장소 또는 국내의 다른 장소에서 사업을 수행하고 다음의 요건을 모두 충족하는 경우
　㉠ 특정 활동 장소와 같은 장소 또는 국내의 다른 장소에 해당 비거주자 또는 특수관계인의 국내사업장이 존재할 것
　㉡ 특정 활동 장소에서 수행하는 활동과 가목의 국내사업장에서 수행하는 활동이 상호 보완적일 것
② 비거주자 또는 특수관계인이 특정 활동 장소와 같은 장소 또는 국내의 다른 장소에서 상호 보완적인 활동을 수행하고 각각의 활동을 결합한 전체적인 활동이 비거주자 또는 특수관계인의 사업 활동에 비추어 예비적 또는 보조적인 성격을 가진 활동에 해당하지 아니하는 경우

03 비거주자의 과세방법

(1) 개요

① 비거주자에 대하여 과세하는 소득세는 해당 국내원천소득을 종합하여 과세하는 경우와 분류하여 과세하는 경우 및 그 국내원천소득을 분리하여 과세하는 경우로 구분하여 계산한다.

② 국내사업장이 있는 비거주자와 국내원천 부동산소득이 있는 비거주자에 대해서는 종합하여 과세한다.

③ 국내원천 퇴직소득 및 국내원천 부동산 등 양도소득이 있는 비거주자에 대해서는 거주자와 같은 방법으로 분류하여 과세한다.

④ 국내사업장이 없는 비거주자에 대해서는 소득별로 분리하여 과세한다. 다만, 국내원천 인적용역소득이 있는 비거주자가 종합소득과세표준 확정신고를 하는 경우에는 종합하여 과세할 수 있다.

(2) 종합과세

1) 과세표준 및 세액계산

비거주자의 소득에 대한 소득세의 과세표준과 세액의 계산에 관하여는 이 법 중 거주자에 대한 소득세의 과세표준과 세액의 계산에 관한 규정을 준용한다. 다만, 인적공제 중 비거주자 본인 외의 자에 대한 공제와 특별소득공제, 자녀세액공제 및 특별세액공제는 하지 아니한다.

2) 신고 및 납부

① 소득세의 과세표준과 세액을 계산하는 비거주자의 신고와 납부(중간예납을 포함)에 관하여는 거주자의 신고와 납부에 관한 규정을 준용한다. 다만, 비거주자의 과세표준에 원천징수된 소득의 금액이 포함되어 있는 경우에는 그 원천징수세액은 공제되는 세액으로 본다.

② 법인으로 보는 단체 외의 법인 아닌 단체 중 단체의 구성원별로 납세의무를 부담하는 단체의 비거주자인 구성원이 국내원천소득(비거주자구성원의 국내원천소득이 해당 단체의 구성원으로서 얻은 소득만 있는 경우로 한정)에 대하여 종합소득 과세표준확정신고를 하는 경우로서 다음의 요건을 모두 갖춘 경우에는 해당 단체의 거주자인 구

성원 1인(대표신고자)이 비거주자구성원을 대신하여 비거주자구성원의 종합소득과 세표준을 일괄 신고할 수 있다.

ㄱ 비거주자구성원의 전부 또는 일부가 대표신고자가 자신의 종합소득과세표준을 대신 신고하는 것에 동의할 것

ㄴ 비거주자구성원이 자신이 거주자인 국가에서 부여한 「국제조세조정에 관한 법률」에 따른 납세자번호를 대표신고자에게 제출할 것

3) 결정과 징수

비거주자의 국내원천소득을 종합하여 과세하는 경우에 이에 관한 결정 및 경정과 징수 및 환급에 관하여는 거주자에 대한 소득세의 결정 및 경정과 징수 및 환급에 관한 규정을 준용한다. 비거주자의 과세표준에 원천징수된 소득의 금액이 포함되어 있는 경우에는 그 원천징수세액은 공제되는 세액으로 본다.

(3) 분리과세

1) 과세표준 및 세액계산

비거주자의 국내원천소득(국내원천 근로소득 및 국내원천 연금소득은 제외)에 대한 과세준은 그 지급받는 해당 국내원천소득별 수입금액에 따라 계산한다. 다만, 다음의 소득에 대한 과세표준의 계산은 수입금액에서 필요경비 등을 공제한 금액으로 할 수 있다.

① 국내원천 유가증권양도소득에 대해서는 수입금액에서 해당 유가증권의 취득가액 및 양도비용을 공제하여 계산한 금액

② 국내원천 기타소득 중 상금·부상 등에 대해서는 그 수입금액에서 대통령령으로 정하는 금액[105]을 공제하여 계산한 금액

비거주자의 국내원천소득 국내원천 근로소득 및 국내원천 연금소득의 과세표준과 세액의 계산, 신고와 납부, 결정·경정 및 징수와 환급에 대해서는 거주자에 대한 소득세의 과세표준과 세액의 계산 등에 관한 규정을 준용한다.

2) 세액

국내원천소득에 대한 세액은 같은 항에서 규정하는 과세표준에 다음 구분에 따른 세율을 곱하여 계산한 금액으로 한다.

---

105) "대통령령으로 정하는 금액"이란 비거주자가 지급받은 금액의 100분의 80에 상당하는 금액을 말한다. 다만, 실제 소요된 필요경비가 100분의 80에 상당하는 금액을 초과하는 경우에는 그 초과하는 금액도 포함한다.

① 국내원천 이자소득 : 지급금액의 20%. 다만, 국가·지방자치단체 및 내국법인이 발행하는 채권에서 발생하는 이자소득에 대하여 지급금액의 14%

② 국내원천 배당소득 : 지급금액의 20%

③ 국내원천 선박 등 임대소득 및 국내원천 사업소득(조세조약에 따라 국내원천 사업소득으로 과세할 수 있는 소득은 제외) : 지급금액의 2%

④ 국내원천 인적용역소득 : 지급금액의 20%. 다만, 국외에서 제공하는 인적용역 중 과학기술등[106]에 대한 용역을 제공함으로써 발생하는 소득이 조세조약에 따라 국내에서 발생하는 것으로 보는 소득에 대해서는 그 지급금액의 3%

⑤ 국내원천 부동산등양도소득 : 지급금액의 10%. 다만, 양도한 자산의 취득가액 및 양도비용이 확인되는 경우에는 그 지급금액의 10%와 그 자산의 양도차익의 20% 해당하는 금액 중 적은 금액으로 한다.

⑥ 국내원천 사용료소득 : 지급금액의 20%

⑦ 국내원천 유가증권양도소득 : 지급금액의 10%[107]. 다만, 해당 유가증권의 취득가액 및 양도비용이 확인되는 경우에는 그 지급금액의 10%와 지급금액에서 취득가액 및 양도비용을 차감한 금액의 20% 중 적은 금액으로 한다.

⑧ 국내원천 기타소득 : 지급금액의 20%

3) 비거주자의 유가증권양도소득에 대한 신고·납부 등의 특례

① 국내사업장이 없는 비거주자가 동일한 내국법인의 주식 또는 출자지분을 같은 사업과세기간(해당 주식 또는 출자지분을 발행한 내국법인의 사업과세기간을 말함)에 2회 이상 양도함으로써 조세조약에서 정한 과세기준을 충족하게 된 경우에는 양도 당시 원천징수되지 아니한 소득에 대한 원천징수세액 상당액을 양도일이 속하는 사업연도의 종료일부터 3개월 이내에 대통령령으로 정하는 바에 따라 납세지 관할 세무서장에게 신고·납부하여야 한다. 국내사업장이 있는 비거주자의 양도 당시 원천징수되지 아니한 소득으로서 그 국내사업장과 실질적으로 관련되지 아니하거나 그 국내사업장

---

106) 과학기술·경영관리 기타 이와 유사한 분야에 관한 전문적 지식 또는 특별한 기능을 가진 자가 당해 지식 또는 기능을 활용하여 제공하는 용역

107) 국내사업장이 없는 비거주자로서 국내원천 유가증권양도소득이 다음의 요건을 모두 갖춘 경우에는 정상가격을 그 지급금액으로 한다.
　　㉠ 국내사업장이 없는 비거주자와 특수관계가 있는 비거주자(외국법인을 포함)간의 거래일 것
　　㉡ ㉠의 거래에 의한 거래가격이 정상가격과 거래가격의 차액이 3억원 이상이거나 정상가격의 100분의 5에 상당하는 금액 이상에 해당하여 정상가격에 미달한 경우

에 귀속되지 아니한 소득에 대해서도 동일하게 적용한다.

② 국내사업장이 없는 비거주자가 주식 등을 국내사업장이 없는 비거주자 또는 외국법인에 양도하는 경우에는 그 양도로 발생하는 소득금액에 대한 세액을 징수하여 지급받은 날이 속하는 달의 다음다음달 10일까지 납세지 관할 세무서장에게 신고·납부하여야 한다. 다만, 주식 등의 양도에 따른 소득을 지급하는 자가 비거주자의 주식 등 국내원천소득에 대한 소득세를 원천징수하여 납부한 경우에는 그러하지 아니하다.

③ 납세지 관할 세무서장은 비거주자가 신고·납부를 하지 아니하거나 신고하여야 할 과세표준에 미달하게 신고한 경우 또는 납부하여야 할 세액에 미달하게 납부한 경우에는 결정과 경정 규정을 준용하여 징수하여야 한다.

| 저 | 자 | 소 | 개 |

■ 박 성 욱

▌저자 약력

- 서울대학교 인문대학 국어국문학과(학사)
- 서울대학교 대학원 경영학과 회계학전공(석사)
- 서울대학교 대학원 경영학과 회계학전공(박사)

- SSCI, SCI급 논문을 포함한 102편의 학술논문 게재
- 한국세무학회 우수논문상 수상
- 한국세무학회 최우수학위논문상 수상
- 한국세무학회 우수논문발표상 수상
- 한국경영학회 융합학술대회 우수논문상 수상
- 한국조세연구포럼 우수논문상 수상
- 국세청장 표창 수상
- 금융위원장 표창 수상
- 국가고시 출제위원

(현)
- 경희대학교 경영대학 회계·세무학과 교수
- 경희대학교 경영대학원 세무관리학과 학과장
- 한국세무관리학회 회장
- LH 기술심사 평가위원
- 한국수력원자력 특수계약 심의위원회 위원
- 경기도 물류단지 실수요검증위원회 위원
- 하남도시공사 기술자문위원
- 김포도시관리공사 계약심의위원회 위원
- 사단법인 한국회계정보학회 부회장
- 사단법인 한국조세연구포럼 부회장
- 사단법인 한국회계학회 상임이사

(전)
- 경희대학교 경영대학원 부원장
- 중부지방국세청 국세심사위원회 위원
- 국민체육진흥공단 자산위험관리위원회 위원
- 서울특별시 투자·출연기관 경영평가 위원
- 한국세무학회 〈세무학연구〉 편집위원장
- 한국세무학회 〈세무와회계저널〉 편집위원장
- 경희대 등록금심의위원회 위원장
- San Diego State University Visiting Scholar

■ 김 서 현

▌저자 약력

- 경희대학교 경영대학원 경영학과 세무관리전공(석사)
- 경희대학교 대학원 회계·세무학과(박사수료)

- 한국연구재단 등재지에 22편의 학술논문 게재
- 한국조세연구포럼 우수논문상 수상
- 한국세무학회 우수논문발표상 수상
- 한국조세재정연구원 2023 조세전문가 네트워크 참여
- 2023 사단법인 감사위원회포럼 연구지원사업 참여
- 2024 한국경영자총협회 연구지원사업 참여

(현)
- 경희대학교 경영대학원 세무관리·회계학과 겸임교수
- 한국세무관리학회 이사

■ 김 성 범

▌저자 약력

- 경희대학교 경영대학원 세무관리학과(석사)
- 경희대학교 대학원 회계·세무학과(박사수료)
- 세무사(2016)
- 한국조세연구소 세무와 회계연구 조세학술상 수상

(현)
- 한국세무관리학회 이사
- 한국세무사회 지방세제도연구위원
- 한국세무사회 조세제도연구위원
- 한국세무사고시회 비상임이사
- 한국토지보상법학회 자문세무사

개정증보판 **소득세개론**

2024년 2월 29일   초판 발행
2025년 2월 28일   2판 발행

저   자 박 성 욱
        김 서 현
        김 성 범
발 행 인 이 희 태
발 행 처 **삼일피더블유씨솔루션**
서울특별시 용산구 한강대로 273 용산빌딩 4층
등록번호 : 1995. 6. 26 제3 - 633호
전   화 : (02) 3489 - 3100
F A X : (02) 3489 - 3141
I S B N : 979 - 11 - 6784 - 351 - 7 93320

저자협의
인지생략

♣ 파본은 교환하여 드립니다.   정가 25,000원